JN273757

WORLD ARCHITECTS 51
CONCEPTS & WORKS
MASAYUKI FUCHIGAMI

世界の建築家51人　コンセプトと作品　　淵上正幸 編著

ADP

Contents
目次

5	EXPLORING THE PLURALISTIC NATURE OF THE 21ST CENTURY MASAYUKI FUCHIGAMI 序文：21世紀建築の多元的状況を探る 淵上正幸	82	HERZOG & DE MEURON ヘルツォーク&ド・ムーロン
10	WILLIAM ALSOP ウィリアム・オールソップ	88	HOK/HERMUTH OBATA KASSABAUM HOK／ヘルムース・オバタ・カサバウム
15	ARO/ARCHITECTURE RESEARCH OFFICE ARO／アーキテクチュア・リサーチ・オフィス	94	HANS HOLLEIN ハンス・ホライン
22	WIEL ARETS ヴィール・アレッツ	100	HELMUT JAHN ヘルムート・ヤーン
28	GUNTHER BEHNISCH ギュンター・ベーニッシュ	106	DANI KARAVAN ダニ・カラヴァン
34	FREDERIC BOREL フレデリック・ボレル	112	KIM YOUNG-SUB キム・ヨンサップ
40	DOUGLAS CARDINAL ダグラス・カーディナル	118	JOSEF PAUL KLEIHUES ヨーゼフ・パウル・クライフス
46	RICHARD ENGLAND リチャード・イングランド	124	KPF/KOHN PEDERSEN FOX KPF／コーン・ペダーセン・フォックス
52	MASSIMILIANO FUKSAS マッシミリアーノ・フクサス	130	C.Y. LEE 李祖原（リー・ズーユアン）
58	FUTURE SYSTEMS フューチュア・システムズ	136	IMRE MAKOVECZ イムレ・マコヴェッツ
64	GIGON/GUYER ギゴン／ゴヤー	142	MECANOO メカノー
70	HEIKKINEN-KOMONEN ヘイッキネン―コモネン	148	RICHARD MEIER リチャード・マイヤー
76	HERMAN HERTZBERGER ヘルマン・ヘルツベルハー	154	ENRIC MIRALLES BENEDETTA TAGLIABUE エンリック・ミラーレス＋ベネデッタ・タグリアブエ
		160	MVRDV MVRDV

166	NEUTELINGS RIEDIJK ノイトリング・リーダイク	250	SOM/SKIDMORE, OWINGS & MERRILL SOM／スキッドモア、オウイングス&メリル
172	NOX ノックス	256	STUDIO GRANDA スタジオ・グランダ
178	O'DONNELL+TUOMEY オドネル+トゥオメイ	262	SZYSZKOWITZ-KOWALSKI シスコヴィッツ―コワルスキー
184	GUSTAV PEICHL グスタフ・パイヒル	268	TEN ARQUITECTOS テン・アルキテクトス
190	CESAR PELLI シーザー・ペリ	274	UN STUDIO UNスタジオ
196	DOMINIQUE PERRAULT ドミニク・ペロー	280	ERICK VAN EGERAAT エリック・ファン・エゲラート
202	RICARDO PORRO リカルド・ポッロ	286	VSBA/ROBERT VENTURI AND DENISE SCOTT BROWN VSBA／ロバート・ヴェンチューリ&デニス・スコット・ブラウン
208	MIGUEL ANGEL ROCA ミゲル・アンヘル・ロカ	292	RAFAEL VINOLY ラファエル・ヴィニョリ
214	ALDO ROSSI アルド・ロッシ	298	WEST 8 ウエスト 8
220	ROTO ARCHITECTS ロト・アーキテクツ	304	TOD WILLIAMS BILLIE TSIEN トッド・ウィリアムズ+ビリー・ツィーン
226	SAUERBRUCH HUTTON ザウアーブルヒ・ハットン	310	PETER ZUMTHOR ペーター・ズントー
232	SCHMIDT HAMMER LASSEN シュミット・ハンマー・ラッセン		
238	SNOHETTA スノヘッタ		
244	PAOLO SOLERI パオロ・ソレリ	316	WORKS INDEX (IN ALPHABETICAL ORDER OF COUNTRIES / CITIES) 国別／都市別 作品インデックス

Exploring the Pluralistic Nature of the 21st Century
Masayuki Fuchigami

21世紀建築の多元的状況を探る
淵上正幸（建築ジャーナリスト）

拙著『世界の建築家―思想と作品』（彰国社、1995）から早10年が経ち、時代は20世紀から21世紀へと変わり、世界の建築家山脈もかなりの変貌を遂げてきた。80年代から90年代を通じて世界の建築界は開発ラッシュに見舞われた。古くはフランスの「パリ・グラン・プロジェ」、ドイツの「IBAベルリン国際建築展」、イギリスの「ドックランド開発」や「ミレニアム・プロジェクト」など。他にもオランダの「アムステルダム東部港湾地区開発」や、ベルギーのEU関係の開発があった。スペインではバルセロナ・オリンピックやセビリア博'92が、ポルトガルではリスボン博'98が開催された。そしてハノーバー博2000が、20世紀建築イベントの掉尾を飾った。歴史的に見ても20世紀末の20年間は、このように建築イベントの多い時代であった。それは各国の建築家に、国境を越えてボーダレスに活躍する機会を加速度的に与えた。

そして今、世界の建築家にとって最大の激戦地となったのが中国だ。すでに20世紀末より中国経済の台頭が著しく、世界の建築家はこのアジアの大国に熱い眼差しを向けていた。実際2008年の北京オリンピック開催が決定されて以来、中国の国家プロジェクトが相次いで出現し、国際コンペが開催された。いわゆるコンポラリー・グローバリスト（グローバルに活躍する現代建築家）と言われる一群のスーパースター・アーキテクトが特に北京に参集した。レム・コールハースの「CCTV」やヘルツォーク＆ド・ムーロン（p.82）の「北京・国立オリンピック・スタジアム」、PTWアーキテクツの「国立水泳競技場」、ポール・アンドリューの「国立劇場」などは、世界を瞠目させた。一方で商都上海では、民間ベースの開発がかなり以前から進行していた。

1　パリ・グラン・プロジェの「グラン・アルシュ」
2　IBAベルリン国際建築展の「ポツダム広場開発」
3　ドックランド開発の「ヘロン・キーズ」

SOM（p.250）の「ジン・マオ・タワー」やKPF（p.124）の「上海世界金融センター」、ノーマン・フォスターの「久事本社ビル」、フォン・ゲルカン＆マルグの「上海浦美術館」など枚挙に暇がない。またその他の地区でもスティーヴン・ホールやMVRDV（p.160）が大規模な集合住宅プロジェクトを手掛けているし、日本からも多数の建築家が大挙して押し寄せている。

コンテンポラリー・グローバリストの時代

このような状況を生み出す以前の1980～90年代頃、各国の建築家は自国内では比較的に対等な活動をしてきたが、その均衡は徐々に崩れ出した。特に世紀の変わり目頃から、この状況は急速に変化し始めた。極東の島国である日本から見ていると、アメリカは別格としても各国で話題にのぼる建築家はせいぜいひとりかふたりくらいに絞られてきたのだ。

例えばイタリアだとレンゾ・ピアノ、それに亡くなったアルド・ロッシ（p.214）くらいか。フランスだとジャン・ヌーヴェルやドミニク・ペロー（p.196）くらいか。それは他の建築家が淘汰されたと言うのではなく、以前と同じように自国内で活動しているものの、その活躍振りが伝わって来ないのだ。

それには訳がある。ピアノのように世界中で活躍しているコンテンポラリー・グローバリストがいると、その情報は雑誌等でどんどん入ってくるが、他の建築家の活動状況はかき消されて入って来なくなるのだ。近年この状況はかなり先鋭化してきた。イギリスではノーマン・フォスター、リチャード・ロジャース、ザハ・ハディドがコンテンポラリー・グローバリストとして活躍しているが、その他はあまり聞こえて来ない。

日本も同じで外から見れば、安藤忠雄、伊東豊雄かもしれないし、その背後にSANAAや坂茂が少し見え隠れする程度かも知れない。だが周知のように、わが国の建築家の活躍振りはそんな程度のものではないことは、そこに住んでいるわれわれにとっては百も承知である。この現象はプロ野球選手が、大リーグへ進出するケースに似ている。イチローや松井などの話は内外のメディアに頻繁に取り上げられるが、国内で活躍する選手はそうはいかない。つまり華々しく活躍する海外派の情報によって、同じようにかき消されてしまうのだ。

本書『世界の建築家51人：コンセプトと作品』は世界で広く活躍するコンテンポラリー・グローバリスト以外にも、各国内で活躍する建築家は数多く存在しており、彼らをピックアップする目的で編まれたものである。実は前書における51人の建築家のほとんどは、バブル経済時に日本でプロジェクトを完成させたとか、講演や展覧会などの建築イベントに参加したとか、何らかの理由で来日し、私が会ったり、インタビューしたことのある建築家であった。しかし本書の場合は、私が会ったり、事務所を訪ねたりした建築家は、全体のほぼ半分。残りの半分は会ってはいないので、出来る限り特徴ある個性的な建築家のピックアップを試みた。

進出する新しい建築家像

そこで本書では、前書に掲載された建築家は割愛し、それ以外の人で各国で活躍する建築家を広く集めた。ところがその中にも、すで

4 アムステルダム東部港湾地区開発
5 バルセロナ・オリンピックの「サンジョルディ・パレス」
6 リスボン博'98の「ポルトガル館」

に完璧なグローバリストになって活躍している建築家が多数いることに気付いた。例えばヘルツォーク&ド・ムーロン（以下 H & de M）。彼らは私が前書を上梓する準備段階の1995年頃までは、バーゼルやその近郊に「E,D,E,N,パビリオン」「リコラ・ヨーロッパ社工場・倉庫」「シュッツェンマット集合住宅」「シグナル・ボックス」「アウフ・デム・ヴォルフの機関車車庫」などを完成させたにすぎなかった。その彼らがこの10年程の間に驚異的な飛躍をし、本書に登場する最強のグローバリストになった。

同じようにスイスのギゴン／ゴヤー（p.64）やペーター・ズントー（p.310）なども、この10年間でメキメキ腕を上げた建築家であり、彼らの「カルクリーゼ考古学博物館&公園」や「テルメ・ヴァルス」は、それぞれ現代建築史上に残る秀作だ。ヘルツォーク&ド・ムーロン、ギゴン／ゴヤー、ペーター・ズントーらが、マリオ・ボッタやサンティアゴ・カラトラヴァ（前書所収）に次いで、ル・コルビュジエ以降のスイス建築史の名を高らしめたのは言うまでもない。

仏・独・英というヨーロッパの3大建築大国以外では、先のスイスの他、オランダがこの10年程の間に多くの新人建築家を輩出している。オランダは都市開発で、多くの新人を起用してきたが、近年それらの若手建築家が成長して多様な展開を見せ始めてきたし、中には国際的に活躍するグローバリスト・タイプのチームも出てきた。

前書では、当時オランダの若手建築家・都市計画家として活躍し、「オランダ建築家協会（NAI）」や「KNSM島マスタープラン&クーネン棟」を担当したヨー・クーネンや、「クンスタル」や「オランダ・ダンス・シアター」で知られたスーパー・スターのレム・コールハースを紹介したが、本書ではその後伸びてきた若手オランダ勢が多い。MVRDV、ヴィール・アレッツ（p.22）、ノイトリング・リーダイク（p.166）、UNスタジオ（p.274）、ノックス（p.172）、メカノー（p.142）、エリック・ファン・エゲラート（p.280）、加えて大御所ヘルマン・ヘルツベルハー（p.76）だ。

多種多様な建築家の登場

本書の出版意図は、決して若手建築家に的を絞ったものではなく、いろいろなタイプの世界の建築家を老若合わせて紹介することである。したがってヘルツベルハーのように、オランダ構造主義の地平を越えようとガンバッテいる大家もいるし、アメリカの砂漠の真ん中で理想都市「アーコサンティ」の完成に一生をかけているパオロ・ソレリ（p.244）もいる。

また物故した建築家も登場する。夭折したカタロニアのアヴァンギャルドとして名高いエンリック・ミラーレス（p.154）がいる。近作「サンタ・カテリーナ・マーケット改修」や「スコットランド新議事堂」のデコン的迫力は忘れられない。IBAベルリン国際建築展の立て役者であった故ヨーゼフ・パウル・クライフス（p.118）は、「ベルリン現代美術館」や「カント・トライアングル」などの名作を残した篤実な建築家であった。さらにまた故人となったイタリア現代建築の巨匠で、わが国でも「ホテル・イル・パラッツォ」で知られた故アルド・ロッシも登場する。都市建築に対する彼の深い理解と洞察は、H&deMをはじめ、多くの建築家に並々ならぬ影響を与えた。

その他ハンガリーのイムレ・マコヴェッツ（p.136）。東欧マジャール建

7 ハノーバー博2000会場
8 工事中の「中国国立水泳競技場」（手前）と「中国国立競技場」
9 「オランダ建築家協会」

築文化の擁護者としてつとに有名だ。ザウアーブルヒ・ハットン（p.226）もお堅いドイツ建築界にカラフルで楽しい建築の風を吹き込んだ。イスラエルの環境彫刻家ダニ・カラヴァン（p.106）もいれば、マルタ島のポストモダニスティック・リージョナリスト、リチャード・イングランド（p.46）など多士済々。

地域的に見ても、最果てのアイスランドからは同国唯一の国際派スタジオ・グランダ（p.256）。南米からはアルゼンチンのリージョナル・モダニスト、ミゲル・アンヘル・ロカ（p.208）。カナダからは異色のオーガニック・アーキテクチュアで知られるダグラス・カーディナル（p.40）。北欧のノルウェーからは、「アレキサンドリア図書館」で知られるスノヘッタ（p.238）。フィンランドからは「在米フィンランド大使館」のヘイッキネン–コモネン（p.70）と、地球の隅々から参加している。掲載された多彩な顔ぶれは、世界の現代建築を同時に閲覧できるという醍醐味を与えてくれる。

多元主義の時代

前書では、巻頭文を磯崎新氏にお願いした。彼は福岡県の「ネクサス集合住宅」、富山県の「まちのかお」、熊本県の「くまもとアートポリス」などでプロデューサーやコミッショナーを務め、広く海外建築家との交流もあり、世界の建築状況に通底している第一人者であったからだ。

彼の巻頭文「解体の後の散逸、そして転位の予兆」は、前書が世界の現代建築家の多様性を引き出したという点で多元主義的様相を提示したと紹介。だが先述したように、海外から見ると各国で話題にのぼる建築家はせいぜいひとりかふたりに絞られてきた。これは転位の予兆を暗示した現象か、あるいは単に多元主義に相反する現象なのか。だがそれは現代社会がもつ複雑性に起因している。パソコンやケータイによるネット社会では、多種多様大量の情報を誰もが共有できる。それはすべての分野において、個性的なクリエーターを生み出す下地になっている。つまりすべての分野において多元主義的な傾向を助長する重要な基底を成している。にもかかわらず先述のように、目に見えてくる海外建築家はごく少数だ。これは各分野における最先端を紹介したがるメディア社会の宿命的偏向性に由来している。また同時に、そのような先端的な情報や前衛的作品を好む受け手（大衆）側の性癖も反映されている。

現代社会は特殊と普遍が併存している。特殊は普遍より派生し、社会の先端を走る。普遍的で多元的な状況は、特殊で先端的な思想やイズムを輩出する母胎である。磯崎新氏は前書巻頭文で、「このような多元的な多くの現状の羅列が重要であり、いつの日かこの多元主義的様相が、脱色されたように別の状況に移行することも可能だ。それは目下のところこの本の読み手のひとりひとりに預けられており、定説などない。定説がない時代ほど実は面白い時はない」と言っている。

私は磯崎氏の巻頭文を読み返して、定説なき面白い時代の下地、すなわち多元主義的様相を読者に提示することが、新しい状況への転位を予兆する種子を育むという確信を得た。そしてそんな下地づくりが、自分には合っているのではないかと思うようになった。というのは、自分自身の仕事内容が海外建築や建築家を対象にしたも

10　ネクサス集合住宅の「レム・コールハース棟」
11　ヘルツォーク＆ド・ムーロン事務所ゲート
12　MVRDVオフィス内部

のが多くなってきたからである。

世界の建築を求めて

私がジャーナリストとして独立した1990年頃は、まだバブル時期で海外建築家が多数来日し、それをインタビューしてまとめたのが前書であった。だがバブルが弾け、海外建築家の来日が減って、日本で会うことがめっきりなくなった。逆に自分が海外へ赴くケースが増えはじめ、これが自分自身の建築的視野を広くしてくれた。

本書では、このように自分から海外へ赴いて建築家に会ったり、事務所を訪問したりして取材したケースが多い。ペーター・ズントーやH & de Mは日本で会ったが、ドミニク・ペロー、ハンス・ホライン(p.94)、MVRDV、UNスタジオ、スノヘッタ、スタジオ・グランダ、シーザー・ペリ(p.190)、ヘルムート・ヤーン(p.100)、李祖原(p.130)などは事務所を訪問して取材することができた。また事務所訪問はできなくても、本書に掲載されている約1,000件を越える現代建築のうち3分の2ほどは実際に見学できたので救われた。

元々編集者から建築ジャーナリストとして独立した私は、ジャーナリストの使命は現場からのストレートな報告が第一と思っていた。だからヨーロッパから、アジア、アメリカ、中米、南米と、世界建築彷徨の旅を続けてきたのである。今後もこの行動パターンは変らないだろう。新しい建築家や新しい建築が出てくればくるほど、私のファイトは燃え上がってくる。すべての新しい情報を手中にすることはできないが、今後も21世紀建築の多元的状況を種々の形で報告したいと思っている。

前書『世界の建築家51人―思想と作品』掲載建築家

ヨーロッパ
アーキテクチュア・スタジオ(フランス)
ガエ・アウレンティ(イタリア)
ベンソン & フォーサイス(イギリス)
リカルド・ボフィール(スペイン)
マリオ・ボッタ(スイス)
サンティアゴ・カラトラヴァ(スペイン)
デイヴィッド・チッパーフィールド(イギリス)
ヨー・クーネン(オランダ)
コープ・ヒンメルブラウ(オーストリア)
マヌエル G. ディアス(ポルトガル)
ギュンター・ドメニク(オーストリア)
テリー・ファレル(イギリス)
ノーマン・フォスター(イギリス)
ニコラス・グリムショウ(イギリス)
ピアーズ・ガフ(イギリス)
ザハ・ハディド(イギリス)
クリスチャン・オヴェット(フランス)
ベッカ・ヘリン(フィンランド)
レム・コールハース(オランダ)
レオン・クリエ(イギリス)
ダニエル・リベスキンド(ドイツ, アメリカ)
ラファエル・モネオ(スペイン)
ジャン・ヌーヴェル(フランス)
レンゾ・ピアノ(イタリア)
クリスチャン・ド・ポルザンパルク(フランス)
リチャード・ロジャース(イギリス)
マッシモ・スコラーリ(イタリア)
アルヴァロ・シザ(ポルトガル)

アメリカ
エミリオ・アンバース
アルキテクトニカ
アシンプトート
ニール・ディナーリ
ディラー+スコフィディオ
ピーター・アイゼンマン
フランク O. ゲーリー
スティーヴン・ホール
モーフォシス
エリック・オーエン・モス
アントワン・プレドック
バート・プリンス
マイケル・ソーキン
バーナード・チュミ
レベウス・ウッズ

他
ブロツキー & ウトキン(ロシア)
チャールズ・コレア(インド)
ツヴィ・ヘッカー(イスラエル)
スメット・ジュムサイ(タイ)
リカルド・レゴレッタ(メキシコ)
ラジ・レワル(インド)
モシェ・サフディ(イスラエル, カナダ)
ケネス・ヤング(マレーシア)

13 UNスタジオのベン・ファン・ベルケル
14 スノヘッタ事務所ビル
15 オフィスでの李祖原

photos : ©Synectics except No.9 by ©Bryan Kuo

William Alsop

ウィリアム・オールソップ
[イギリス]

1947年イギリス、ノーザンプトン生まれ。73年AAスクール卒業。73-77年セドリック・プライスと協働。73-81年セント・マーチン美術学校で彫刻を教える。90年ロンドンとハンブルグにオールソップ&ステーマー建築事務所を共同設立し、2000年に解消。イギリス建築財団会長歴任。

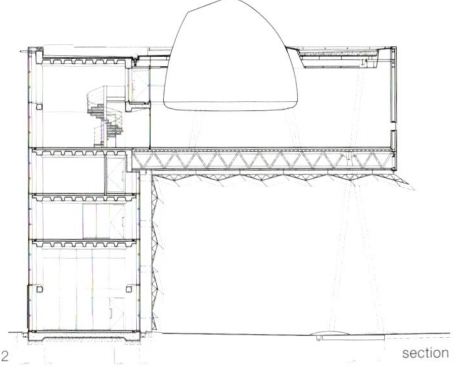

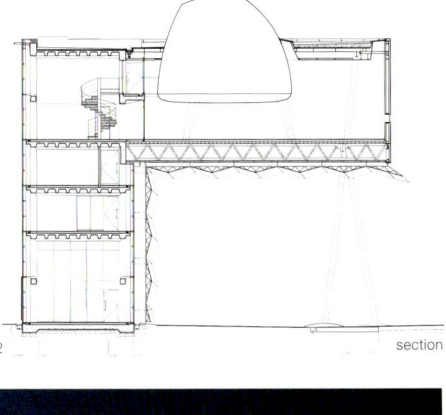

1, 2 Peckham Library 2000 / London
ペッカム・ライブラリー

3, 4 Redevelopment of Potsdamer Platz / Competition
ポツダム広場再開発

5 Cardiff Bay Visitor's Center 1990 / Cardiff, UK
カーディフ湾ヴィジターズ・センター

7

8

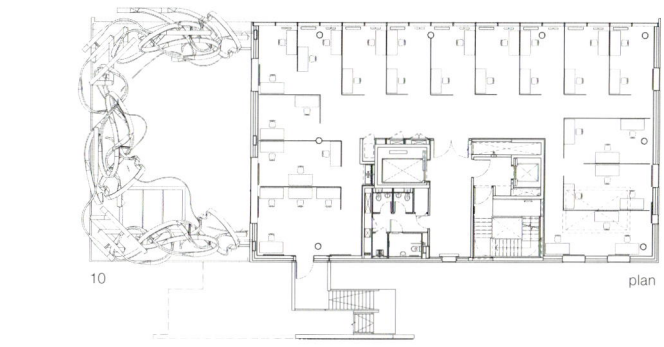

6　Ontario College of Art & Design　2004 / Toronto
　　OCAD（オンタリオ・アート&デザイン・カレッジ）　photo: ©Richard Johnson
7　Hotel du Department des Bouches du Rhone　1994 / Marseilles, France
　　ブッシュ・デュ・ローヌ県庁舎
8　Urban Entertainment Center Almere　2005 / Almere, The Netherlands
　　アルメレ・アーバン・エンターテインメント・センター
9, 10　Goldsmiths College　2005 / London
　　ゴールドスミス・カレッジ　photo: ©Roderick Coyne of Alsop & Partners
11, 12　Fawood Children's Center　2005 / North London
　　ファウッド子供センター

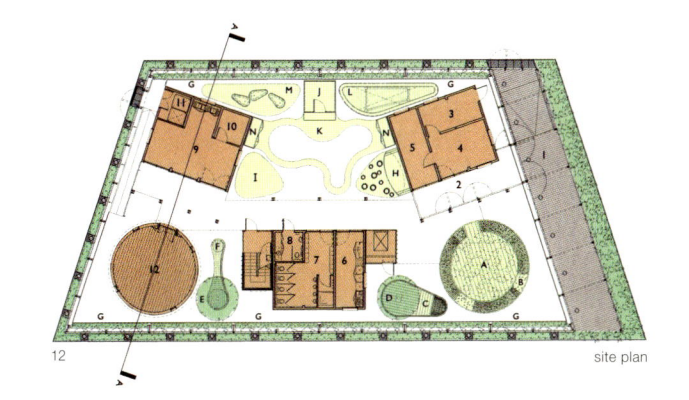

WILLIAM ALSOP

ウィリアム・オールソップが尋常の建築家ではないとわかったのは、ベルリンの「ポツダム広場再開発」コンペの時であった。彼の案は、バッタや節足動物を想起させるエントモロジック（昆虫的）な形態をしたデザイン。カラフルでコミカルな案は、これがまともな巨大都市開発コンペの応募案かと思えるくらいユーモラスで茶目っ気のある代物であった。

オールソップはこのコンペは逸したものの、1990年に行われたマルセイユの「ブッシュ・デュ・ローヌ県庁舎（ル・グラン・ブルー）」コンペに勝利し、これによって事務所の経済的基盤が安定すると同時に、一躍世界的に知られるようになった。

156件の応募案から選出されたオールソップ案は、およそ日本で考えられる県庁舎とはまったく異なるイメージだ。2棟に分けた「ル・グラン・ブルー（リュック・ベッソン監督の同名の映画からとった呼び名で"大きな青"の意）」は、ピロティで宙に浮く小さなほうが議会棟。大きなほうのオフィス棟は、ガラス張りのピロティでやはり宙に浮いている。しかも建物全体は目の覚めるようなブルー一色。逆にエントランス・ロビーは、白亜の2層吹抜けで、長さ120mもある大空間。しかもガラス張りの透明感も手伝って広く伸びやかで気持ちがいい。この空間の中に、オールソップの「カーディフ湾ヴィジターズ・センター」と同じ物が展示室として置かれている。これもピロティで浮いているのだ。

オールソップの作品は、なぜかピロティを構成する作品が多いのだ。それは同じマルセイユにあるル・コルビュジエの「ユニテ・ダビタシオン」のようなコンクリートの太いものではなく、より細いスティール製のものだ。たとえば近作「OCAD（オンタリオ・アート＆デザイン・カレッジ）」では、高さ9m／幅31m／長さ84mのテーブル・トップ形のスーパーストラクチュアが、なんと地上26mの高さに浮くという圧倒的な迫力。これを支持するのも、カラフルな12本のスティール・コラムが構成するピロティだ。

「ペッカム・ライブラリー」も、L字形の建物を横に倒して細長いスティール・コラムがハイ・ピロティを構成している。「アルメレ・アーバン・エンターテイメント・センター」は、ホテル棟が8mも街路レベル

13 Colorium 2002 / Dusseldorf, Germany
   カラーリウム　photo: ©Synectics
14 Erotic Arts Museum 1997 / Hamburg, Germany
   エロティック・アーツ・ミュージアム
15 Victoria House Office Redevelopment 2003 / London
   ヴィクトリア・ハウス・オフィス再開発
16 Rotterdam Central Masterplan / Rotterdam
   ロッテルダム中央マスタープラン
17 Clarke Quay Development / Singapore
   クラーク・キー開発
18 Heron Quays DLR Station 2003 / London
   ヘロン・キーDLR駅
19, 20 The Fourth Grace / Liverpool, UK
   フォース・グレイス
21 North Greenwich Underground Station, Jubilee Line 1999 / London
   ジュビリー線ノース・グリニッチ駅

photos: Courtesy of the Architect except ©Synectics

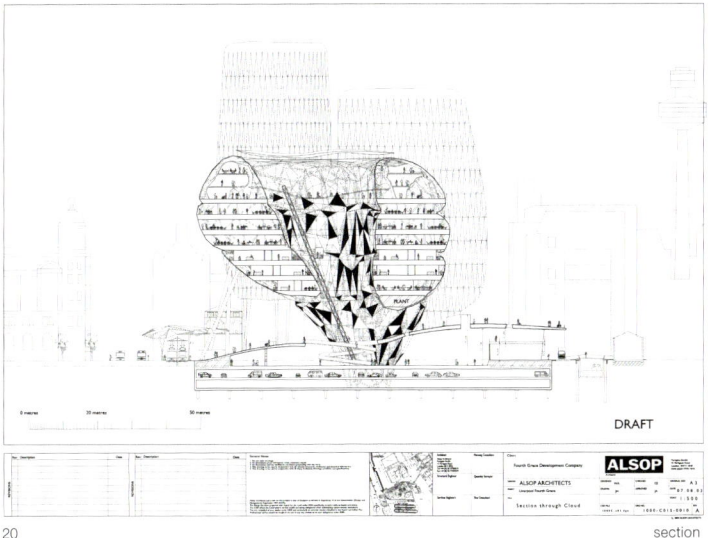

よりも上がったピロティ形式だ。「ヘロン・キーDLR駅」は傾斜したピロティのような柱が特徴だ。逆に「カラーリウム」「ゴールドスミス・カレッジ」「ファウッド子供センター」などの近作はピロティ形式ではない作品である。またオールソップは水景の都市開発も達者で、「ロッテルダム中央マスタープラン」、シンガポールの「クラーク・キー開発」あるいはリバプールの「フォース・グレイス」なども進行している。

カラフルで都市を活気づけるような楽しいデザインが、オールソップの持味だ。「OCAD」の白黒のピクセル・パターンをはじめ、「ペッカム」の赤い帽子の縁や外壁のグリーン、「ブッシュ」や「ジュビリー線ノース・グリニッチ駅」の深いブルー、そして「カラーリウム」や「ファウッド」の多種の色が競演するファサードなど。この楽しげなオールソップのデザインはどこからくるのか。

オールソップは、単純にひとつの理論的セクトに属さないモダン・ブリティッシュ・アーキテクトの世代の建築家である。彼の建築哲学は、デザインの楽しさは建築のいかなる局面に浸透しても許容され得る。建築の本質的なエトスは、訓練された建築家の領域としての近づき難いスタンスから、建築を離脱させることなのだ。

正規なメソドロジーを排除することで、彼は建築プロセスの全体を、一般の人々にとって流動的かつ透明なものとして提示したのだ。彼は個人が創造性を主張することが、住民の生活やコミュニティに貢献できるという信念のもとに、その戦いを続けてきた。

彼はアートをセント・マーチン芸術学校で、建築をAAスクールで学んだ。そのため常に絵画を設計表現の第1手段に用いている。卒業後、アーキグラムに師事し、セドリック・プライスと協働した。その後はセント・マーチンで彫刻を教えていたこともあるアーティスティックな建築家だ。

おそらく彼の芸術肌のセンスが、カラフルで楽しい建築を指向させているのに違いない。また多足動物の足のようなピロティのコラム群は、紛れもなくアーキグラムにおけるロン・ヘロンの「歩く都市」へのオブセッションから抜け切れないでいるのではないだろうか。

ARO/Architecture Research Office

ARO／アーキテクチュア・リサーチ・オフィス
[アメリカ]

1993年アダム・ヤリンスキーとステファン・カッセルによって設立。ヤリンスキーは62年ニュージャージー生まれ。ヴァージニア大学建築学部卒業後、プリンストン大学建築学部修士課程修了。カッセルは63年ニューヨーク生まれ。プリンストン大学建築学部卒業後、ハーヴァード大学GSD修士課程修了。ふたりは同時期スティーヴン・ホール事務所で机を並べ、共に独立した。

1 Colorado House   1999 / Telluride, Colorado
   コロラドの家   photo: ©Paul Warchol
2 Martha's Vineyard House   2005 / Martha's Vineyard, Massachusetts
   マーサズ・ヴィニヤード・ハウス   photo: ©Elizabeth Fellicella

ARO

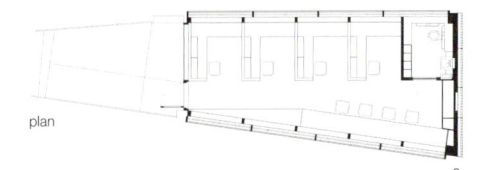

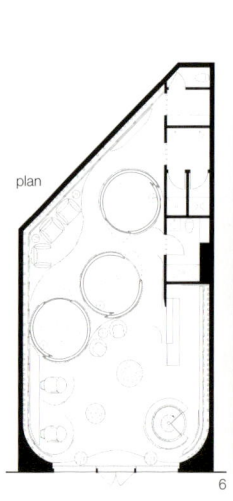

plan

3, 4, 5 US Armed Forces Recruiting Station   1999 / New York
米軍リクルート・ステーション   photo: ©Synectics

6, 7 Qiora Store and Spa   2000 / New York
キオラ・ストア & スパ   photo: ©Synectics

plan

8　Capital Z Office　1999 / New York
　　キャピタルZオフィス
9　PRADA NY Epicenter　2001 / New York
　　プラダ・ニューヨーク・エピセンター　　photo: ©Synectics
10　SoHo Loft　1999 / New York
　　ソーホーのロフト
11　54 Thompson Street Lobby　1996 / New York
　　トンプソン通り54番地のロビー

夕暮れ時のタイムズ・スクエア。灯り始めたネオン・サインが、車の洪水に励まされて激しく華やかに点滅し始める。タイムズ・スクエアで一番目を引くナスダックのシリンダー形ネオン・サインのすぐ近くに、星条旗をネオンで表現した外壁をもつ建物が、広い道路の中央分離帯の上に建っている。ARO（Architecture Research Office＝アーキテクチュア・リサーチ・オフィス）の「米軍リクルート・ステーション」は、地下鉄排気口の上に建ったガラス・ボックス。アメリカの若者の軍隊への入隊を勧誘する機関だ。
建物は周囲3面がガラス張りで透明だが、星条旗のストライプ部分がルーバーかよろい戸のような役目をして、昼間は半分目隠し的な効果を発揮する。祖国を守るために米軍に入隊する若者を迎える建物に、"スターズ・アンド・ストライプス（星条旗）"のデザインとはグッド・アイディアだ。AROの直感的なデザイン手法が生み出した面白い産物だ。
ニューヨークをベースにするAROは、1962年生まれのアダム・ヤリンスキーと、1963年生まれのステファン・カッセルが率いる若手建築集団。まだ40歳代のコンビは、ともにスティーヴン・ホール事務所で机を並べた仲間。ハーヴァード大学GSD（デザイン学部）で教鞭を執っているのも共通している。20名近い所員を擁する若手集団とはいえ、しっかりした組織をもっている。
AROは設計事務所だが、デザインばかりをしているわけではない。"建築研究事務所"とも訳せる彼らのオフィスは、そこだけが仕事場ではない。施工業者、材料・部品メーカー、クライアントとの協働作業が重要な位置を占めているからだ。
彼らのデザイン・プロセスは、まずひとつの建築プロジェクトがもつ物理的・社会的コンテクストに関する情報を洗い出すことから始まる。次に建物のプログラムや敷地条件、予算的条件などから、種々の与条件が派生してくるが、これらの情報を選別・構築してアイディアを生み出し、形態的なアプローチを決定する。
彼らのデザイン・プロセスは、建物が建設中でも継続するという同時進行型なのだ。したがって施行中にも、種々の確認が可能であり、現場での変更・微調整によって、よりよきデザイン解決を得る

12 Art et Industrie Gallery and Sculpture Garden 1995 / New York
    アート＋インダストリー・ギャラリー＆彫刻ガーデン
13 Motown Center / Detroit, Michigan
    モータウン・センター
14 Paper Wall 2000 / New York
    ペーパー・ウォール
15 Packard Hall at Colorado College 2005 / Colorado Spring, Colorado
    コロラド大学パッカード・ホール   photo: ©Elizabeth Fellicella
16 Weston Performing Arts Center / Weston, Connecticut
    ウエストン・パフォーミング・アート・センター
17 Museum of Art and Technology / Competition
    アート＆テクノロジー・ミュージアム
18 Flatiron Loft 1996 / New York
    フラットアイアン・ロフト
19 Remembrance Memorial at Columbia University
    コロンビア大学追悼メモリアル
20 Modular Wall, Curved Plywood Partitions 1996
    モデュラー・ウォール、曲げ合板間仕切り
21 Corrulamp-1 2005 / New York
    コルランプ−1

photos : Courtesy of the Architect except ©Synectics

ことができる。そのためにAROは、常に現場の工事者の意見を取り入れたり、部品メーカーの人たちからの情報を入手したりしているのだ。

AROはひとつのデザイン問題解決を、模型や全体ランドスケープのコンピュータ・モデルでスタディするというインターラクティブなプロセスを得意とする。それによってプロジェクトに対する直観的センスを育んでいるようだ。

マジソン・アヴェニューに資生堂のアンテナ・ショップとして生まれた「キオラ・ストア＆スパ」は、キオラ・ブランドのスキン・ケア・コスメティックを販売したり、スパ・サロンを体験する空間だけに、清潔感が必要だ。純白のインテリアに、ライト・ブルーのオーガンジー布張りの垂直的なスパ・キャビンが美しい清潔感を醸している。まるで海の底に陽が差している印象だ。

AROは「キオラ」のように、ファブリック系をはじめとして、多種の素材を巧みにデザインして使用する。ニューヨークの「トリーナ・ショールーム＆オフィス」では、4タイプの耐火性布膜をバンジー・コードで天井グリッドに取り付けている。

「ソーホーのロフト」では、ブルー・バイア花崗岩を内壁に使用したり、「コロラドの家」では、スティール製シングルを外壁に貼っている。「フラットアイアン・ロフト」の食堂では、なんと革張りの床仕上げが用いられている。そのパターンは、変形した5角形の革タイルといった風情だ。

坂茂は紙管で建築をつくったが、AROはソーホーのアーティスト・スペースで、彼らが考案した「ペーパー・ウォール（紙の壁）」を披露した。コンピュータ制御のレーザー・カッターで、紙という素材から切り出され組み合わされた建材は、調査・研究・開発および直観を旨とするAROの未来を象徴している。

ニューヨークにはその他にも、「キャピタルZオフィス」「トンプソン通り54番地」「アート＋インダストリー・ギャラリー＆彫刻ガーデン」「プラダ・ニューヨーク・エピセンター」（OMAに協力）などがある。近年は「マーサズ・ヴィニヤード・ハウス」や「パッカード・ホール」が完成。「ウエストン・パフォーミング・アート・センター」や「モータウン・センター」などが進行中である。

WIEL ARETS

ヴィール・アレッツ
[オランダ]

1955年オランダ生まれ。83年アイントホーフェン工科大学卒業。86-89年アムステルダム、ロッテルダム建築アカデミーで教鞭をとる。88-92年AAスクールのユニット・マスター。94年ヴィクトール・ド・ストゥワーズ賞およびミース・ファン・デル・ローエ賞特別賞受賞。2005リートフェルト賞受賞。

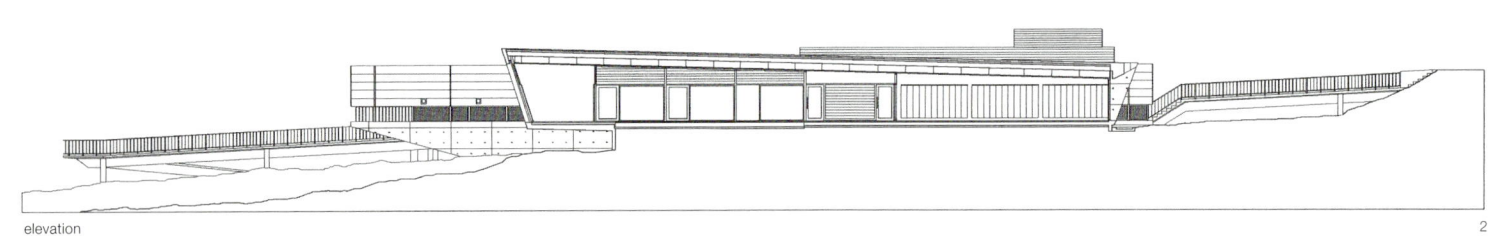

elevation

1, 2　Police Station in Vaals　1995 / Vaals, The Netherlands
　　　ヴァールス警察署　　photo: ©Synectics
3　　 Ceramic Office Building　1995 / Maastricht, The Netherlands
　　　セラミック・オフィス・ビル　　photo: ©Synectics
4　　 AZL Pension Fund Headquarters　1995 / Heerlen, The Netherlands
　　　AZL本社ビル　　photo: ©Kim Zwarts
5　　 Maastricht Academy of Arts and Architecture
　　　1993 / Maastricht, The Netherlands
　　　マーストリヒト美術・建築アカデミー　　photo: ©Synectics

Wiel Arets

perspective drawing 6

perspective drawing 7

perspective drawing 8

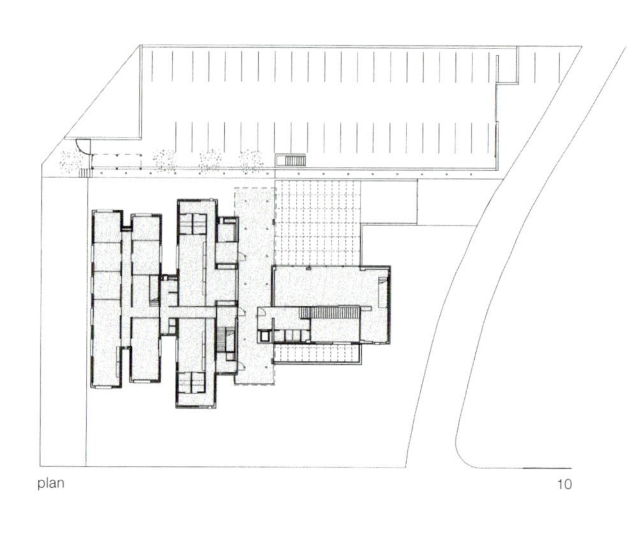

plan 10

6   Groningen Court Building / Groningen, The Netherlands
    フロニンゲン裁判所

7   Delft Theater / Delft, The Netherlands
    デルフト劇場

8   Amsterdam Academy for the Arts / Amsterdam
    アムステルダム芸術アカデミー

9, 10 Police Station in Boxtel 1997 / Boxtel, The Netherlands
    ボクステル警察署   photo: ©Kim Zwarts

11 Cathedral in Ghana / Cape Coast, Ghana
    ガーナのカテドラル

12 Lensvelt Office & Factory Building
    1999 / Breda, The Netherlands
    レンスフェルト・オフィス＆工場   photo: ©Kim Zwarts

13 Almere Theater / Almere, The Netherlands
    アルメレ劇場

14, 15 Utrecht University Library 2004 / Utrecht, The Netherlands
    ユトレヒト大学図書館   photo: ©Synectics

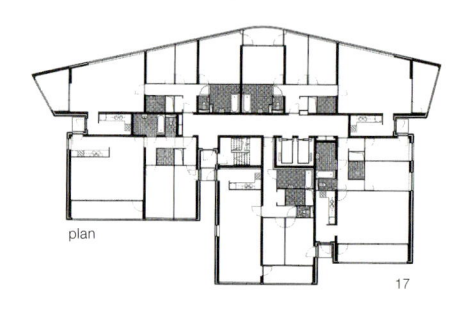

オランダ最南部のマーストリヒト。その中心部を少し西側へ行った奥まった一角に、ヴィール・アレッツの代表作のひとつ「マーストリヒト美術・建築アカデミー」がある。栗の巨木が青々と繁る木立の中を、RCの空中ブリッジが飛んでいる。青空を背景に、光、緑、RC、ガラス・ブロックが紡ぎ出す建築美の清々しさに心打たれるシーンだ。

ブリッジの下をくぐると、ヘルデンキングスプレイン広場。ここから振り返ると、右手に正方形グリッドに納められたガラス・ブロック壁のワークショップ棟があり、左手には本部となる旧棟とそれに隣接するやはりガラス・ブロックのオーディトリウム棟が、ワークショップ棟とブリッジで連結されているのが見える。

建築のスキン（表皮）にこだわるアレッツは、この「アカデミー」ではガラス・ブロックの使い方に達者な腕前を見せている。肉薄のコンクリート・フレームに納められた正方形のパターンのガラス・ブロック壁は、ピエール・シャローの「ガラスの家」や安藤忠雄の「石原邸」の厳格さを想起させて秀逸だ。またここでは、アレッツ好みのリニアー・スペース（細長空間）も素晴らしい効果を発揮している。床と天井がガラス・ブロックで壁がRC打放しという空中ブリッジは、普通とは逆の配材の妙が不思議な高揚感を与えてくれる。「ヴァールス警察署」でもふたつのリニアーな棟が並列し、芝生の斜面からキャンティレバーで空中に張り出し、浮遊感を醸して素晴らしい。

アレッツが指向するリニアー・スペースは、その他「セラミック・オフィス・ビル」「フロニンゲン裁判所」「デルフト劇場」「アムステルダム芸術アカデミー」「AZL本社ビル」「ボクステル警察署」「レンスフェルト・オフィス＆工場」「アルメレ劇場」など、どれをとっても細長いオフィス空間、スロープ、通路空間などが存在して、非常にパースペクティブの効いた深度のある空間を構成している。

彼のドローイングを見ていると、この流れるような伸びやかな空間表現が、ザハ・ハディドが描く超空間的なパースに通底するが、アレッツのそれは厳格な直角のジオメトリーが支配的だ。そのシンプルかつ純粋な印象は正に安藤的と言えるし、また安藤が用いるアプローチ・スロープ、ガラス・ブロック

16, 17　KNSM Tower　1996 / Amsterdam 　　　　KNSM島集合住宅タワー　photo: ©Synectics	21　Renovation for Glass Palace 'Schunck'　2003 / Heerlen, The Netherlands 　　ガラス・パレス"シュンク"改修　photo: ©Jan Bitter
18　Zalmhaven Apartments Towers　2001 / Rotterdam 　　ザルムハーフェン高層集合住宅　photo: ©Kim Zwarts	22　Hedge House Gallery　1995 / Wijlre, The Netherlands 　　ヘッジ・ハウス・ギャラリー　photo: ©Jan Bitter
19　Arena Tower / Amsterdam 　　アリーナ・タワー	23　Sportcampus Leidsche Rijn　2006 / Utrecht, The Netherlands 　　スポーツキャンパス・レイツェ・ライン　photo: ©Jan Bitter
20　Euroborg Stadium　2006 / Groningen, The Netherlands 　　ユーロボルグ・スタジアム　photo: ©Jan Bitter	24　Stylesuite D&G fashion Store, Maastricht　2005 / Maastricht, The Netherlands 　　マーストリヒトD&Gショップ　photo: ©Jan Bitter

photos : Courtesy of the Architect except ©Synectics

壁、RC壁の処理など、アレッツの作品に大きな影響を与えているようだ。

アレッツの水平に長く延びるリニアー・スペースは、その後垂直へと転化していく。「ザルムハーフェン高層集合住宅」「KNSM島集合住宅タワー」「アリーナ・タワー」など、表情のある高層タワーを生み出した。たとえばアレッツ初の高層建築である「KNSM」は、ガラス・ブロックを用いず、彼が考案した黒い自然石風のコンクリート製模造石を全面に張って独自の雰囲気を出している。平面形も複雑で、その垂直的マッスが並いる高層建築とはひと味違う趣きを呈している。

ヴィール・アレッツにとって、今の時代はますます物質化していくように見えるらしい。物同士の関係性が変化しつつあるからだ。エレクトロニクスの進化によって、人間の知覚そのものが変貌を余儀なくされてきたし、それは否定しようもなくわれわれの思考形式に影響を及ぼしている。今、世界がひとつのイメージに化したように見えるグローバル・エイジが到来したのだ。

彼によれば、モダン・アーキテクチュアは根本的に清潔、純粋、完全といった表現が当てはまるのに対し、われわれは不完全、ノイズ、無秩序などを現代技術のプロセスにおける本質的なエレメントとして容認しているという。だからこそ彼は著書『アラバスター・スキン』の冒頭で、「建築とは純粋性への希求であり、完全性への努力である」と述べて、自らの設計姿勢を明示しているのだ。

ヴィール・アレッツは1955年、オランダのヘールレンに生まれた。1983年にアイントホーフェン工科大学を卒業。1985年にヘールレンに事務所を開設という早いペースだ。その後、ロシア、アメリカ、日本、ヨーロッパ各地を旅行。1986年より1989年には、アムステルダムとロッテルダムの建築アカデミーで教鞭をとる。1988年〜1992年はAAスクールのユニット・マスターを務めた。1991年からコロンビア大学で、1992年にはクーパー・ユニオン、ベルラーへ研究所と、世界各地での豊富な教職経験を元に、国際的な建築家へと脱却しつつあり、近作の「ユトレヒト大学図書館」や進行中の「ガーナのカテドラル」「アリーナ・タワー」「ユーロボルグ・スタジアム」などのスケールの大きさはその証左である。

Gunther Behnisch

ギュンター・ベーニッシュ
[ドイツ]

1922年ドイツ、ドレスデン生まれ。51年シュトゥットガルト工科大学卒業。93年カールスルーエ工科大学名誉教授。52年事務所設立。66年ベーニッシュ＆パートナー設立。89年シュテファン・ベーニッシュらとベーニッシュ、ベーニッシュ＆パートナー設立。72年第20回ミュンヘン・オリンピック・パークの完成で国際的に知られる。92年フランス建築アカデミーゴールドメダル受賞。

1 State Clearing Bank 1997 / Stuttgart, Germany
　ステート・クリアリング銀行（B,B&P）
2,3 North German State Clearing Bank 2002 / Hannover, Germany
　北ドイツ・クリアリング銀行（B,B&P）　photo: ©Roland Halbe

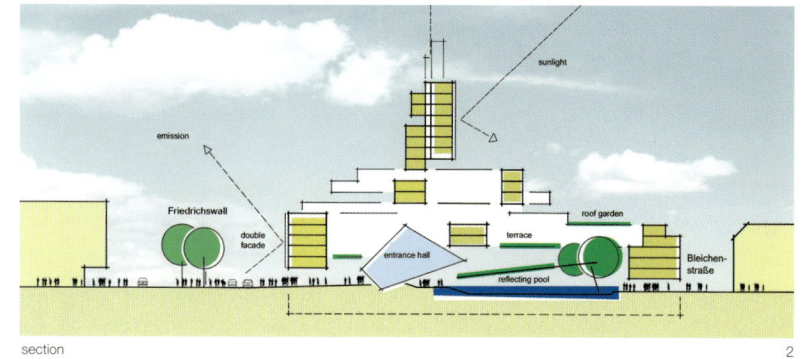

section

4 Plenary Complex of the German Bundestag   1992 / Bonn
   旧ドイツ連邦議会ビル（B&P）   photo: ©Kandzia
5 Center for Cellular and Biomolecular Research University of Toronto   2005 / Ontario, Canada
   トロント大学細胞＆生体分子研究センター（B,B&P）
6 Institute for Forestry and Nature Research   1998 / Wageningen, The Netherlands
   森林＆自然研究所（B,B&P）
7, 8 LVA State Institute Agency   1997 / Lubeck, Germany
   LVAステート保険会社（B,B&P）

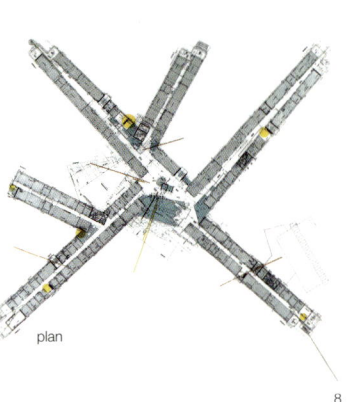

9 Air Control Tower Nuremberg Airport   1998 / Nuremberg, Germany
ニュールンベルク空港管制塔（B&P）   photo: ©Kandzia

10 St. Benno Gymnasium   1996 / Dresden, Germany
セントベンノ体育館（B,B&P）   photo: ©Kandzia

11 Geschwister Scholl Schule   1994 / Frankfurt
ゲシュヴィスター・ショル・シューレ（B&P）   photo: ©Synectics

12 Academy of Fine Arts Berlin   2005 / Berlin
ベルリン美術アカデミー（B&P）   photo: ©Kandzia

13 Health and Spa Facilities Bad Elster   1999 / Saxony, Germany
バッド・エルスター・ヘルス・スパ（B&P）

14 German Postal Museum   1990 / Frankfurt
ドイツ郵便博物館（B&P）   photo: ©Synectics

15 Sky Lofts / Los Angeles
スカイ・ロフト

16 German Oceanographic Museum / Stralsund, Germany
ドイツ海洋学博物館（B,B&P）

17 Thermal Spa Bad Aibling / Bad Aibling, Germany
バッド・アイブリンク・サーマル・スパ（B,B&P）

18 Mildred Scheel Haus   2002 / Dresden, Germany
ミルドレッド・シェール・ハウス（B&P）   photo: ©Kandzia

19 Museum of Fantasy 2001 / Bernried, Germany
　　ファンタジー博物館（B,B&P）
20 Olympic Park in Munich 1972 / Munich
　　ミュンヘン・オリンピック・パーク（B&P）　photo: ©Synectics
21 Hysolar Institute Building 1987 / Stuttgart, Germany
　　ハイソーラー研究所（B&P）　photo: ©Synectics

22, 23 Genzyme Center 2004 / Cambridge, Massachusetts
　　ゲンジム・センター（B,B&P）　photo: ©Anton Grassl
24 Reconstruction of the Bayerishe Vereinsbank 1996 / Stuttgart, Germany
　　バイヤリッシュ・フェラインスバンク再建（B,B&P）
25 Feuerbach Station 1991 / Stuttgart, Germany
　　フォイヤーバッハ駅（B&P）　photo: ©Synectics

photos : Courtesy of the Architect except ©Synectics

B&P=Behnisch & Partner
B,B&P=Behnisch, Behnisch & Partner

ギュンター・ベーニッシュと言えば、1972年の「ミュンヘン・オリンピック・パーク」の設計で一躍名を馳せたドイツ建築界の大御所である。その20年後の1992年、今度はドイツ統一前の「旧ドイツ連邦議会ビル」を完成させた。このふたつの国家的プロジェクトにより、ベーニッシュは国際的なステータスを不動のものとした。

ベーニッシュの作品は、例えば代表作のひとつである「ミュンヘン・オリンピック」では、テント構造のプロフェッショナルであるフライ・オットーと協働。観覧席を覆う巨大なプレキシ・ガラスを使用した透明なテントや、それを支持する太いスティール・ワイヤーや林立するスティール・マスト群など、ベーニッシュの初期の作品は技術性を前面に打ち出した作風であった。

ところが1987年、シュトゥットガルト大学キャンパスに完成した「ハイソーラー研究所」は、ステンレス・スティールのストラクチュアに付設された傾斜窓が、複雑かつカオティックな表情を醸し、錯綜したデコン調の外観を呈していた。「ミュンヘン・オリンピック」以降、私が初めて見たベーニッシュの作品は、この「ハイソーラー研究所」であったが、この後、彼はこの作風を追求し洗練させていく。ベーニッシュのこのようなデザイン・スタイルのシフトは、何に起因しているのか。

ドイツには「ガルカウの農場」などで知られる有機的建築の大家フーゴー・ヘーリンクがいた。彼は"形態は課されるものでなく、発見されるのを待っている"と宣言。ヘーリンクの哲学は、「ベルリン・フィル」を設計したハンス・シャロウンの戦後の作品に具現化されている。

シャロウンの平面形は、例えば学校建築においては、教室などの個々のエレメントに自由度と個別性を付与。さらに彼は、他の建築家がグリッドに執着しているときに、すでに複雑な不定形幾何学を採用した先進建築家であった。彼は個々の形態の自由を、民主主義における個人の自由に結び付けて考えていた。

まさにそれは、その後ベーニッシュが繰り返してきたことに他ならない。ベーニッシュは、ヘーリンクとシャロウンのオーガニック志向を受け継ぎ、拡大した建築家であった。それは単に作品におけるジオ

メトリックな不定形性や、空間の相互貫入だけでなく、彼自身の哲学的アプローチという観点からでも同じであった。
私は「ハイソーラー」以降のベーニッシュの作品を追い続けた。フランクフルトの「ゲシュヴィスター・ショル・シューレ」や「ドイツ郵便博物館」、ドレスデンの「セントベンノ体育館」、ボンの「旧ドイツ連邦議会ビル」、シュトゥットガルトの「フォイヤーバッハ駅」や「ステート・クリアリング銀行」、ハノーバーの「北ドイツ・クリアリング銀行」などを見学したが、多作なベーニッシュには追い付かない。
何しろ1952年にシュトゥットガルトにオフィスを構えて以来、その近郊に学校建築だけでも40件近くの作品を残して来たというベーニッシュ。銀行や公共建築などの得意分野を入れたら、どれほどの作品数になるか、計り知れない。ドイツの建築家でこれほど多作な作家も珍しい。
例えば近年の代表作「北ドイツ・クリアリング銀行」を見ると、ベーニッシュ・デザインの特徴が明瞭だ。全体がガラス張りの透明性、水や緑をあしらったエコ・デザイン、不整形プランと錯綜したデコン調インテリアのロビー空間、そして色彩豊かなオフィス群など。これらは「ベルリン美術アカデミー」「バッド・エルスター・ヘルス・スパ」「ファンタジー博物館」「LVAステート保険会社」などの代表作に通底する。
特に外観の形態はダイナミックな構成だ。矩形のオフィス・ブロックをずらして積層化させ、長いキャンティレバーで空中に浮遊させるという豪快な構造形式でランドマーク性を演出する。「ステート・クリアリング銀行」のキャンティで突出した"空中ラウンジ"では、恐怖のあまり肝をつぶした経験がある。
1989年、ベーニッシュは息子のシュテファン・ベーニッシュとギュンター・シャラーをパートナーに迎えてパワーアップし、ベーニッシュ、ベーニッシュ&パートナーを設立。作品も海外が増えたが、それらのほとんどはシュテファン・ベーニッシュが担当。現在スタッフは100人を越えて、ケンブリッジの「ゲンジム・センター」、トロントの「トロント大学細胞&生体分子研究センター」、オランダ・ワゲニンゲンの「森林&自然研究所」などの海外作品が完成。さらに「スカイ・ロフト」「ドイツ海洋学博物館」「バッド・アイブリンク・サーマル・スパ」が進行している。

FREDERIC BOREL

フレデリック・ボレル
[フランス]

1959年フランス、ロアンヌ生まれ。82年建築専門学校卒業。82-85年クリスチャン・ド・ポルザンパルク建築事務所勤務。83年PAN（ニュー・アーキテクチュア・プログラム）コンペ優秀賞。若手建築アルバム賞受賞。84年フレデリック・ボレル建築事務所設立。89年ランポノー通りとベルビュー通りの集合住宅2件が完成。93年オーベルカンプ通りの集合住宅と98年のベルボール集合住宅で不動の地位を築く。99年芸術文化功労賞。

2 section

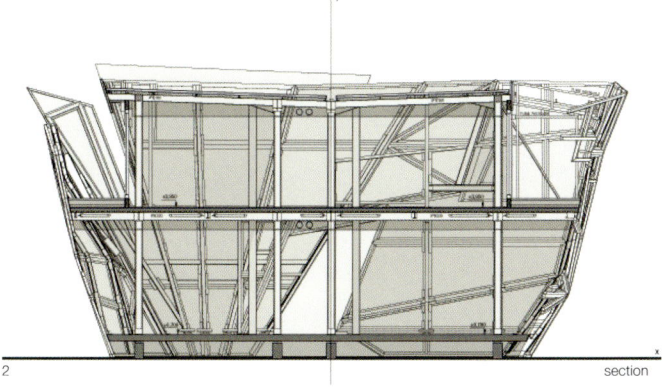

1, 2   Agen Institute for local Development   2002 / Agen, France
       アジョン大学オフィス   photo: ©Nicolas Borel
3   Dreux Theater   1994 / Dreux, France
       ドゥリューの劇場   photo: ©Nicolas Borel
4   Theater & Concert Hall in Blois   1991 / Blois, France
       ブロアの劇場＆コンサートホール   photo: ©Nicolas Borel
5   Nursery School on Recollects Street   2002 / Paris
       レコレット通り保育所   photo: ©Nicolas Borel
6   Logements Paris 13 / Paris
       パリ13区の集合住宅

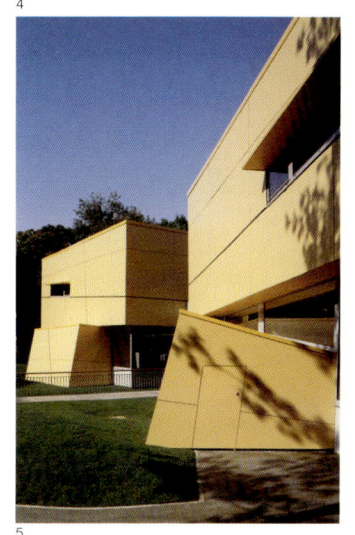

7, 8	Housing on Pelleport Street 1998 / Paris ペルポール通り集合住宅 photo: ©Nicolas Borel
9, 10	Housing on Oberkampf Street 1993 / Paris オーベルカンプ通り集合住宅 photo: ©Nicolas Borel
11, 12	Summary Court & Regional Court in Laval ラヴァルの簡易＆地方裁判所
13	Tax Center at Brive 1999 / Brive, France ブリーブ・タックス・センター photo: ©Nicolas Borel

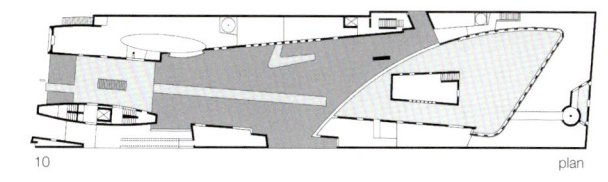

FREDERIC BOREL

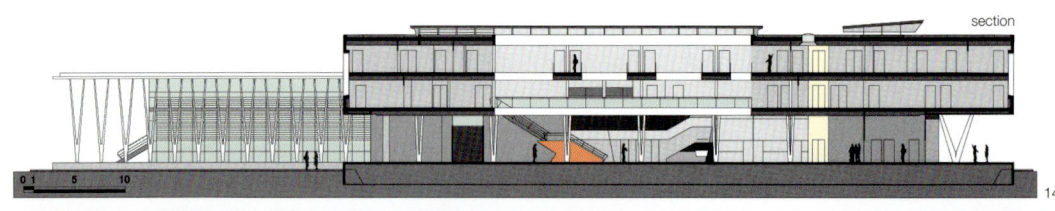

section

フレデリック・ボレルの初期の代表作といえば、「ベルビル通り集合住宅」や「ランポノー通り集合住宅」のように、極端に垂直性を強調した作品が多い。それはパリ街区の敷地は間口が狭く、奥行きが深いことが大きなひとつの理由である。またクリスチャン・ド・ポルザンパルクと4年ほど協働したボレルは、彼の「オート・フォルム集合住宅」のようなスレンダーなフォルムをした作品からの影響も少なくないと思われる。

1982年建築専門学校を卒業したボレルは、早くも翌年、「ニュー・アーキテクチュア・プログラム（PAN）・コンペ」を取得して早熟性を発揮。1984年にはパリ事務所を開設。「ベルビル」や「ランポノー」では、伝統的なパリの空虚なコートヤードを、新しい建築的快楽主義をシンボライズする寛大な空間へと変容させたのは非常にエポック・メイキングなことであった。このプロセスは、再び「オーベルカンプ通り集合住宅」や「ペルボール通り集合住宅」で、強烈にラジカルな形態をとって出現し世間を瞠目させた。

「オーベルカンプ」の造形には、驚かされた。郵便局とその職員の集合住宅が併設されている建物は、通りレベルの位置からサンクン・ガーデンの中庭が見晴らせるのだが、それは忘れようにも忘れない驚異的なシーンなのだ。

正面中央には黒いモノリスのような細い住棟が聳え、その左手前には、なんとRCの細い1本脚の構造柱上にこれも細い住棟が乗っている。フラグメント化された意表をつくスリムな形態の2棟は、空中ブリッジで中庭を取り込む集合住宅本体に連結されて、不安定に見えるものの安定しているのだ。もうひとつ驚かされたのは「ペルボール」。ここではボレルが拘る垂直性への希求は、より激しく展開されている。ファサードがデコン的とも言えそうなくらい、不整形にフラグメント化されているのだ。平行して上昇するはずの壁面が、互いに漸近したり離反したりして、意表をつくファサードのディコンストラクションを見せて面白い。

フラグメント化は垂直性の中だけにあるのではない。「レコレット通り保育所」では4つのマッスが、「ラヴァルの簡易＆地方裁判所」ではシヌソイダル（sinusoidal、うねる形状）なシリンダーが、「ドゥリュー

14, 15, 16 Michel Serres Science Center in Agen　1998 / Agen, France ミッシェル・セール・アジョン科学センター　photo: ©Nicolas Borel	19 Housing on Belleville Street　1989 / Paris ベルビル通り集合住宅　photo: ©Nicolas Borel
17 Housing on Ramponeau Street　1989 / Paris ランポノー通り集合住宅　photo: ©Nicolas Borel	20 School on Moskowa Street　2000 / Paris モスクワ通りの学校　photo: ©Nicolas Borel
18 Architecture School Class Rooms & Streets / Paris 建築学校の教室およびアトリエ	photos : Courtesy of the Architect except ©Synectics

16

17

18

19

20

「の劇場」ではヨットの帆のような白い外壁が、また「ブロアの劇場＆コンサートホール」では建物自体が多種の形態にフラグメント化されている。

これらのフラグメント化されたヴォリュームは、近年の公共ビルの、よりコンパクトであり内向的な街区に対応したもので、それらのマッスは自然や都市に対し、穏やかで平和的に対峙している。その好例が「ブリーブ・タックス・センター」だ。それは猥雑な都市をはるかに離れて漂っている高貴な船のような佇まいだ。

また"メテオライト（隕石）"にその形態が類似していると言われる「アジョン大学オフィス」や「モスクワ通りの学校」は、破砕されたモノリスが吊るされたかのような趣きを露呈しているのに対し、「ローニュの高等学校」は、ニュー・タウンのカオス的で虚弱なスカイラインに複合的な水平線を生み出している。ボレルは都市とミクロコスモスの対比、あるいはシンプルなヴォキャブラリーを用いた原形的な形態と未来的なタワーのコントラストに興味があると言う。また1997年に著した『In Den sity, Networks, Events（密度、ネットワーク、イベントにおいて）』の文章で、彼は"色彩、形態、材料を慎重にミックスし、現代都市が目指している新しいエモーショナルな未開の地に想像性を投入する必要がある"と説く。

ボレルが「ミッシェル・セール・アジョン科学センター」で見せた連続するV字形コラムの森の上に浮かんだ躯体は、カラフルなフラグメンツで覆われている。ここではボレルの得意とする楕円形のエントランスが光っている。このようなシヌソイダルな形状は、ブラジルの巨匠オスカー・ニーマイヤーからの影響という。

ポルザンパルクの元で修業を積んだボレルは、ポルザンパルクが「音楽都市」を設計した時に、その屋根やホールの曲面壁にニーマイヤーの大きくカーブするヴォキャブラリーを参照したために、その余波を受けた。

「ラヴァルの簡易＆地方裁判所」では、楕円形エントランスの背後に2棟のシヌソイダルなフォルムが立ち上がって、まさにボレルの面目躍如。未来的なシヌソイダル・フォルムは、ボレル自身の21世紀建築への切札と言えそうだ。

Douglas Cardinal

ダグラス・カーディナル
[カナダ]

1934年カナダ・カルガリー生まれ。ブリティッシュ・コロンビア大学とテキサス大学で建築を学び、63年テキサス大学卒業。64年カナダ王立建築家協会会員。64年ダグラス・カーディナル・アーキテクトをエドモントンに設立、85年オタワに移転。92年カナダ大賞受賞。95年アメリカ建築家協会ワシントンD.C.支部会員。2000年スコットランド王立建築家協会会員。

1　St. Mary's Roman Catholic Church   1968 / Alberta, Canada
　　セント・メリー・ローマ・カトリック教会
2　Nicaragua Museo de la Naturaleza / San Juan del Sur, Nicaragua
　　ニカラグア自然博物館
3　St. Albert Place   1976 / Alberta, Canada
　　セント・アルバート・プレイス
4, 5　Grande Prairie Regional College   1976 / Alberta, Canada
　　グランド・プレーリー地区カレッジ
6, 7　Edmonton Space Sciences Center   1983 / Alberta, Canada
　　エドモントン宇宙科学センター
8　Grand Traverse Band of Ottawa & Chippewa Indian Civic Center   2001 / Michigan
　　オタワ＆チペワ・インディアン・グランドトラヴァース市庁舎

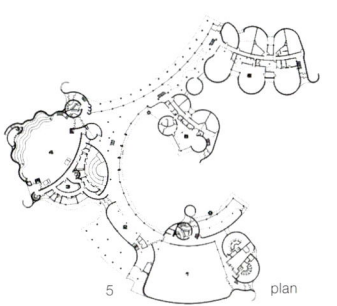

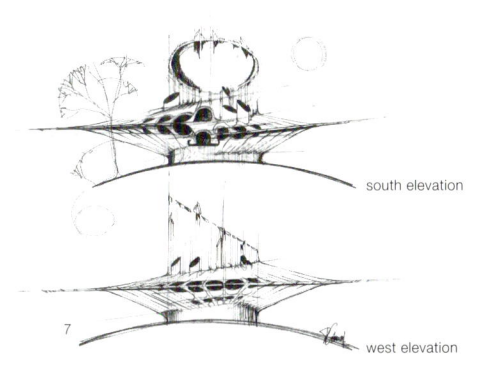

DOUGLAS CARDINAL

9 Canadian Museum of Civilization   1989 / Quebec, Canada
   カナダ文明博物館
10, 11, 12 Cardinal Studio & Residence   1982 / Alberta, Canada
   カーディナル・スタジオ & レジデンス

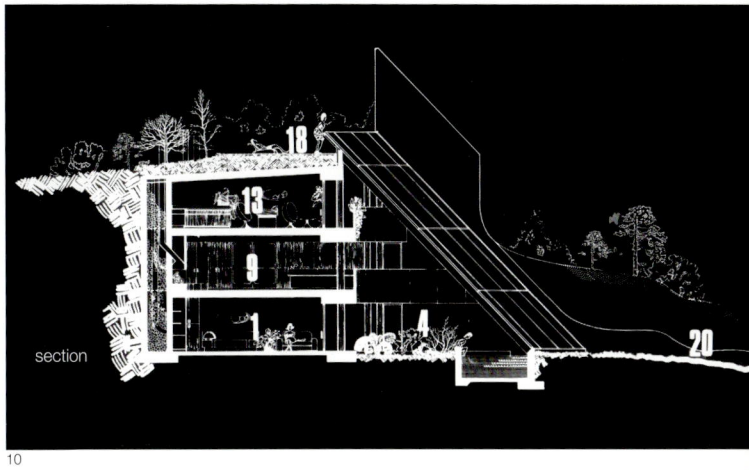

日本ではあまり知られていないカナダの建築界。「東京国際フォーラム・コンペ」の審査員として知られるカナダ建築界の大御所アーサー・エリクソンをはじめ、イスラエル系建築家モシェ・サフディ。ダン・ハンガヌー、リチャード・エンリケズ、ピーター・ローズ、パトカウ・アーキテクツ、ブルース・クワバラ、そして先頃「青森市北国型集合住宅国際設計競技」を制したまだ無名であったフォーサイス&マッカランなど、知られている建築家はそう多くない。

確かにカナダは建築的には遠い国だが、中でも異色の建築家として、知っている人は知っているのがダグラス・カーディナルだ。カナダ国内では著名建築家として知られる彼は、ネイティブ・アメリカン系で建築家としては異色の出自である。「私は本当にいつも工事環境の中で育ちました。8人兄弟の最年長で、常に父の家づくりや家具づくりを手伝わされました。母は私が建築家になるものだと思っていたようです」。家族はアルベルタのレッド・ディア郊外のログ・キャビン(丸太小屋)に住み、彼の父は森林レンジャーをやっており、後に猟区管理者となった。「私たち家族は人里離れたところに住み、自然や自分たちの風習を学びました」と、彼は少年時代の記憶を懐かしげに回想する。

彼が10代の頃、家族は街へ移り、彼の父はホテル業へ転身。カーディナルと2人の弟は手づくりでホテルや家族用のバンガローづくりを手伝い、さらに家具などもつくるという大工仕事に明け暮れた。このような生活が、エコロジカルなオリエンテーションやプラグマティックな技術を与え、彼を建築家へと啓発した。そんなカーディナルの生き方や経験が凝縮された作品が、オタワにある大きなスケールの「カナダ文明博物館」である。

カーディナルの代表作といわれるこの作品は、他のどの作品よりも彼の本質とスタイルを具体化したものである。実質的に博物館は環境に調和した"ハビタ(住居)"であり、その有機的なデザインは、人間の進化と地球との調和を象徴している。形態的にはごつごつした高低差のある近隣ランドスケープを反映させた曲線美を見せるオーガニック・デザインとなっている。

しかしこの博物館には、カーディナル自身の発想以外の建築エレメントも数多く見受けられる。柱や

13 National Museum of American Indian
    2004 / Washington D.C.
    アメリカ・インディアン博物館 photo: ©Synectics
14 Ochichakkosipi Healing Lodge / Manitoba, Canada
    オチチャコスィビ・ヒーリング・ロッジ
15 Victoria Island Development / Ottawa, Canada
    ヴィクトリア島開発
16 Penewobecong Heritage Center / Ontario, Canada
    ペネウォベコン・ヘリティッジ・センター
17 York Regional Headquarters 1992 / New Market, Canada
    ヨーク地区本部ビル
18 Iskotew Healing Lodge 2002 / Ottawa, Canada
    イスコテュー・ヒーリング・ロッジ
19 Neeganin Round House & Park 2000 / Manitoba, Canada
    ニーガニン・ラウンド・ハウス & パーク
20 Mono-Ya-Win Health Center / Ontario, Canada
    メノ・ヤ・ウィン・ヘルス・センター
21 Seneca Nation of Indians
    New Administration Building / Salamanca, New York
    セネカ・インディアン新管理ビル
22 Fairview Elementary School 1975 / Alberta, Canada
    フェアビュー小学校
23 First Nations University of Canada
    2003 / Saskatchewan, Canada
    ファースト・ネイションズ・カナダ大学
24 Alberta Government Services Building
    1976 / Alberta, Canada
    アルベルタ市サービス・ビル
25 Keatley Creek Interpretive Center / British Columbia, Canada
    キートリィ・クリーク通訳センター

photos : Courtesy of the Architect except ©Synectics

ドームは、アルベルティやミケランジェロやパラディオのデザインを喚起させるし、ステップ・バックして上昇する各階は古代メソポタミアのジグラットを想起させる。また低く伸びたオーバーハングやテラスは、フランク・ロイド・ライトのプレーリー・スタイルを踏襲しているようだ。

カーディナルの曲線美に溢れた作品は、すでに1968年彼のファミリーが住んでいたアルベルタのレッド・ディアに建てられている。「セント・メリー・ローマ・カトリック教会」は幻想的なレンガ造の波打つ外壁や、有機的な形状の穴を穿ったキャノピー上部の不思議な壁面が特徴だ。

その後1976年には「セント・アルバート・プレイス」「グランド・プレーリー地区カレッジ」「アルベルタ市サービス・ビル」の3件の建物を同時期に完成させている。こうした独特のスタイルで実力をつけてきたカーディナルは、1982年奇妙な穴のあいた塔をもつ「カーディナル・スタジオ&レジデンス」を設計。そして1983年には「エドモントン宇宙科学センター」を完成させ、脂ののりきったところで代表作「カナダ文明博物館」を手中にしたのだ。

カーディナルはアメリカのテキサス大学に学んだが、彼はアルベルタからロッキー山脈を越えてドライブして行くのを常としていた。いつも違うルートを選んで走り、道すがら見るランドスケープや自然の形状にインスパイアーされた。彼がオン・ザ・ロード・エジュケーション（路上教育）と呼ぶランドスケープや風景から学ぶ手法によって、"建築は場所の自然環境から派生してくる"ことを教えられたという。また彼は高層ビルは男性的なシンボルだが、防御・育成・ケア・癒しといった女性的な質を具現化した建築と置き換えたいという。

2001年3月にその女性的でソフトな印象の「オタワ&チペワ・インディアン・グランドトラヴァース市庁舎」が完成した。2002年の秋には「ファースト・ネイションズ・カナダ大学」が竣工。さらにカナダ国内だけでなく、アメリカでもワシントンD.C.のキャピトル(連邦議会議事堂)近くという重要な場所に、「アメリカ・インディアン博物館」が完成。その他「キートリィ・クリーク通訳センター」「ニカラグア自然博物館」「セネカ・インディアン新管理ビル」など数件のプロジェクトが進行している。

RICHARD ENGLAND

リチャード・イングランド
[マルタ]

1937年マルタ生まれ。マルタ大学、ミラノ工科大学卒業。91年国際建築アカデミー教授、現在マルタ大学客員教授、ブエノスアイレス大学教授。85年・87年マルタ建築家協会賞、88年グルジア・ソヴィエト・ビエンナーレ桂冠賞、91年IFRAA-AIA賞、インターアーキ桂冠賞受賞。2000年ベルグラード建築トリエンナーレ・ゴールドメダル受賞。

1. Astana Concert Hall / Astana, Kazakhstan
   アスタナ・コンサートホール
2. White Shadows Sculpture 2002 / Sliema, Malta
   ホワイト・シャドウ・スカルプチュア
3. St. James Cavalier 2000 / Valletta, Malta
   セント・ジェイムズ・キャヴァリエ
4. Central Bank of Malta 1993 / Valletta, Malta
   マルタ中央銀行
5. LOVE Sculpture 2003 / St. Julians, Malta
   ラブ・スカルプチュア

1

4

5

47

RICHARD ENGLAND

6 Ir-Razzett ta-Sandrina   1993 / Mgarr, Malta
   イル・ラゼット・タサンドリーナ
7 Dar il-Hanin Samaritan   1996 / Santa Venera, Malta
   ダル・イル・ハニン・サマリタン   photo: ©Peter Bartola Parnis
8, 9 Hal-Farrug Church   2005 / Hal-Farrug, Malta
   ハル・ファツルグ教会
10, 11, 12, 13 Filfla Chapel   2006 / Wied iz-Zurrieq Cliffs, Malta
   フィルフラ・チャペル

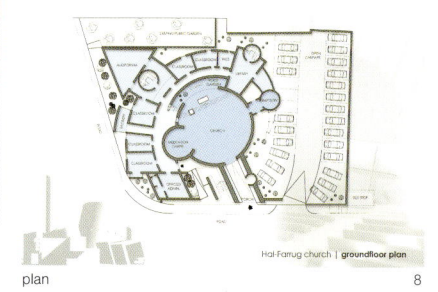

10

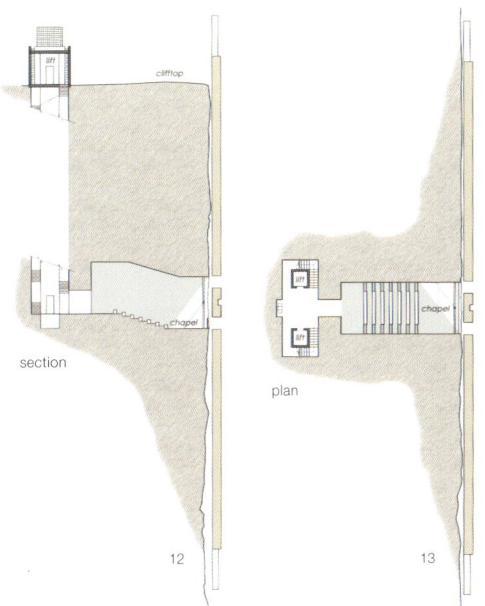

11 12 13

section clifftop
chapel
plan chapel

49

RICHARD ENGLAND

14 A Garden for Myriam 1982 / St. Julians, Malta
ミリアム・ガーデン

15 Church of St. Francis of Assisi 2000 / Qawra, Malta
セント・フランシス・オブ・アシシ教会

16 Stage-set for "Le Pescatrici", Manoel Theater 2001 / Valletta, Malta
マヌエル劇場 "ル・ペスカトリチ" 舞台セッティング

17 Millennium Chapel 2000 / Paceville, Malta
ミレニアム・チャペル

「私は30年以上にわたり、建築の表現において"レヴォリューション（革命）"ではなく、"エヴォリューション（進化）"を念頭においてきた。この間"変化の中の連続性"という哲学に基礎を置いた建築を創造すべく、建築の行く末を見守るだけでなく、来し方を顧みる作業を続けてきた」

マルタの建築家、リチャード・イングランドは、「過去なくして建築表現の未来はない」と言う。彼は斬新な建築を追求するのではなく、変化に満ちた建築進化のプロセスの中に、過去から現在へ至り未来へとつながるシークエンスを大事にする。彼はそれを例えて、「新しい樹木をつくるのではなく、新しい葉をつくる」と言う。その意味するところは、根源的な基本に立ち返って、建築と環境との全面的な共生を図ることなのだ。これは敷地特有の"場所の精神（ゲニウス・ロキ）"を巧みに取り込み、敷地のスケールを忠実に守り、そこから建築を発展させ、その時代に必須の建築表現を与えることなのである。

リチャード・イングランドはマルタ生まれのマルタ育ち。教育もマルタ大学建築学科を修了している。その後ミラノ工科大学に留学し、同時に学生建築家として、近代建築の巨匠ジオ・ポンティのスタジオに勤務している。

イングランドは建築家ながら、彫刻家、写真家、詩人、アーティスト、作家という多彩な肩書きをもつ才人である。師のポンティが、やはり建築家ながらインテリア、家具、ID、グラフィックスと多方面にわたるデザイン活動を展開してきたことが影響している。例えば彫刻では、「ラブ・スカルプチュア」や「ホワイト・シャドウ・スカルプチュア」などのアーティスティックな作品がある。

現在、地元マルタ大学の客員教授である彼は、1987年と88年に同大学建築学部のディーンを務めた。地中海の小国マルタの建築家とはいえ、彼の活動は広範囲にわたっている。彼の輝かしい経歴から容易に理解できるのは、自国マルタをはじめ、ユーゴスラビア、サウジアラビア、イラク、イタリア、ポーランド、ブルガリア、かつてのソ連などの東欧諸国とアルゼンチンで、政府または民間機関の建築コンサルタントとして活動してきたことである。最近ではカザフスタンに「アスタナ・コンサー

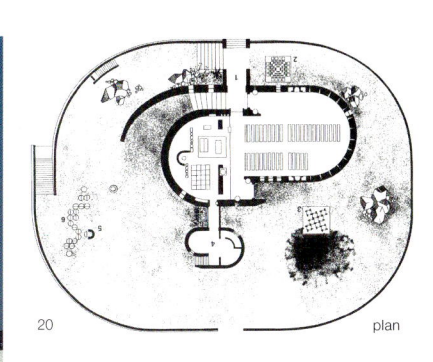

18 St. Andrew Chapel 1989 / Pembroke, Malta
    セント・アンドリュー・チャペル
19, 20 St. Joseph Church 1974 / Manikata, Malta
    セント・ジョセフ教会
21 University of Malta Extension 1997 / Msida, Malta
    マルタ大学増築
22 Opera House / Valletta, Malta
    オペラ・ハウス
23 Private Villa 1996 / Siggiewi, Malta
    プライベート・ヴィラ
24 Tectonic Tendril / Milan
    テクトニック・テンドリル

photos : Courtesy of the Architect

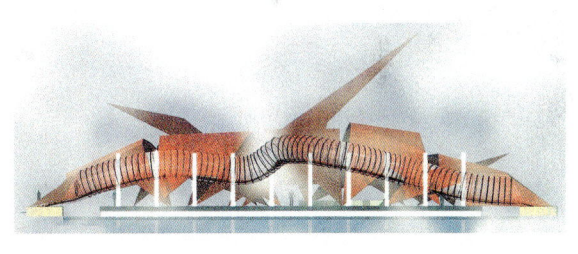

トホール」を進行させている。
それらの経験を通して彼が常に心掛けてきたことは、「建築家は未来のデザイナーになるのみならず、過去の擁護者にもならなくてはならない」ということだ。実際彼自身は、並々ならぬ過去へのこだわりをもっている。そのような関係から、彼の作品にはポストモダニスティックな香りが漂っているし、さらに地域的な観点から言えば、アラブ・イスラム的雰囲気も感じられる。
彼の作品の中で、「セント・ジェイムズ・キャヴァリエ」「マルタ中央銀行」「イル・ラゼット・タサンドリーナ」「ダル・イル・ハニン・サマリタン」「ハル・ファッルグ教会」などは、その好例だが、後者の3作品は名前からしてアラブ的な響きが感じられる。

さらにミソロジカル（神話的）なテイストを加味した「ミリアム・ガーデン」「セント・フランシス・オブ・アシシ教会」「マヌエル劇場"ル・ペスカトリチ"舞台セッティング」「ミレニアム・チャペル」「フィルフラ・チャペル」「セント・アンドリュー・チャペル」など神秘的な雰囲気を放った作品がある。
またマルタの丘陵的ランドスケープに点在する「ジルナ」と呼ばれる土着の石造農具小屋を参照した「セント・ジョセフ教会」や、コロニアル・スタイルの既存建築群のトポグラフィを反映させて、民族的な城砦壁を想起させる「マルタ大学増築」などの、クリティカル・リージョナリズム（批評的地域主義）の傑作もある。
「私が常に感じてきたことだが、インターナショナ

ル・スタイルの欠点は、近代建築家の多くが建物同士のジョイント（結合）分析に時間をかけすぎて、もっとも大切な建物と敷地のジョイントを蔑ろにしてきたことだ。それゆえ私は、建築することによって既存の敷地がもつ価値を維持するだけでなく、さらにそれを高めるデザインをしなければならないことを提唱したい」
建築は常に固有の場所と時間に属している。したがって生まれくる建築は、その環境や時代に適合したものでなければならない。「新しく本質的なものは、当然古いルーツに根差しているものなのだ」という、自分の好きな作曲家ベラ・バルトーク（ハンガリー）の言葉を引用して、彼は作品集の最後を締めくくっている。

Massimiliano Fuksas

マッシミリアーノ・フクサス
[イタリア]

1944年イタリア、ローマ生まれ。69年ローマ大学建築学部卒業。83年ハーノヴァ建築大学、88年シュトゥットガルト国立造形美術大学アカデミー、90年パリ建築大学、90-91年コロンビア大学でそれぞれ客員教授。67年にローマ、89年にパリ、93年にウィーンに事務所設立。99年フランス建築グランプリ受賞。

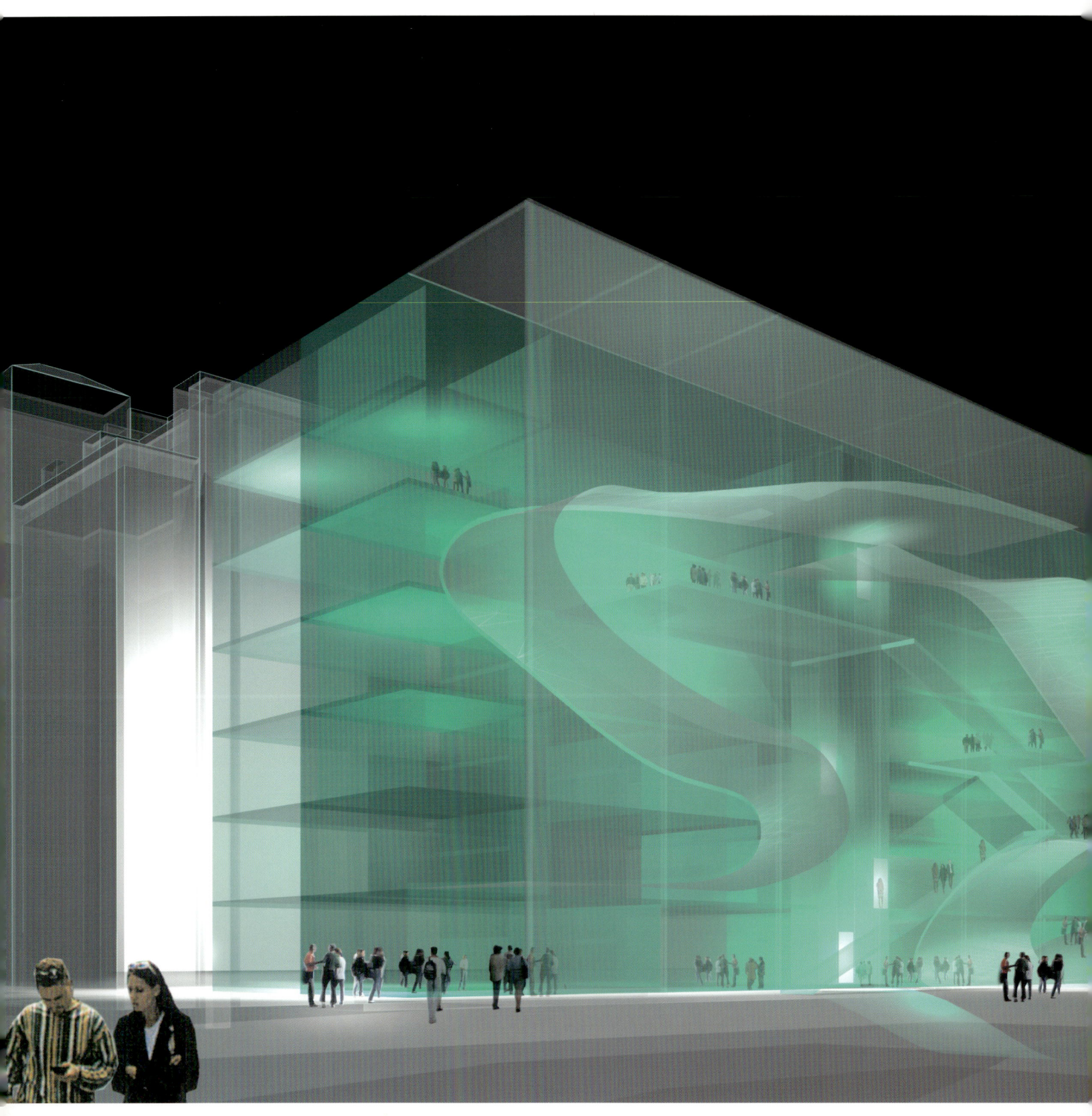

1, 2 New Italian Space Agency Headquarters / Competition
新イタリア宇宙局本部
3 Sassocorvaro Sports Hall   1973 / Sassocorvaro, Italy
サソコルヴァーロ・スポーツ・ホール
4 Paliano Gymnasium   1985 / Paliano, Italy
パリアーノ町営体育館   photo: ©D.O.Mandrelli
5 Tarquinia Nursery School   1982 / Tarquinia, Italy
タルクイーニア幼稚園   photo: ©D.O.Mandrelli
6 Anagni Sports Center   1985 / Anagni, Italy
アナーニ・スポーツ・センター

Massimiliano Fuksas

7 Cassino Town Hall   1990 / Cassino, Italy
カッシーノ・タウンホール

8 Reze Cultural Center & Mediatheque   1991 / Reze, France
レゼ文化センター＆メディアテーク

9 Civita Castellana Cemetery   1992 / Civita Castellana, Italy
チヴィタ・カステラーナ墓地

10 Sports Complex + Parking   1993 / Paris
スポーツ・コンプレックス＋パーキング   photo: ©Synectics

11 Entrance to the Cave Painting Museum   1993 / Niaux, France
洞窟博物館エントランス   photo: ©Jourdan

12 Saint-Exupery College   1993 / Seine-Saint-Denis, France
サンテグジュペリ・カレッジ   photo: ©Kozlowski

13 The Faculty of Law and Economics at the University of Limoges   1996 / Limoges, France
リモージュ大学法律＆経済学部   photo: ©Synectics

14 The Maison des Arts at Michel de Montaigne University   1995 / Bordeaux, France
ミシェル・ド・モンテーニュ大学アート・ハウス   photo: ©Synectics

15 Europark   1997 / Salzburg, Austria
ユーロパーク   photo: ©Philippe Ruault

16 Alsterfleet Office Building   2002 / Hamburg, Germany
アルスターフリート・オフィス・ビル   photo: ©Philippe Ruaulta

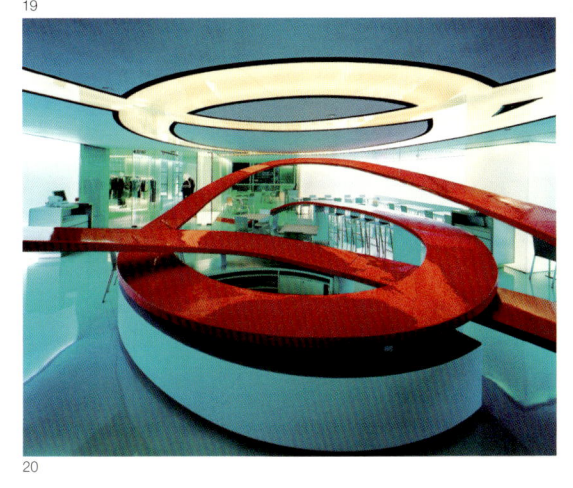

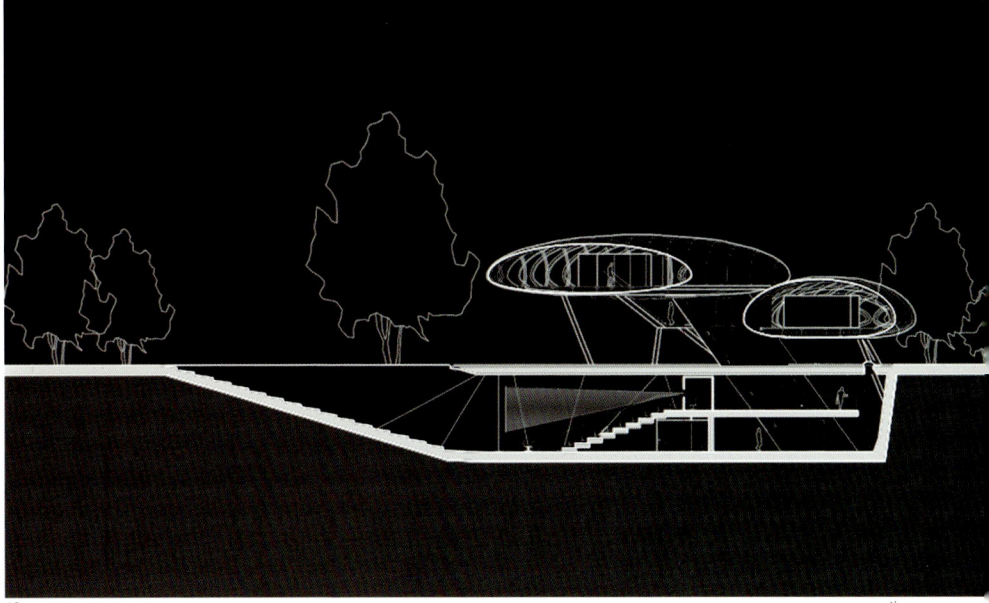

17, 18　Nardini Research & Multimedia Center　2004 / Vicenza, Italy
　　　　ナルディーニ・リサーチ&マルチメディア・センター　　photo: ©Marcato Maurizio
19　Hanse-Forum Offices　2002 / Hamburg, Germany
　　ハンス・フォーラム・オフィス　　photo: ©Philippe Ruault
20　Emporio Armani　2003 / Hong Kong
　　エンポリオ・アルマーニ　　photo: ©Ramon Prat

section

MASSIMILIANO FUKSAS

21　Vienna Twin Towers　2001 / Vienna
　　ウィーン・ツイン・タワーズ　　photo: ©C. Drexleri
22, 23　Milan Trade Fair　2005 / Milan
　　ミラノ見本市会場　　photo: ©Archivio Fuksas
24, 25　New Piemonte Regional Council Headquarters / Torino, Italy
　　ピエモンテ州議会本部ビル
26　EUR Congress Center in Italy / Roma
　　EURイタリア・コングレス・センター　　CG: ©fabio_Cibinel
27　Zenith Concert Hall / Strasbourg, France
　　ゼニス・コンサートホール
28　Queensland Gallery of Modern Art / Competition
　　クィーンズランド・モダン・アート・ギャラリー
29　Peres Peace Center　2007 / Jaffa, Israel
　　ペレス平和センター
30　San Giacomo Parish Complex / Competition
　　サン・ジャコモ教区コンプレックス

photos : Courtesy of the Architect except ©Synectics

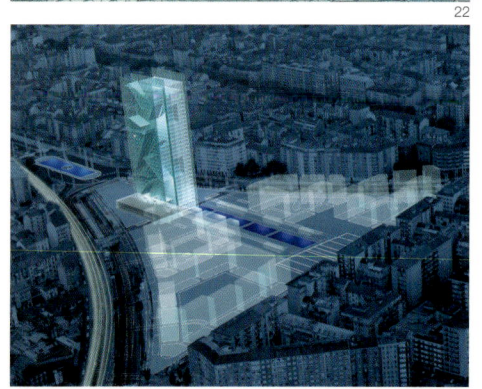

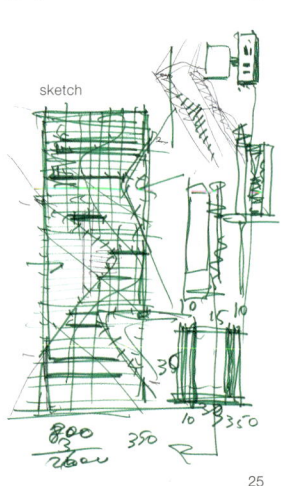

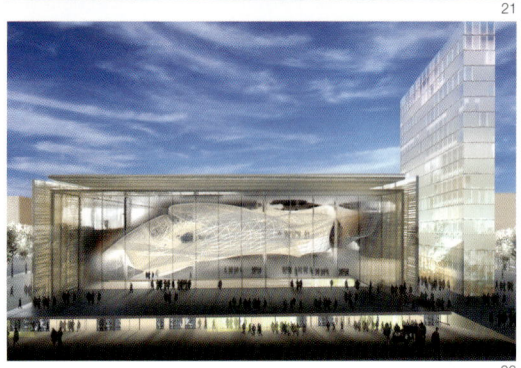

1991年6月末から7月初旬にかけて、JIA（日本建築家協会）が長崎で「アーキテクツ・ホリディ1991」を開催した。レム・コールハース、マッシミリアーノ・フクサス、マイケル・ロトンディ、高松伸、北川原温、ナディム・カラムなどが、東山手洋館群を会場にしてワークショップを担当した。
コーディネーターとして参加していた私は、フクサスの洋館を覗いて驚いた。彼は大きな紙に色鮮やかな絵ばかりを描いているではないか。おそらくスケッチのかわりに描いていたのだろう。絵心のある建築家と思っていたが、彼は最初、形而上絵画の巨匠ジョルジョ・デ・キリコに弟子入りし、画家を目指してスタートしたことを、後年知るに及んで納得した。その後彼は、母の勧めによって1964年にローマ大学建築学部へ入学する。
卒業後大学に残って教職活動をし、1973年には早くも初期の傑作「サソコルヴァーロ・スポーツ・ホール」を完成。70年代、彼は「建築家の役目は、ディテールではなくヴィジョンを、ドローイングでなくコンセプトを与えること」と信じていた。つまり「建築は一種のマジックであり、演劇のように"エモーショナル(感情的)なマジック"を与えるのが自分の任務」と考えていた。
そこでフクサスは、かつての師であるデ・キリコを引用。彼の抽象的でメタフィジカルな絵画は、マジック的なプロポーションを帯びていた。フクサスはそのような建築言語を挿入することで自分の建築を"ナラティヴ(物語的)"と定義。建物の住人や使用者に演劇的なものを与えてきた。「タルクイーニア幼稚園」の立体的な表情をもつ開口部のマジック的な様相から、「パリアーノ町営体育館」の難破船をイメージして傾いたファサードの物語性などのように。
ところがフクサスの70年代初期の作品は、まさに抽象的な資質をもつがゆえに、具象的次元ではブルータリズムの恩恵を蒙っている。当時のイタリアではルイス・カーンが60年代に発表した「ヴェニス会議場計画」が大人気であり、フクサスの処女作「サソコルヴァーロ」も例外なくカーンのブルータルでオーガニックな作品に影響を受けた。「アナーニ・スポーツ・センター」なども同断である。
その後フクサスは"フラグメンテーション（断片化）"

のコンセプトを加味し、ブルータルな資質は希薄化していく。「カッシーノ・タウンホール」における断片化され、傾斜した踊るパラペットや、「チヴィタ・カステラーナ墓地」の断片化され分棟化された小屋群。同様に「レゼ文化センター＆メディアテーク」の分棟化され傾斜した黒いマッスとRCの白いマッスの対比など、多様なフラグメンテーションの手法が展開されてきた。

初期のフクサスは、ローマ大学で教える傍ら地方都市で得たいくつかのコミッションが、1978年大学を去ってから実を結び始めた。やがて1982年、パリの建築雑誌『アルシテクチュール・ドジュールドユィ』が、フクサスを含むウィリアム・オールソップ、アルキテクトニカ、伊東豊雄、レム・コールハース、ジャン・ヌーヴェルら、話題の建築家の特集を組み、フクサスはフランスで名前をあげる。さらに1987年、彼はパリの「スポーツ・コンプレックス＋パーキング」コンペを勝ち取り、それがフランス・デビュー作となる。

1989年パリに事務所を開設したフクサスは、90年代フランスで大当たり。「洞窟博物館エントランス」「サンテグジュベリ・カレッジ」「リモージュ大学法律＆経済学部」「ミッシェル・ド・モンテーニュ大学アート・ハウス」と順風満帆。さらにザルツブルグの「ユーロパーク」、ハンブルグの「アルスターフリート・オフィス・ビル」や「ハンス・フォーラム・オフィス」、ウィーンの「ウィーン・ツイン・タワーズ」、香港の「エンポリオ・アルマーニ」、イスラエルの「ペレス平和センター」と海外作品も急増する。

近年発表した「ナルディーニ・リサーチ＆マルチメディア・センター」の宇宙カプセルのような先鋭デザインから、長大なガラス・ルーフが有機的な構成を見せる代表作「ミラノ見本市会場」のように、近年のフクサスはブルータルなRCから脱却して、スティールとガラスのオーガニックな作品が多い。その有機性を封じ込めた"フレーム"の概念が、彼の未来プロジェクトを彩っている。「EURイタリア・コングレス・センター」「ゼニス・コンサートホール」「新イタリア宇宙局本部」「クィーンズランド・モダン・アート・ギャラリー」など、今後出色のビッグ・スケール・プロジェクト群の完成が大きな期待を抱かせる。

Future Systems

フューチュア・システムズ
[イギリス]

ヤン・カプリッキーは、1937年チェコスロヴァキア、プラハ生まれ。62年プラハ応用芸術大学建築学科卒業。デニス・ラズダン、ピアノ&ロジャース、フォスター・アソシエイツ勤務後、フューチュア・システムズ設立。82-88年AAスクールで教鞭を執る。アマンダ・レヴェートは、1955年イギリス、ブリジェンド生まれ。82年AAスクール卒業。84-89年リチャード・ロジャース事務所勤務。89年フューチュア・システムズ参加。

1, 2, 3 Selfridges Birmingham 2003 / Birmingham, UK
セルフリッジス・バーミンガム photo: ©Richard Davis + Soren Aagaard
4 NatWest Media Center 1999 / London
ナットウエスト・メディア・センター
5 Kafka Memorial 1966 / Praha, Czech
カフカ・メモリアル photo: ©Synectics
6 French National Library / Competition
フランス国立図書館

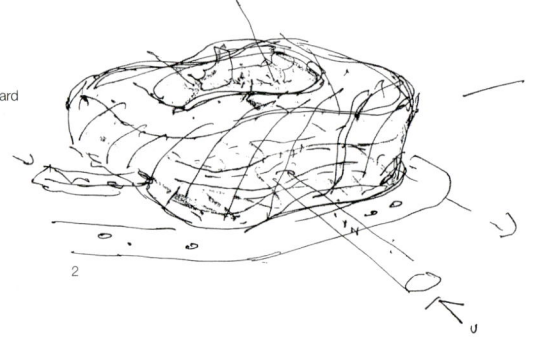

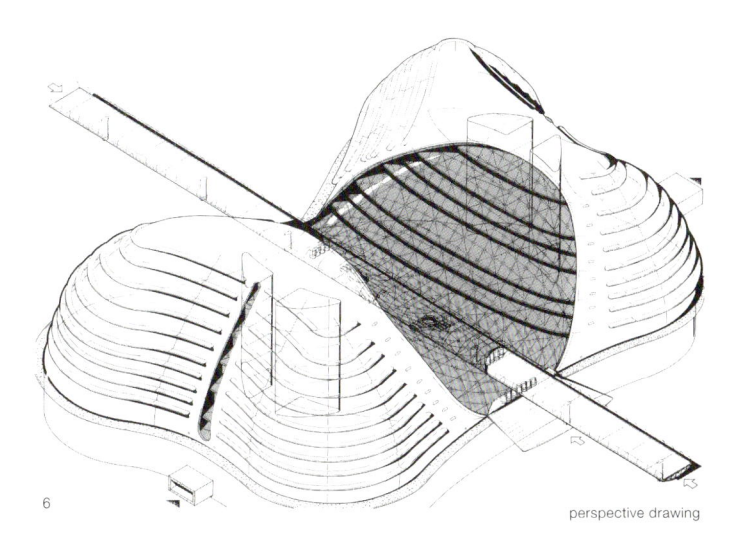

perspective drawing

Future Systems

7 House in Wales 1996 / Wales, UK
  ウェールズの家
8 Marni 1999 / London
  マルニ
9 Comme de Garcons New York 1998 / New York
  コム・デ・ギャルソン・ニューヨーク   photo: ©Synectics
10 Frankfurt Mortor Show Booth Design 2003 / Frankfurt
  フランクフルトのモーター・ショー・ブース・デザイン
11 Comme de Garcons Tokyo 1998 / Tokyo
  コム・デ・ギャルソン東京   photo: ©Synectics

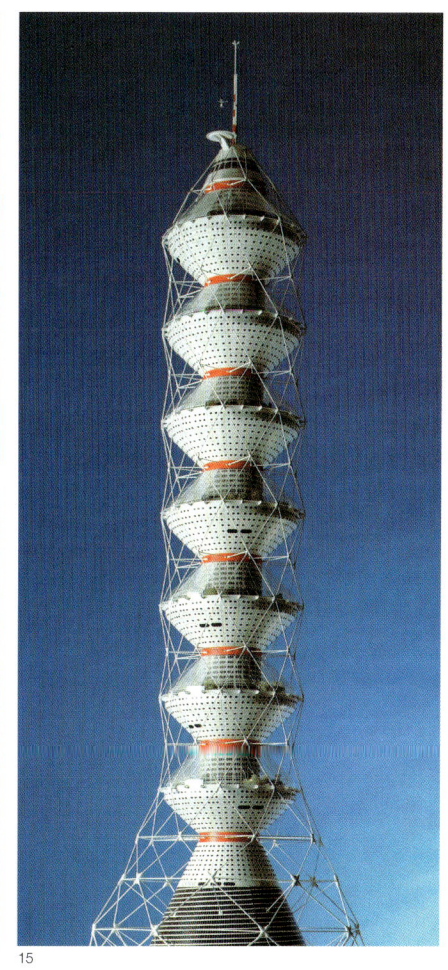

12 Une Petite Maison
    小さな家

13 Peanut
    ピーナッツ

14 Blob Office Building / Competition
    ブロブ・オフィス・ビル

15 Coexistence
    コイグジスタンス

16 Spire
    スパイア

17 Doughnut House
    ドーナッツ・ハウス

18 Green Building
    グリーン・ビル

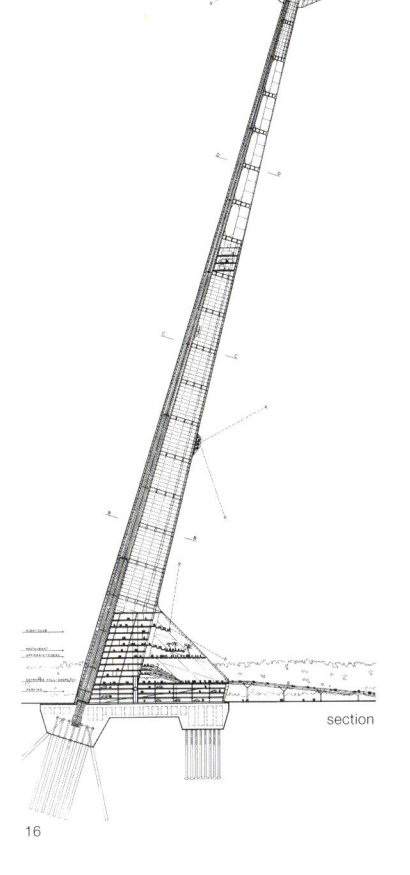

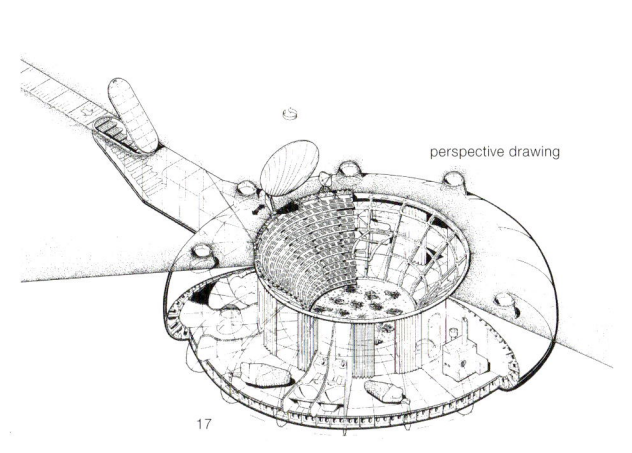

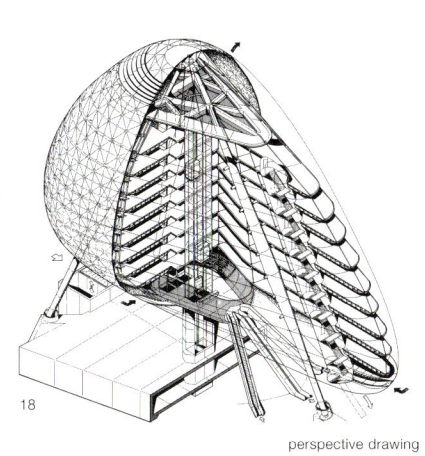

section

perspective drawing

perspective drawing

Future Systems

19　Floating Bridge　1996 / London
　　フローティング・ブリッジ
20　Hauer King House　1994 / London
　　ハウアー・キング邸
21　JSO Project
　　JSOプロジェクト
22　River Clyde
　　リバー・クライド
23, 24　Green Bird
　　グリーン・バード

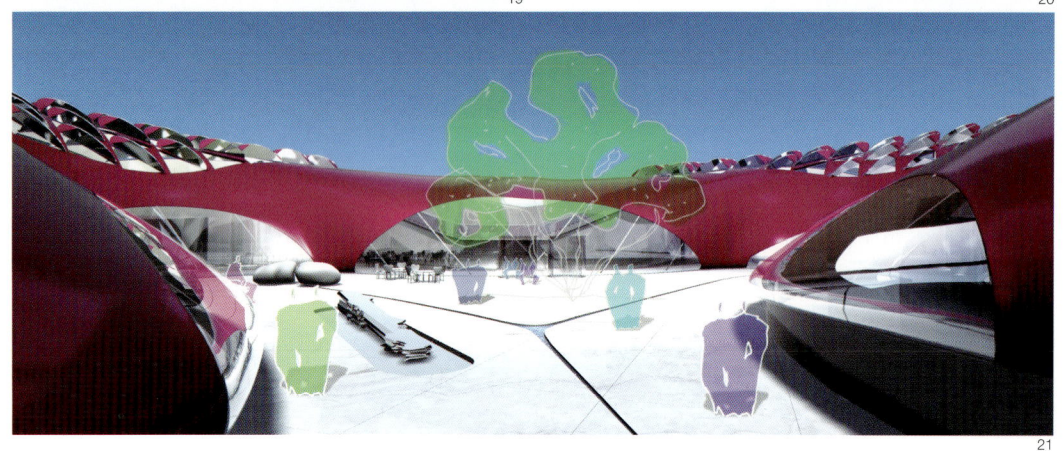

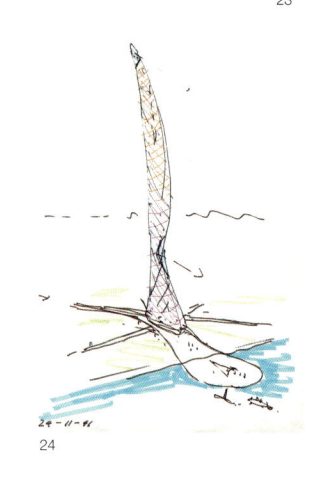

フューチュア・システムズと言えば、その事務所名から想像されるように、極めて未来的な建築やインテリアのデザインをする建築家集団として知られている。80年代初頭に彼らが発表した作品群は非常に魅力的だった。海際の岩の上に舞い降りたヘリコプターのような「小さな家」や、湖岸に足を据えたクレーンの先端部に付いた自在に可動する2人用週末住居「ピーナッツ」は、先端的ハイテク仕様ですこぶる刺激的であった。フューチュア・システムズには、子供ならぬ大人にも夢を与えてくれるような作品が多いのだ。

その後発表した地下独立住居の「ドーナッツ・ハウス」や「ブロブ・オフィス・ビル」などは、非常に実現性のあるプロジェクトだ。また超高層タワー「スパイア」、ロンドンのオフィス・ビル「グリーン・ビル」、ロンドンの超々高層タワー「コイグジスタンス」は、ハイテク仕様のおそろしくカッコイイ建築で、これも大人に夢を与えてくれた楽しいデザインであった。しかし以上はいずれも未完のプロジェクトで実現されることはなかった。

ところがアンビルトな状況が続いた中で話題になったのが「フランス国立図書館」コンペであった。世界各国の著名建築家数10名を招聘した国際コンペで、今を時めくジャン・ヌーヴェルやレム・コールハースを特別賞へと退け、ドミニク・ペローと並んでファイナリスト2チームに残ったのだ。周知のようにその結果はドミニク・ペローに軍配が上がった。フューチュア・システムズの有機的なバタフライ・プランの未来形図書館は、当時としてはあまりに革新的であり過ぎたのかもしれない。21世紀の今なら勝利したかも知れないような素晴らしい案であった。

彼らの視覚的に目覚ましく、高度に実用的な先端的ハイテク・デザインは、入念な自然観察と他の工業分野からのテクノロジーに負うところが大きい。フューチュア・システムズは実際のプロジェクトと、研究プロジェクトのバランスをほどよくとっており、それによって自分たちのデザイン領域の拡大を図っている。

彼らに似た建築グループとして、先輩格に当たるアーキグラムが同じイギリスにいた。未来的先端的都市や建築をグラフィカルに表現したこのグループは、実作品はなかったものの世界の建築家に多大な影響を与えた。また構造家にして建築家でも

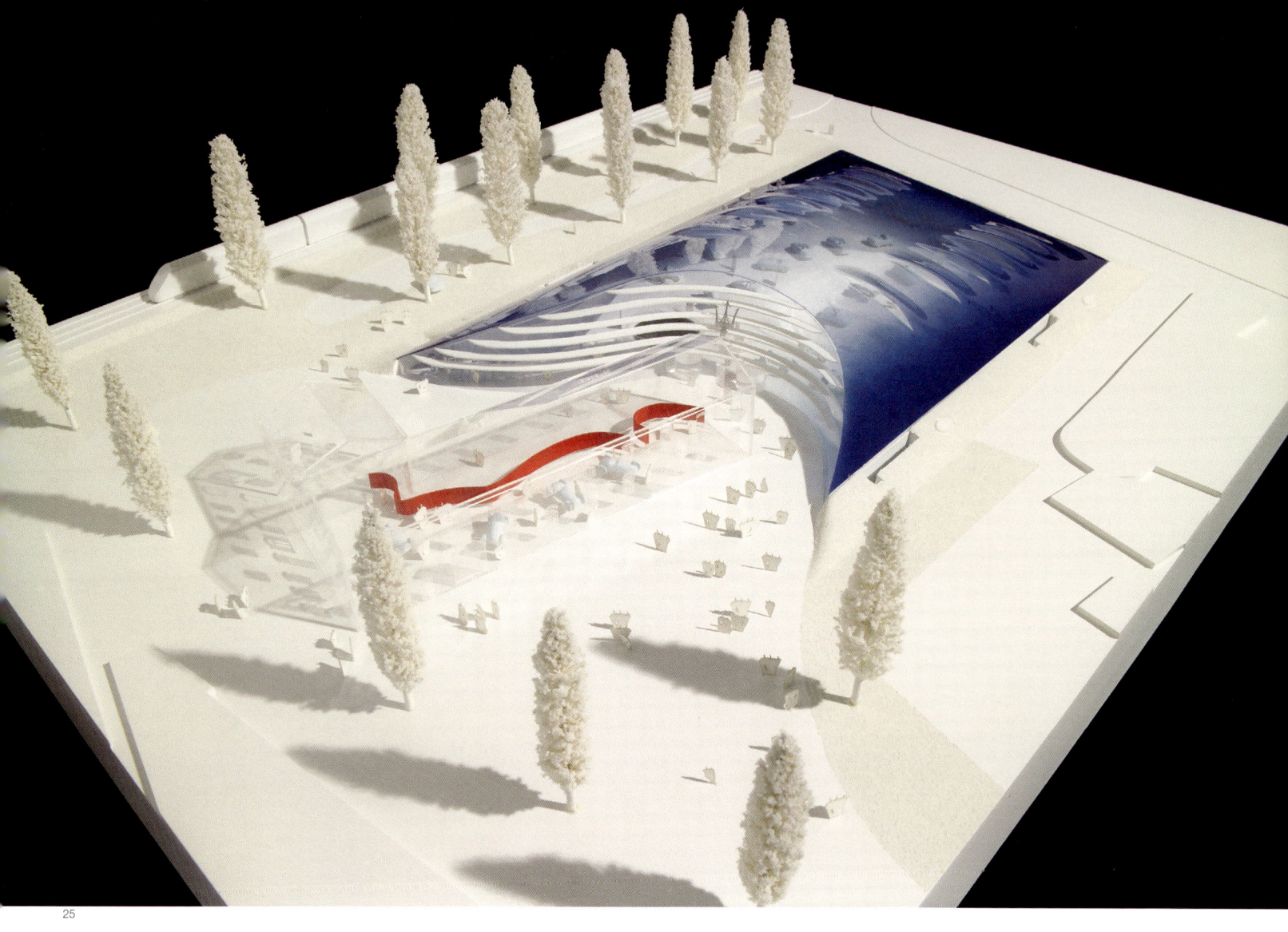

25   Maserati Museum / Modena, Italy
マセラッティ・ミュージアム

26   BBC Music Center
BBCミュージック・センター

27   Leamouth Bridge
リーマウス橋

photos : Courtesy of the Architect except ©Synectics

あるバックミンスター・フラーも彼らに多大な影響を与えたと思われる。

フューチュア・システムズを率いるヤン・カプリッキーは、プラハ応用芸術大学建築学科を修了した1962年から2年間、地元で独自のデザイン活動をした。その中には、作家フランツ・カフカ自邸の表札となっている「カフカ・メモリアル」（記念銘板）をデザインしている。その2年後、カプリッキーはロンドンへ至る。そこでピアノ＆ロジャースやノーマン・フォスターといったハイテク・スタイルの設計事務所で修業を積んだのも、アーキグラムやバックミンスター・フラーらの時代的影響があったからだ。彼らのデザインの背景には、航空工学や宇宙工学、あるいは船舶技術などについての深い知識が介在する。実際に彼らの描くドローイングは、機械工学の製図や図学に並々ならぬ技量があることを証明している。

「フランス国立図書館」コンペ以降で、フューチュア・システムズの名を高らしめたのが1999年完成の「ナットウエスト・メディア・センター」だ。アルミ・モノコック・ボディのUFOのごときシェルが空中に浮かんでいる。その斬新な形態は世界的な話題となった。同年の「ウェールズの家」は海を見晴らす芝生の丘に埋もれたエコ住宅。日本では吉永小百合が出演したTVコマーシャルで有名になった。「コム・デ・ギャルソン東京」が、さらに「コム・デ・ギャルソン・ニューヨーク」も完成して実作が増えてきた。2003年に完成したフューチュア・システムズ最大のプロジェクトが「セルフリッジス・バーミンガム」である。

3次元曲面を描く有機的なフォルムは、直径60°のアルミ・ディスク15,000枚を表層に張り巡らせたユーモラスな形をしたデパートだ。内部の白い巨大なアトリウム空間を交差するチューブ形のエスカレータ群が未来空間を示唆して素晴らしい。

その他の作品として、ドックランドに完成した「フローティング・ブリッジ」、ロンドンの「ハウアー・キング邸」や「マルニのショップ・デザイン」、それに「フランクフルトのモーター・ショー・ブース・デザイン」などがある。そしてさらに進行中のプロジェクトとして「ナポリ地下鉄ウニヴェルシタ駅」「コペンハーゲンの集合住宅」「マセラッティ・ミュージアム」など、フューチュア・システムズの未来は未来的なプロジェクト群がひしめいてバラ色だ。

Gigon/Guyer

ギゴン／ゴヤー
[スイス]

アネット・ギゴンは1959年生まれ。84年スイス連邦工科大学卒業。85-88年ヘルツォーク＆ド・ムーロンと協働。87-89年個人で設計活動。マイク・ゴヤーは58年生まれ。84年スイス連邦工科大学卒業。84-87年レム・コールハース（OMA）と協働。89年両者はチューリヒにギゴン／ゴヤー・アーキテクツを設立。

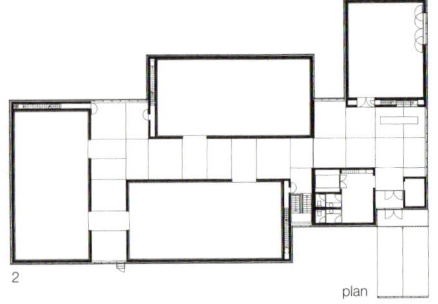

1, 2　Kirchner Museum　1992 / Davos, Switzerland
　　　キルヒナー美術館　photo: ©Heinrich Helfenstein
3　　 Winterthur Museum　1995 / Winterthur, Switzerland
　　　ヴィンタートゥーア美術館　photo: ©Heinrich Helfenstein
4, 5　Liner Museum　1998 / Appenzell, Switzerland
　　　リナー美術館　photo: ©Heinrich Helfenstein

5   section

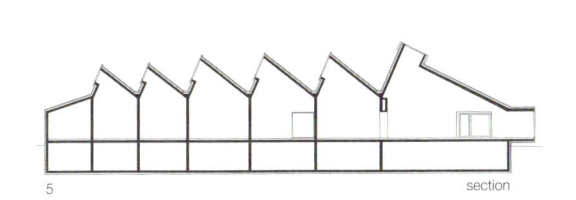

GIGON/GUYER

6   Oskar Reinhart Collection Museum Renovation   1998 / Winterthur, Switzerland
    オスカー・ラインハルト・コレクション美術館改修   photo: ©Arazebra, Helbling + Kupferschmid
7   Broelberg Residential Complex I   1996 / Kilchberg, Switzerland
    ブロエルベルク集合住宅コンプレックス-1   photo: ©Heinrich Helfenstein
8   Single-Family House   1994 / Zurich
    シングル・ファミリー・ハウス   photo: ©C.Kerez
9   Switching Station   1999 / Zurich
    スイッチング・ステーション   photo: ©Heinrich Helfenstein
10 Kalkriese Archaeological Museum and Park   2002 / Osnabruck, Germany
    カルクリーゼ考古学博物館 & 公園   photo: ©Heinrich Helfenstein

11 Davos Sports Center
   1996 / Davos, Switzerland
   ダヴォス・スポーツ・センター
   photo: ©Heinrich Helfenstein

12, 13 Prime Tower Office Building / Zurich
   プライム・タワー・オフィス・ビル

14 Davos Workshop Building
   1999 / Davos, Switzerland
   ダヴォス・ワークショップ・ビル
   photo: ©Heinrich Helfenstein

15 Restaurant Vinikus Expansion
   1992 / Davos, Switzerland
   レストラン・ヴィニクス増築
   photo: ©Heinrich Helfenstein

16 Renovation and Extension of the Appisberg Complex
   2002 / Mannedorf, Switzerland
   アッピスベルク職業訓練施設の増改築
   photo: ©Harald F. Muller

アネット・ギゴンとマイク・ゴヤーは、そろって1984年にチューリヒのスイス連邦工科大学（ETH）を卒業。ギゴンは1985〜88年の間ヘルツォーク＆ド・ムーロン（以下H & de M）に勤務。ゴヤーは1984〜87年の間レム・コールハースのOMAに参加。そしてふたりは1989年に事務所をチューリヒ駅近くの鉄道路線に沿った倉庫に開設。現在は古い病院を改修した600m²ほどのオフィスである。というわけでふたりは、現代世界建築界のスーパースターであるH & de Mとレム・コールハース両者の血筋を受け継いでいる。

彼らが世界に知られるようになったのは、スイス東部の街ダヴォスにつくった「キルヒナー美術館」からであった。針葉樹林の山が背後に迫った海抜1,500mの山奥に美術館とは不思議だが、ダヴォス出身の画家エルンスト・キルヒナーを記念した美術館だからだ。さらに不思議なのは、この寒い雪国にもかかわらず、建物全体がガラス張りなのだ。フロスト・ガラスが張り巡らされた外壁の内側は実はRC打放しの壁。コンクリート壁をガラスで覆うことによって断熱効果を上げるだけでなく、ダヴォスの清澄な光の中で建物が宝石のように輝く効果を狙ったのだ。

ギゴン／ゴヤーの巧妙な手口はそれだけに止まらない。地下1階地上2階建ての建物は、子細に見ると2階部分が1階と同じフロスト・ガラス張りでハイサイドライトになっている。積雪の多いこの地ではトップライトは無理だ。そこで1階展示室上部に、ほぼ1層分の階高をもつライト・ルーム(光の部屋)をつくり、そこに呼び込んだ光を、ガラスの床を通して1階の展示室へ落とすのだ。

この採光システムは、ペーター・ズントー設計の「ブレゲンツ美術館」に踏襲されている。またコンクリート壁をフロスト・ガラスで覆うシステムは、ギュンター・ザンプ・ケルプ設計の「ネアンデルタール博物館」にも影響を与えている。このように、現代スイス美術館のひとつのスタイルを確立したギゴン／ゴヤーは、次なる「ヴィンタートゥーア美術館」で、その発展型とも言うべき形式を考案した。旧館に付属する別棟である建物は、耐用年数10年の仮設建築だが、そのつくりは10年どころではない代物だ。

1階は駐車場で、2階のRC打放し造の展示空間を

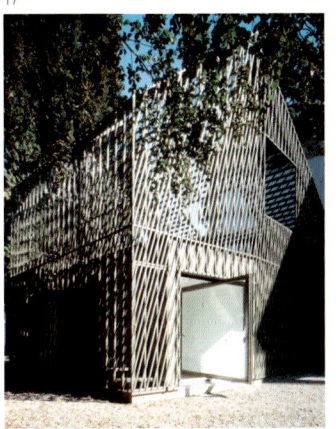

17 Three Apartment Buildings Susenbergstrasse   2000 / Zurich
スーザンベルグ通りの3つのアパート   photo: ©Heinrich Helfenstein

18 Residential Complex Broelberg II   2001 / Kilchcerg, Switzerland
ブロエルベルク集合住宅コンプレックス-2   photo: ©Harald F. Muller

19 Kunst-Depot Galerie Henze & Ketterer, Wichtrach   2004 / Wichtrach, Switzerland
ヘンツェ & ケテラーの美術品収蔵庫およびギャラリー   photo: ©Heinrich Helfenstein

20 Historical Villa in Kastanienbaum, Remodelling and Extension   2004 / Kastanienbaum, Switzerland
カスターニエンバウムの古いヴィラの増改築   photo: ©Lucas Peters

21 Rigihof Restaurant Pavilion, Museum of Transportation Lucerne   2000 / Luzern, Switzerland
ルッツェルン輸送博物館リジホフ・レストラン・パビリオン   photo: ©Heinrich Helfenstein

22 Auditorium, University of Zurich   2002 / Zurich
チューリッヒ大学オーディトリアム   photo: ©Heinrich Helfenstein

23 Espace de l'Art Concret   2003 / Mouans-Sartoux, France
具象美術の空間   photo: ©Serge Demailly

photos : Courtesy of the Architect.

細身のスティール丸柱とRC角柱で浮かせている。外壁はプロフィリット・ガラスを数センチの間隔を開けて巡らせている。排気ガスの排出を考慮した自然光で明るい駐車場だ。2階部分のRC壁もプロフィリット・ガラスで覆っている。だがここでの採光はトップライトだ。フラットなそれは積雪で無理だから、鋸屋根形の傾斜したトップライトになった。
プロフィリット・ガラスは決して新しい材料ではないが、彼らは既製の素材をうまく使って通常ではあり得ない効果を引き出すのだ。ここでも透明感のある輝かしい外壁が生まれた。同じ手法はその後「リナー美術館」のクロム・メタルの外壁にも現出。美術館第3作目は、メタリックな光沢が太陽に反応して美しく輝いている。

このように、ギゴン／ゴヤーの外壁材に対する拘わりは並大抵ではない。先述の3つの美術館の他に、例えば「カルクリーゼ考古学博物館＆公園」では、コルテン鋼の大型パネルを使用し、考古学的な錆色が公園の緑に見事にマッチしている。改修された「オスカー・ラインハルト・コレクション美術館」のコンクリート・スキンには、粉砕したジュラ地方産の石灰石と銅が混入されており、やがて緑色に変化していくという。
美術館以外でも例えば「ブロエルベルク集合住宅コンプレックス」では、レンガ積みの外側に断熱材を配し、その上は美しく彩色された化粧漆喰。「シングル・ファミリー・ハウス」の外壁ではミネラル・ウール、石灰セメントの漆喰、コンクリート・タイルという

込み入った構成だ。さらに「スイッチング・ステーション」では焦茶色をした酸化鉄の顔料をコンクリートに混入。コルテン鋼のような渋い色調が素晴らしい。木材も「ダヴォス・スポーツ・センター」「ダヴォス・ワークショップ・ビル」「レストラン・ヴィニクス増築」のファサードの一部に使用し、表情のある作品を生み出した。
ギゴン／ゴヤーは、一見H＆deMのように外壁に拘わるが、あくまでも普通の材料を用いて独特の外装材を考案するのに執着している。今ギゴン／ゴヤーは、チューリヒで「プライム・タワー・オフィス・ビル」を進行させている。緑色の高層タワーは新しい素材を得て、チューリヒのランドマークを目指している。

HEIKKINEN-KOMONEN

ヘイッキネン―コモネン
[フィンランド]

1974年ヘイッキネン・コモネン・ティーリカイネン事務所を設立。78年ヘイッキネン・コモネン・アーキテクツ設立。ミッコ・ヘイッキネンは49年フィンランド、サヴォンリンナ生まれ。75年ヘルシンキ工科大学大学院修了。マルック・コモネンは45年フィンランド、ラッピーンランタ生まれ。74年ヘルシンキ工科大学大学院修了。92年共にヴァージニア工科大学客員講師を務める。現在は共にヘルシンキ工科大学で教鞭を執っている。

1 Heureka, Finnish Science Center   1988 / Vantaa, Finland
  フィンランド科学センター"ヘウレカ"   photo: ©Jussi Tiainen
2 Rovaniemi Airport Terminal   1992 / Rovaniemi, Finland
  ロヴァニエミ空港ターミナル
3 Villa Eila   1995 / Mali, Guinea
  ヴィラ・エイラ   photo: ©Onerva Utriainen

Heikkinen–Komonen

4 European Film College 1993 / Ebeltoft, Denmark
ヨーロッパ・フィルム・カレッジ photo: ©Jussi Tiainen
5 Vuotalo Cultural Center 2000 / Helsinki, Finland
ヴォタロ文化センター
6 Lume Mediacenter 2000 / Helsinki, Finland
リューム・メディア・センター photo: ©Jussi Tiainen
7, 8 School for Chicken Farmers 1999 / Kindia, Guinea
養鶏家学校

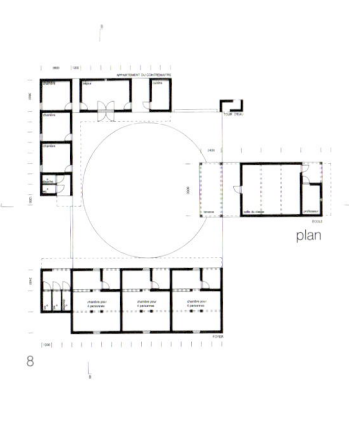

HEIKKINEN-KOMONEN

9 Lappeenranta University of Technology, Phase VII 2004 / Lappeenranta, Finland
ラッピーンランタ工科大学第7期
10 Juminkeko Center of Carelian Culture 1999 / Kuhmo, Finland
ユミンケコ・カレリア文化センター　photo: ©Mikko Averniitty
11 McDonald's Finnish Headquarters 1997 / Helsinki, Finland
マクドナルド・フィンランド本社　photo: ©Synectics
12 Stakes and Senate Properties Office Building 2002 / Helsinki, Finland
ステイクス＆セナト・プロパティーズ・オフィス

私が初めてヘイッキネン―コモネンの作品に遭遇したのは、今を去る10年ほど前、ヘルシンキ郊外のヴァンターにある「フィンランド科学センター"ヘウレカ"」であった。変化する複雑な外観と、種々の分節された内部空間が、それぞれ独特のアイデンティティを醸して全体を構成しているのが印象的であった。「科学センター」は、彼らが初めて建築のプロフェッショナルとしての成熟したデザインを達成し、公に認知されたコンペ作品であった。

彼らの作品は、一見、現在流行のミニマリスティックなヴィジュアル美学の例として写るかもしれないが、実はフィンランド・モダニズムやインターナショナル・モダニズムの伝統に深く根差しているのである。それは視覚的なイメージというよりは、建築のエッセンスを集積し融合したものなのだ。

彼らは現代のミニマリスト彫刻や古代のシンボリックな構造物を参照し、また同様にプラグマティックなヴァナキュラー建築や地球的な幾何学や時間の科学をも取り入れる。たとえば「ロヴァニエミ空港ターミナル」では、長さ40mのトップライトがダイヤゴナルに交差し、それを北極圏における子午線の正確な位置に一致させたり、また屋根に装着したレンズを通過した光線が、地球の楕円軌道を描くアナレンマ（8字形比例尺）を投影するという具合だ。デザインの蒸留と凝集のプロセスを経たヘイッキネン―コモネンの建築は、高密度でコンテクスチュアルな参照物によって、プログラム的・機能的・技術的なパラメーターを融合する。彼らにとってコンテクストとは、いわゆる敷地を構成する実質的な特徴といったものではなく、むしろその場所と時間における人間の概念的状況と訳される。簡潔で控え目な表層の下で、彼らの建築は雄壮なスケールを志向する。コモネンはコンスタンティン・ブランクーシの言葉を引用して、「簡潔性は芸術の目的ではなく、最終結果である」と言う。それは彼らのパートナーシップの芸術的信条ともなっている。アートにおける真の簡潔性は、削除により生まれるものでなく、圧縮プロセスの結果なのである。彼らのデザイン・ヴォキャブラリーは、コンペや展示デザイン、あるいは初期のプロジェクトを通して進化してきた。そのデザイン戦略は基本的な幾何学的ヴォリュームを用い、微妙にズレた位置

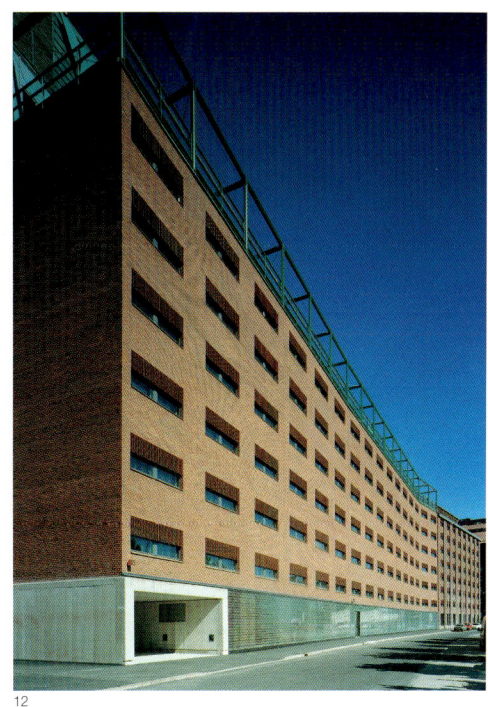

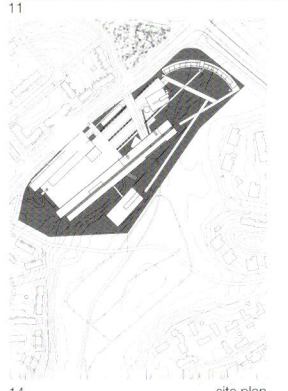

13, 14 Emergency Services College Phase IV   1998 / Kuopio, Finland
緊急サービス・カレッジ第4期

15 House Kosketus   2000 / Tuusula, Finland
コスケタス・ハウス

16 Max Plank Institute of Molecular Cell Biology and Genetics
2001 / Dresden, Germany
マックス・プランク分子細胞生物学＆遺伝学研究所

17 Finnish Embassy in the U.S.A / Washington D.C.
在米フィンランド大使館   photo: ©Jussi Tiainen

photos : Courtesy of the Architect except ©Synectics

関係で互いに相互貫入し交差し、時に曲面的エレメントが介入する。

また彼らの建築はいわゆるハイテク調の雰囲気を醸しているが、今日流行りのそれではなく、むしろピエール・シャローやジャン・プルーヴェといった、モダニストの中でもテクノロジー志向のパイオニア的世代のそれを反映させている。その上彼らは、機械美学に批判的だ。テクノロジー・フェティシズム（盲目的技術崇拝）といった機械ロマンティシズムは、他の文化領域と同様、建築分野でもその発展期の表現のひとつであったが、彼らは総じてテクノロジーに対してはアンチ・ロマンティックな態度をとっている。彼らの技術・構造・材料に対するプラグマティックな視点は、西アフリカのギニアの「養鶏家学校」「ヴィラ・エイラ」「小学校」「ヴィレッジ・ヘルス・センター」や「カレリア文化センター」「マクドナルド・フィンランド本社」「緊急サービス・カレッジ第4期」に反映されている。特にギニアではローカルな工法、技術、材料（現地産の土ブロック、木材、竹など）を用いて、技術的な洗練さの有無に関わらず建築をリリカルな詩的表現へと高めている。

ミッコ・ヘイッキネンとマルック・コモネンは、ともにヘルシンキ工科大学建築学部でマスターを取得。1974年にオフィスをスタート。当初はヘイッキネン―コモネン―ティーリカイネンの3人でパートナーを組んでいたが、1978年トリオを解消しデュオとなった。2000年以降には、「ヴォタロ文化センター」「リューム・メディア・センター」「コスケタス・ハウス」「ステイクス＆セナト・プロパティーズ・オフィス」「ラッピーンランタ工科大学第7期」などが完成している。アルヴァ・アアルト、アウリス・ブロムステッド、レイマ・ピエティラなど、私たちが知っているフィンランドの巨匠たちの時代の後、日本で紹介される現代フィンランド建築家の陣容は、ヘイッキネン―コモネンやユハ・レイヴィスカを筆頭に、ペッカ・ヘリン、オリ・ペッカ・ヨケラ、ユハニ・パッラスマーなど少数だが、デンマークの「ヨーロッパ・フィルム・カレッジ」「コロニーハーフェン建築公園」、ドイツの「マックス・プランク分子細胞生物学＆遺伝学研究所」、ワシントンD.C.の「在米フィンランド大使館」などの海外作品を手掛けた彼らの国際性は一頭地を抜いている。

Herman Hertzberger

ヘルマン・ヘルツベルハー
[オランダ]

1932年オランダ、アムステルダム生まれ。58年デルフト工科大学卒業。58年事務所設立。59-63年アルド・ファン・アイク、ヤコブ・バケマらの『フォーラム』誌の編集に参加。70年よりデルフト工科大学教授。86-93年ジュネーブ大学教授。89年リチャード・ノイトラ賞受賞。93年ヨーロッパ建築賞（学校部門）受賞。90-95年ベルラーへ・インスティテュート会長。現在ジュネーブ大学名誉博士。

1. Waternet Head Office 2005 / Amsterdam
   上下水道管理部オフィス   photo: ©Architectuurstudio Herman Hertzberger
2. Centraal Beheer 1972 / Apeldoorn, The Netherlands
   セントラール・ベヒーア   photo: ©Architectuurstudio Herman Hertzberger
3. Markant Theater 1996 / Uden, The Netherlands
   マーカント劇場   photo: ©Duccio Malagamba
4. Benelux Merkenburo 1993 / The Hague, The Netherlands
   ベネルックス・メルケンビューロ   photo: ©Synectics
5, 6. Chasse Theater 1995 / Breda, The Netherlands
   シャッセ劇場   photo: ©Architectuurstudio Herman Hertzberger
7. Montessori College Oost 2000 / Amsterdam
   モンテソリ・カレッジ・オースト   photo: ©Duccio Malagamba
8. Office Building 'il Fiore' 2002 / Maastricht, The Netherlands
   オフィス・イル・フィオーレ   photo: ©Architectuurstudio Herman Hertzberger

3

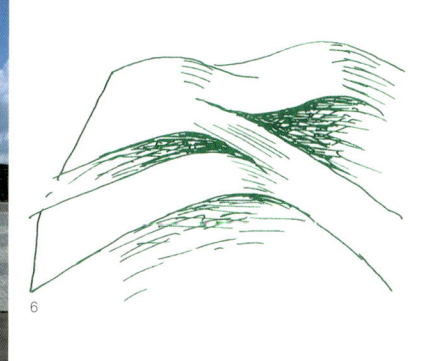

4 5 6

7 8

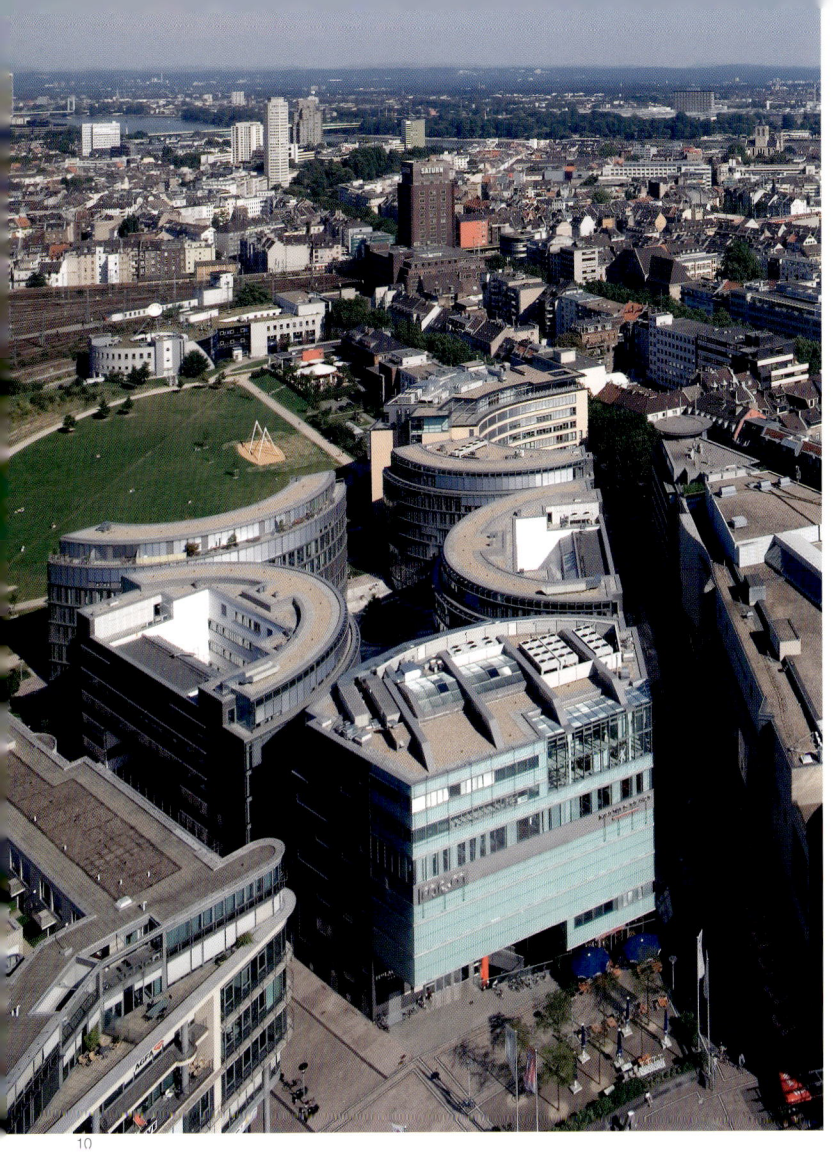

9, 10   Cologne Media Park Office Complex   2004 / Cologne, Germany
ケルン・メディア・パーク・オフィス・コンプレックス   photo: ©Duccio Malagamba

11   Residential Buildings Growing Houses   2002 / Almere, The Netherlands
グロウィング・ハウス集合住宅   photo: ©Architectuurstudio Herman Hertzberger

12   Orpheus Theatre and Conference Center Renovation and Extension
2004 / Apeldoorn, The Netherlands
オルフース劇場 & 会議センター増改築   photo: ©Dura Vermeer Bouw Hengelo BV

13   CODA   2004 / Apeldoorn, The Netherlands
コダ   photo: ©Architectuurstudio Herman Hertzberger

14, 15   "De Eilanden" Montessori Primary School   2002 / Amsterdam
"デ・アイランデン" モンテソリ小学校   photo: ©Architectuurstudio Herman Hertzberger

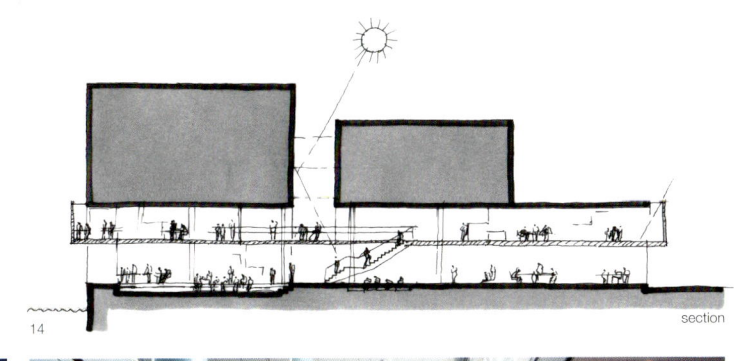

HERMAN HERTZBERGER

16 Students' House in Amsterdam 1966 / Amsterdam
アムステルダム学生会館　photo: ©Architectuurstudio Herman Hertzberger

17 Verdenburg Music Center 1978 / Utrecht, The Netherlands
フレデンブルフ音楽センター　photo: ©Synectics

18 Apollo Schools 1983 / Amsterdam
アポロ・スクール　photo: ©Ger van der Vlugt

19 Ministry of Social Welfare and Employment 1990 / The Hague, The Netherlands
厚生省新庁舎　photo: ©Aviodrome, The Netherlands

19世紀末にネオ・ゴシック建築が隆盛を極めたオランダは、20世紀に入ってから世界の建築史に名を残すインターナショナル・モダニズム——ドイツ表現主義に並行して出現したアムステルダム派をはじめ、デ・スティル、デ・アハト・エン・オプバウなどが台頭した。そんな状況の中で、オランダ近代建築の祖と仰がれるヘンドリック・ペトルス・ベルラーへをはじめ、ミハイル・デ・クレルク、ヤコブス・ヨハネス・ペーター・アウト、ヨハネス・ダイカー、ヘリット・トマス・リートフェルト、ヴィレム・マリヌス・デュドック、ヤコブB. バケマらを通して、オランダ建築は発展してきた。そして戦後、チームXにも参加したアルド・ファン・アイクが登場し、オランダ構造主義を確立した。
1932年アムステルダムに生まれたヘルマン・ヘルツベルハーは、デルフト工科大学の卒業年に友達とチャレンジした「アムステルダム学生会館」コンペで1等入賞し、幸先のよいスタートをきった。卒業時にコルビュジエの弟子であったM.ドゥインター教授の元にいた彼は、コルビュジエのインターナショナル・スタイルの作品に強く惹かれており、その影響が如実に出たのが「学生会館」であった。
ヘルツベルハーは、デルフト工科大学を卒業するとすぐ雑誌『フォーラム』の編集に加わる。そこにはファン・アイクやバケマがおり、ヘルツベルハーは特にオランダ構造主義の領袖であったファン・アイクに薫陶を受ける。それ以後彼は、分節的・クラスター的手法を中心に据えたオランダ構造主義を継承しつつ、それを越える試みを続けてきた。

ヘルツベルハーのデザイン手法においては、アーティキュレイト（分節）された個々の私的空間をつなぐ公的空間の在り方や、相反する公・私の空間ではなく、連続する緊密な両者の領域関係などが重要になっている。彼はそのように、パブリックな領域をよりプライベートでドメスティック（家庭的）な場所へ変化させていくことや、住宅を投映することによって、集合的に使用される空間を家庭化することを、"領域主義"と呼んでいる。
初期の代表作である「セントラール・ベヒーア」では、シンボリックな中心的な空間は一切ない。いわゆるパブリック・スペースといわれるものは、オフィスを内包する正方形プランの各ユニット間に張り巡らされたグリッド状の路地空間が代用する。常に住宅のメ

20 Dutch Pavilion at the 8th Venice Architecture Biennale
    2002 / Venice
    第8回ヴェネツィア建築ビエンナーレ・オランダ館
    photo: ©Architectuurstudio Herman Hertzberger

21 Extension to Vanderveen Department Store
    1997 / Assen, The Netherlands
    ファンデルフィーン・デパート増築　photo: ©Duccio Malagamba

22 YKK Dormitory & Guesthouse   1998 / Toyama, Japan
    YKK寄宿舎 & ゲストハウス　photo: ©Nobuaki Nakagawa

23 RWZI Building / Amsterdam
    RWZIビル　photo: ©Johannes Abelings

24 Water-House Torenvalkpad 1998 / Assen, The Netherlands
    トレンファルクパッド・ウォーター・ハウス
    photo: ©Architectuurstudio Herman Hertzberger

25 Courtyard Watersnihof (H) and Zwanenhof (C)
    for Residential Building 2004 / Middelburg, The Netherlands
    コートヤードH&C集合住宅
    photo: ©Architectuurstudio Herman Hertzberger

26 Rotterdam Street Residential Buildings 1996 / Rotterdam
    ロッテルダム通り集合住宅　photo: ©AeroC-air

27 Library Breda and Center for Art & Music
    1993 / Breda, The Netherlands
    ブレダ図書館＆アート・ミュージック・センター　photo: ©Sybolt Voeten

    photos : Courtesy of the Architect except ©Synectics

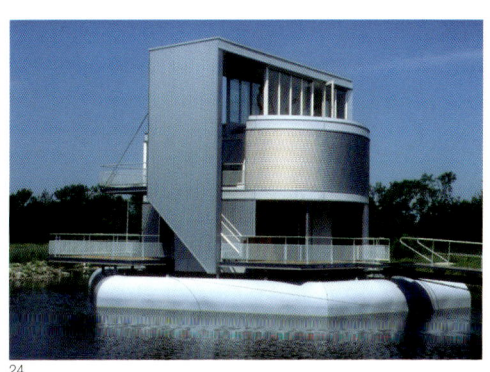

タファーをベースに置いて、集合性のある空間に対処するヘルツベルハーは、領域主義を実践して空間の家庭化を目指してきた。
「セントラール・ベヒーア」の根底に流れる基本コンセプトは、「ユーザーが住み手になる」ことであった。彼の師ファン・アイクがアルベルティから引用した"建築は小さな都市／都市は大きな建築"の思想を基本にして、彼は自らが考える理想的な生活環境を"アーバン・インテリア（都市のインテリア）"と呼んでいる。「セントラール・ベヒーア」は、まさに"都市のインテリア"なのだ。
ヘルツベルハーといえば、コンクリート・ブロック屋といわれるくらい、彼はこの材料を多用してきた。初期の「学生会館」から「セントラール・ベヒーア」「フレデンブルフ音楽センター」「アポロ・スクール」などかなりある。だが1993年に完成した「ベネルックス・メルケンビューロ」では、各棟の妻壁などわずかな部分に使用されているにすぎない。彼好みのブロックが減少しているのだ。
実際「メルケンビューロ」は、ガラス面と黒い壁が多く、ヘルツベルハーの作品の中ではかなり瀟洒な建築といえる。これより3年ほど前に完成した「厚生省新庁舎」でも、彼が愛用してきたコンクリート・ブロックやガラス・ブロックは減少しているし、やはり彼のヴォキャブラリーであるRCの円柱も減って、スティール柱（I型鋼）が増加している。ヘルツベルハーは変わりつつあるのだ。
こうして見ると、ヘルツベルハーは「厚生省」には構造主義的手法を使っているものの、その後の「シャッセ劇場」「マーカント劇場」「YKK寄宿舎＆ゲストハウス」「モンテソリ・カレッジ・オースト」「オフィス・イル・フィオーレ」「グロウィング・ハウス集合住宅」などでは、その類いのメソドロジーはますます稀薄になってきている。特に近作の「オルフース劇場＆会議センター増改築」「コダ」「ケルン・メディア・パーク・オフィス・コンプレックス」「上下水道管理部オフィス」「コートヤードH＆C集合住宅」などでは、非常にソフィスティケートされたスタイリッシュな建築を生み出した。
アルド・ファン・アイク亡き後、今ヘルツベルハーは、オランダ構造主義の地平を越えて、遥かな高みへの到達を意識しているのではないだろうか。

Herzog & de Meuron

ヘルツォーク&ド・ムーロン
[スイス]

1978年ジャック・ヘルツォークとピエール・ド・ムーロンにより設立。共に50年スイス、バーゼル生まれ。75年スイス連邦工科大学卒業。87年ベルリン芸術アカデミー芸術賞、88年アンドレア・パラディオ賞、94年ドイツ批評家賞、ブリュネル賞受賞。2001年プリツカー賞受賞。2006年RIBAゴールドメダル受賞。91年ハリー・グッガー、94年クリスティン・ビンスヴァンガーがパートナーに加わる。

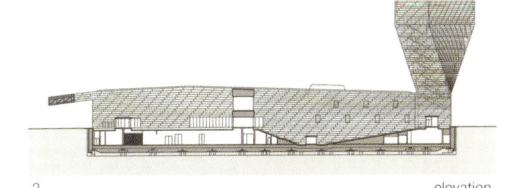

1, 2, 3　de Young Museum　2005 / San Francisco
デ・ヤング美術館　photo: ©Christian Richters

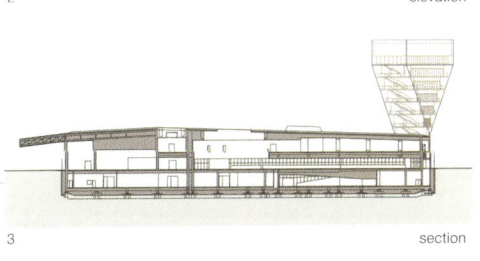

2　elevation

3　section

Herzog & de Meuron

4 PRADA Tokyo   2003 / Tokyo
　プラダ・東京　　photo: ©Synectics

5 Arianz Arena   2005 / Munich
　アリアンツ・アリーナ　　photo: ©Courtesy of Arianz Arena

6 E,D,E,N, Pavilion   1987 / Rheinfelden, Switzerland
　E,D,E,N, パビリオン　　photo: ©Synectics

7 Social Housing Units on Switzerland Street   2000 / Paris
　スイス通りの集合住宅　　photo: ©Synectics

8 Apartment Building along a Party Wall   1988 / Basel, Switzerland
　共有壁沿いの集合住宅　　photo: ©Synectics

9 Schutzenmatt Housing   1993 / Basel, Switzerland
　シュッツェンマット集合住宅　　photo: ©Synectics

10 Signal Box   1995 / Basel, Switzerland
　シグナル・ボックス　　photo: ©Synectics

11 Pfaffenholz Sports Center   1994 / Basel, Switzerland
　パッフェンホルツ・スポーツ・センター　　photo: ©Synectics

12　Expansion of the Walker Art Center　2005 / Minneapolis, Minnesota
ウォーカー・アート・センター　photo: ©Christian Richters

13　Goetz Gallery　1992 / Munich
ゲーツ・ギャラリー　photo: ©Synectics

14　Ricola-Europe SA. Production and Storage Building　1993 / Mulhouse-Brunstatt, France
リコラ・ヨーロッパ社工場・倉庫　photo: ©Synectics

15　Dominus Winery　1997 / Napa Valley, California
ドミナス・ワイナリー　photo: ©Synectics

HERZOG & DE MEURON

今や世界狭しと躍進を続けるヘルツォーク&ド・ムーロン（以下H&deM）。自国スイスをはじめドイツ、イギリス、フランス、スペイン、イタリア、オーストリア、中国、日本、アメリカとグローバルな活動を展開。彼らの登場によって、世界の建築は以前にも増して表情豊かになった。ある時は「プラダ・東京」のごとく華麗に、ある時は「アリアンツ・アリーナ」のごとく軽やかに、そしてある時は「スイス通りの集合住宅」のように重々しく。
例えば最近作の「デ・ヤング美術館」。長さ126mの直方体マスは、7,200枚もの銅板パネル張り。フラット・パネルをはじめ、パンチング・メタル、エンボスを付けたもの、その両者を組み合わせたものと数タイプある。それらを方位、日照、風通し、建物部位を考慮して配材。単一材料ながら表情豊かな建物を生み出した。このような手法は世界の建築家に多大の影響を与えてきた。
ヘルツォークとド・ムーロンは共に1950年バーゼル生まれ、共にETH（スイス連邦工科大）を卒業。1978年ふたりで事務所を設立して以来、バーゼルのそこかしこや、その近郊でかなりの仕事をこなしてきた。「建築は人間のもっとも貴重な文化表現である」というH&deMは、建築表現の最強手段としてファサードに表情を与えることを、常に実験性をもって続けてきた。
バーゼル郊外にある「E,D,E,N. パビリオン」。ここの庭園に4本足で立つパーゴラがある。よく見るとその細い足が、アルファベットの"EDEN"になっているのだ。このようにH&deMは、初期の作品からして表層の意匠にこだわりを見せてきた。
一見日本の長屋風の木造アパート「共有壁沿いの集合住宅」をはじめ、鋳鉄製のうねるパターンの鉄扉に覆われた「シュッツェンマット集合住宅」、木毛板のパターンをガラスに焼き付けた「パッフェンホルツ・スポーツ・センター」、銅板を建物に巻き付けた「シグナル・ボックス」、フロストガラスの開口部が天候や時間によって表情を変える「ゲーツ・ギャラリー」、シルクスクリーンによる木の葉パターンが外壁に浮かび上がる「リコラ・ヨーロッパ社工場・倉庫」、そして野石を詰めた蛇籠（じゃかご）で覆われた「ドミナス・ワイナリー」など。

16　40 Bond Apertment / New York
　　40ボンド・アパートメント

17　Tate Gallery of Modern Art　2000 / London
　　テート・モダン　photo: ©Synectics

18　Library of the Eberswalde Technical School　1999 / Eberswalde, Germany
　　エバースヴァルデ高等技術学校図書館　photo: ©Synectics

19　Shaulager Museum　2003 / Basel, Switzerland
　　シャウラガー美術館　photo: ©Synectics

20　St. Jakob Park Stadium　2002 / Basel, Switzerland
　　セント・ヤコブ公園サッカー場　photo: ©Synectics

21, 22　Barcelona Forum　2004 / Barcelona
　　バルセロナ・フォーラム　photo: ©Synectics

23　Ricola Storage Building　1987 / Laufen, Switzerland
　　リコラ社倉庫　photo: ©Synectics

24　Ricola Marketing Building　1998 / Laufen, Switzerland
　　リコラ・マーケティング・ビル　photo: ©Synectics

25　Railway Engine Depot, Auf dem Wolf　1995 / Basel, Switzerland
　　アウフ・デム・ヴォルフの機関車庫　photo: ©Synectics

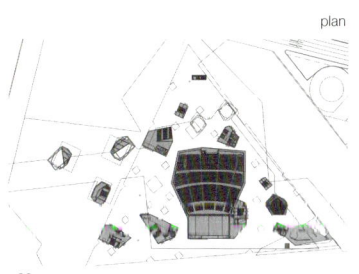

1990年代にこれら表情豊かな作品を展開したH & de Mは、「リコラ」で写真家カール・ブロスフェルトの撮影による木の葉パターンを使用したことで、世界的に知られるようになった。元々ヨーゼフ・ボイスなどのアーティストと活動してきた彼らは、建築設計でもアーティストと協働するようになった。レミー・ツォーク（アーティスト）、トーマス・ルフ（アーティスト）や先のカール・ブロスフェルトなどだ。「アーティストは物質の表層について精通しており、建築家にない次元を与えてくれる」という。その彼らを一躍世界的なスターダムに押し上げたのは、安藤忠雄、レンゾ・ピアノ、レム・コールハースなどの強豪を尻目に「テート・モダン」の国際コンペに勝利してからだ。この「テート」の改修コンペで、彼らは屋上に「ゲーツ」からのヒントで"ライト・ビーム"と呼ばれる光の箱を置いただけで、外壁には一切触れなかった。元の「バンクサイド火力発電所」は見事なレンガ造の外壁をもっており、それこそが彼らが追求して止まない表層デザインの極め付けであったからだ。

2000年完成の「テート」以降、H & de Mのコミッションは相変わらず千差万別の表情をもって急ピッチで世界中へ拡大。「スイス通りの集合住宅」「エバースヴァルデ高等技術学校図書館」「シャウラガー美術館」「セント・ヤコブ公園サッカー場」「バルセロナ・フォーラム」「アリアンツ・アリーナ」「ブランデンブルグ大学メディア・センター」「プラダ・東京」「レイバン・ダンス・センター」「ウォーカー・アート・センター」「デ・ヤング美術館」と、息つく暇もない。

「建築はもはや伝統からは生まれず、仮想世界というコンセプトの世界から来る。そのようなコンセプトという自らに生み出された世界だけが、今建築家を動かし、建築家自身を表現する機会を提示する」と言うH & de Mは、今や典型的なコンテンポラリー・グローバリストだ。私も彼らの作品は住宅以外ほとんど見て来たが、もう追い付かない。現在H & de Mは「ナショナル・オリンピック・北京スタジアム」「40ボンド・アパートメント」「MoMAルーフ・ガーデン」など進行中の新プロジェクトによって、建築の新しい知覚表現へ向けてのさらなる発展に勤しんでいる。

HOK/Helmuth Obata Kassabaum

HOK／ヘルムース・オバタ・カサバウム
［アメリカ］

1955年ジョージ・ヘルムース、ギョー・オバタ、ジョージ・カサバウムによりセントルイスに設立。北米、南米、ヨーロッパ、アジアにネットワークをもつ、世界最大級の設計事務所。デザインの総括者であったオバタは、ヘルムース、カサバウム亡き後は最高責任者としてHOKを牽引している。

section

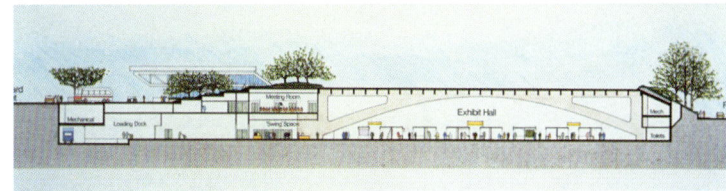

1 Priory Chapel   1962 / St. Louis, Missouri
   プライオリー・チャペル   photo: ©George Silk
2, 3 George R Moscone Convention Center   1981 / San Francisco
   ジョージ R. モスコーン・コンヴェンション・センター   photo: ©Synectics
4 National Air & Space Museum   1976 / Washington D.C.
   国立航空宇宙博物館   photo: ©George Silk
5 EPA Campus   2001 / Reseach Triangle Park, North Carolina
   EPAキャンパス   photo: ©Alan Karchmer

HOK

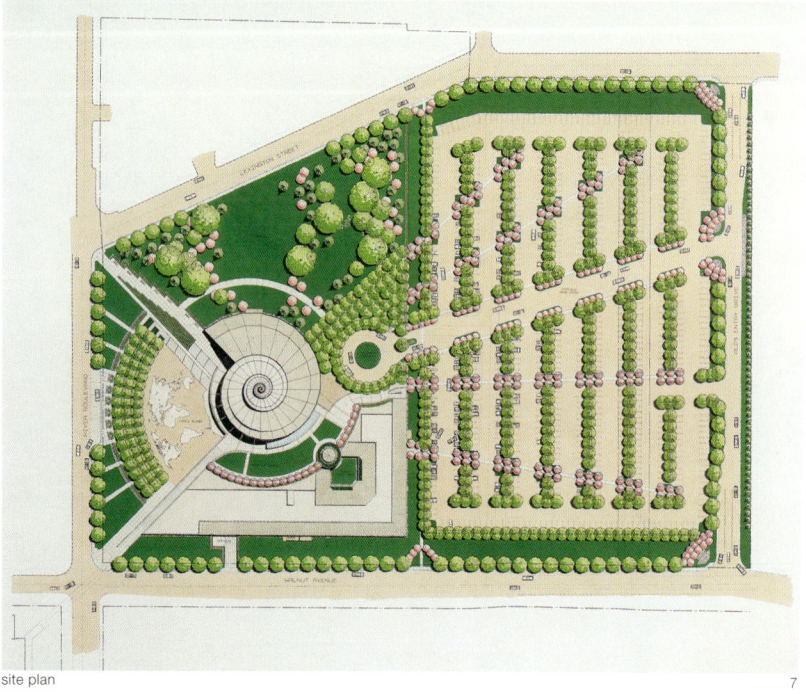

site plan

6, 7	The Conference Center of the Church of Jesus Christ of Latter-Day Saints 1993 / Independence, Missouri
	末日聖徒イエス・キリスト教会カンファレンス・センター photo: ©Balthazar Korab
8	Dallas Galleria 1983 / Dallas, Texas
	ダラス・ガレリア photo: ©George Cott
9	Phoenix Municipal Courthouse 1999 / Phoenix, Arizona
	フェニックス市立裁判所 photo: ©Nick Merrick, Hedrich-Blessing
10	Boeing Leadership Center 1999 / St. Louis, Missouri
	ボーイング制御センター photo: ©Steve Hall, Hedrich-Blessing
11	King Khalid International Airport 1983 / Riyadh, Saudi Arabia
	キング・ハリド国際空港 photo: ©Robert Azzi
12	King Saud University 1984 / Riyadh, Saudi Arabia
	キング・サウド大学 photo: ©Robert Azzi
13	Ludhiana City Center / Punjab, India
	ルドヒアナ・シティ・センター
14	Tanmiya Tower / Kuwait City, Kuwait
	タンミヤ・タワー

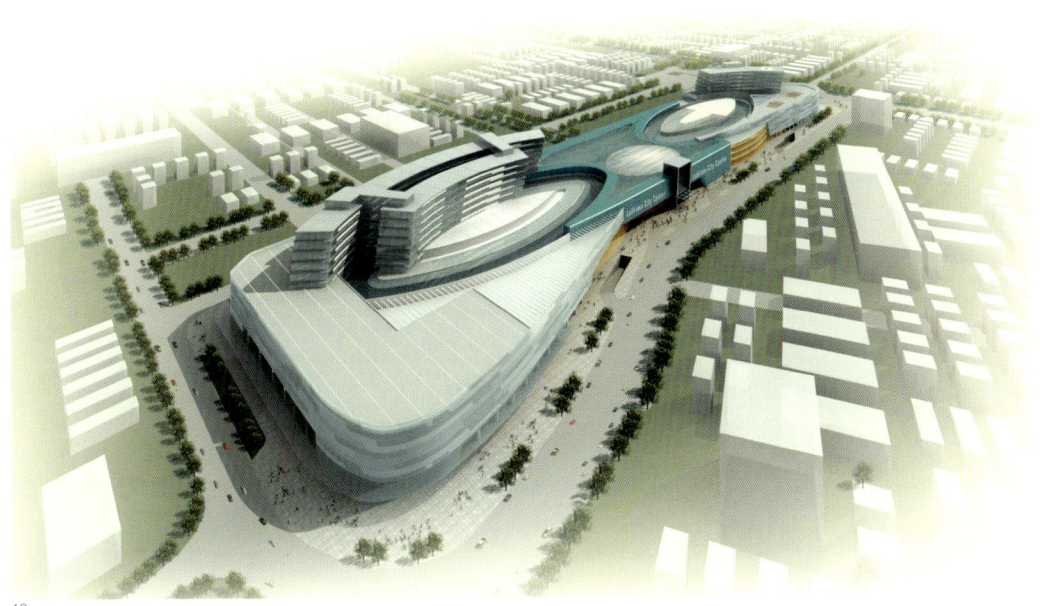

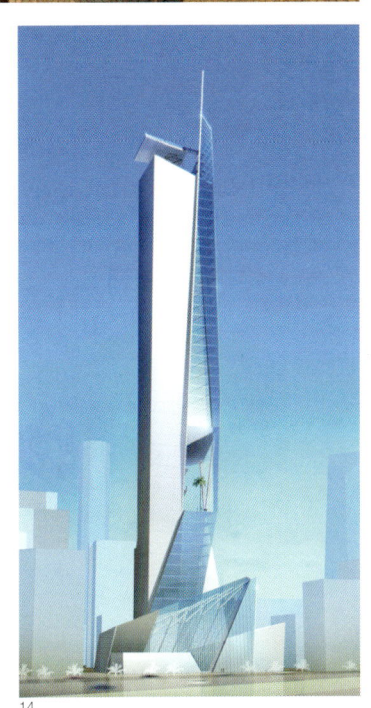

15　St.Louis International Airport East Terminal　1999 / St. Louis, Missouri
　　セントルイス国際空港東ターミナル　　photo: ©Timothy Hursley
16　The Rehabilitation of St.Louis Union Station　1985 / St. Louis, Missouri
　　セントルイス・ユニオン駅再開発計画　　photo: ©Bill Mathis
17　New Doha International Airport / Doha, Qatar
　　新ドーハ国際空港

　ミズーリ州セントルイスはHOK（ヘルムース・オバタ・カサバウム）の本拠地がある。その上彼らの初期の代表作「プライオリー・チャペル」の優雅な佇まいも、この地で見ることができるのだ。
　完全な放物線アーチのシェル20個が構成する円形プランの建物は、さらに小形のアーチ20個がその上に乗っている2重構成。フェリックス・キャンデラ的白いアーチが、緑のジュータンの上にリズミカルな曲線を描いた軌跡が、526,000m²のキャンパスの丘に咲く可憐な白い花のように美しい。
　HOKはヘルムース、オバタ、カサバウムが、1955年にセントルイスに創立した設計会社。設計組織としては、現在世界最大の組織となった。HOKの中心的存在であるギョー・オバタは、若い頃シカゴのSOMに勤務。ルイス・サリヴァン、フランク・ロイド・ライト、ミース・ファン・デル・ローエが活躍したシカゴの風土に浸ったオバタは、その影響が後年出てくる。
　シカゴの後、故郷セントルイスへ戻ったオバタは、薄形シェル構造の「セントルイス国際空港東ターミナル」で知られるヘルムース・ヤマサキ＆レインウェーバー事務所（HYL）に入所。彼はミノル・ヤマサキの下でプロジェクト・アーキテクトを務め、ここに日系アメリカ人同士の師弟関係が生まれた。1955年にHYLが解散。そこでギョー・オバタは、ジョージ・ヘルムース、ジョージ E. カサバウムと共にHOKを創設。1978年にヘルムースが引退し、1982年にカサバウムが亡くなると、オバタが代表取締役となった。
　HOKの創設以来、デザインを総括してきたオバタは、「建築とは、場合に応じてデザインした結果現れてくるものである」という。この言葉は、彼の設計がスタイルでなく姿勢であることを物語っている。彼の建築の特徴は、一貫した建築的固有性ではなく、厳然たる場所の感覚に基づいたものなのだ。彼がデザインする作品は、表現主義的なおどろおどろしさや強い主張や傲慢さ、ジョーク、過度なシンボリズムやモニュメンタリティは希薄である。
　HOKの代表作のひとつとして知られる「セントルイス・ユニオン駅再開発計画」は、アメリカにおける数少ない歴史的建造物の大規模再生プロジェクト。古いロマネスク様式の駅舎と列車車庫を、

18 One Oxford Center 1983 / Pittsburgh, Pennsylvania
ワン・オックスフォード・センター　photo: ©HOK
19 Georgia Archives Building 2004 / Morrow, Georgia
ジョージア・アーカイヴス・ビル　photo: ©Timothy Hursley
20 Avante Center at William R.Harper College 2004 / Palatine, Georgia
ウィリアム R. ハーパー・カレッジ・アヴァント・センター　photo: ©Paul Rivera

21 Hong Kong Stadium 1983 / Hong Kong
香港スタジアム　photo: ©Kerun Ip
22 King's Library at the British Museum 2003 / London
大英博物館キングス・ライブラリー　photo: ©James Brittain
23 National Air&Space Museum, Steven F.Udvar-Hazy Center 2003 / Chantilly, Virginia
国立航空宇宙博物館スティーヴン F.ウドゥヴァール・ヘイジィ・センター　photo: ©Joseph Romeo

photos : Courtesy of the Architect except ©Synectics

ショッピングモール、高級ホテル、アーケード、プラザなどを擁する一大コンプレックスに甦らせる計画。完成後、この計画の影響が近隣街区に波及し、その都市環境を改善させていったという。
サンフランシスコの「ジョージ R. モスコーン・コンヴェンション・センター」もHOKの代表作だ。地下に埋設されたこのセンターは、無柱空間としては世界でも有数のエキジビジョン大空間。スパン84mに及ぶポスト・テンションのコンクリート・アーチは大迫力だ。屋上は公園として開放されており、力強いスペースフレームの構造体がキャノピーを構成して「コンヴェンション・センター」のアイデンティティを打ち出している。
シカゴのルイス・サリヴァンが言った「形態は機能に従う」を追従するオバタは、一般的には形態から発想するデザインが多い中で、機能を優先して考え、使い勝手の面からデザインを進めていく。次に図面上でスタディに入り、動線システムの中で空間移動をする際の3次元的空間体験を、心の目によって思い描きながら進める。かくして出き上がった内部空間を元に、外観の形状や仕上げが決定されていくという。
このような複雑な動線処理におけるHOKの力量が問われたのが、ワシントンD.C.の「国立航空宇宙博物館」だ。1日平均6万人を超える来館者を、秩序立った流れによって処理しているのだ。しかしこのプロジェクトは数々の反対から2回のデザインをやり直し、かつ工期と予算の厳守を実行したHOKの忍耐と規律の素晴らしさを証明した。
数あるHOKの代表作の中でも、そのエッセンスを挙げると、「プライオリー・チャペル」「国立航空宇宙博物館」「ジョージ R. モスコーン・コンヴェンション・センター」「ダラス・ガレリア」「セントルイス・ユニオン駅再開発計画」「EPAキャンパス」「フェニックス市立裁判所」「ボーイング制御センター」「末日聖徒イエス・キリスト教会カンファレンス・センター」などに加えて、世界最大の敷地をもつ「キング・ハリド国際空港」や「キング・サウド大学」などが完成。「ルドヒアナ・シティ・センター」「タンミヤ・タワー」「新ドーハ国際空港」などの海外巨大プロジェクトを擁し、世界最大の設計会社として君臨している。

Hans Hollein

ハンス・ホライン
[オーストリア]

1934年オーストリア、ウィーン生まれ。56年ウィーン美術大学卒業。イリノイ工科大学を経て、60年カリフォルニア大学大学院修了。F.カイザーの下で働く。64年独立。66年レイノルズ記念賞受賞。85年プリツカー賞受賞。2003年レジョン・ド・ヌール賞受賞。2004年ブルンナー賞受賞。

1. Retti Candle Shop 1965 / Vienna
   レッティ・キャンドル・ショップ   photo: ©Synectics
2. Richard L.Feigen Gallery 1969 / New York
   リチャード・フェイゲン・ギャラリー   photo: ©Synectics
3. Abteiberg Museum 1982 / Monchengladbach, Germany
   アプタイベルク美術館   photo: ©Synectics
4. Haas Haus 1990 / Vienna
   ハース・ハウス   photo: ©Synectics
5. Museum of Modern Art in Frankfurt 1991 / Frankfurt
   フランクフルト近代美術館
6. Banco Santandal 1993 / Madrid
   サンタンデール銀行   photo: ©Synectics
7. Interbank Headquarters 2001 / Lima, Peru
   インターバンク本社
8. Museum of Glass and Ceramics 1978 / Tehran, Iran
   ガラス＆セラミック博物館   photo: ©Synectics
9, 10. Centrum Bank in Vaduz 2003 / Vaduz, Liechtenstein
   ヴァドウズ中央銀行

section

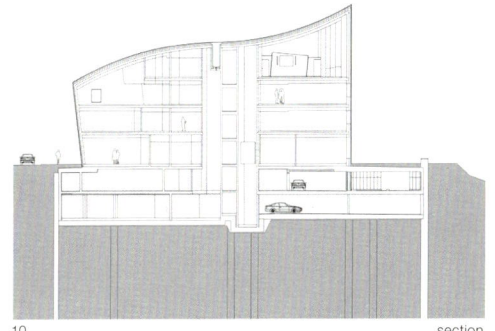

95

11, 12 VULCANIA 2002 / Auvergne, France
        ヴァルカニア
13   Exhibition Hall and Museum in St. Polten 2002 / St.Polten, Austria
        ザンクト・ベルテン展示ホール & 博物館
14   Schullin Jeweller I 1974 / Vienna
        シューリン宝石店1   photo: ©Synectics
15   Generali / Media-Tower 2001 / Vienna
        ジェネラリ・タワー
16   Austrian Embassy in Berlin 2001 / Berlin
        在独オーストリア大使館
17   Albertina Museum 2004 / Vienna
        アルベルティーナ美術館
18   Ex-Ospedale / San Giovanni Valdarno, Italy
        エックス・オスペダーレ

13

14
15

16

17
18

97

40年前の処女作が今なお人口に膾炙され、代表作のひとつと言われている建築家はそうざらにはいない。オーストリア建築界の巨匠ハンス・ホラインの「レッティ・キャンドル・ショップ」は、現存する世界の巨匠建築家の処女作品としては稀有の存在だ。

わずか14m²の広さのシンメトリック空間が、"スピーキング・ファサード"と呼ばれる、看板がなくても街行く人々に何の建物かが分かる建築だ。シルバーに輝くアルミ・ボックスは40年経った今でも古さを感じさせない。その上に、この処女作でレイノルズ記念賞まで受賞してしまったのだから、若かりし頃のホラインもまた才能豊かであったようだ。

その後ホラインは堤を切ったように作品をつくり出す。代表的なものだけでも「リチャード・フェイゲン・ギャラリー」「ガラス&セラミック博物館」「アプタイベルク美術館」「フランクフルト近代美術館」「ベルリンIBA集合住宅」「ハース・ハウス」「サンタンデール銀行」「ザンクト・ベルテン展示ホール&博物館」「ジェネラリ・タワー」など、私はこのあたりまではすべて現地を訪れているが、その後はもう追い付かない。

近作の「ヴァルカニア」「インターバンク本社」「ヴァドウズ中央銀行」など、長い設計活動をしてきたホラインは、着実にハイ・クオリティの作品をつくり続けている。進行中のプロジェクトの斬新なデザインは、目を見張るばかりだ。

ハンス・ホラインほど多岐に渡るデザイン活動をしてきた建築家も珍しい。ショップ・デザインから始まって、美術館、学校、銀行、集合住宅、オフィス、病院、展示ギャラリーなど、多種の建築タイポロジーをこなしてきた。その上都市計画はいうにおよばず、家具デザインをはじめ、展覧会、インスタレーション、ステージ・デザイン。またヴェニス・ビエンナーレなどの建築展におけるアーティスト的役割など、多才である。彼の有名なアフォリズム「すべては建築である」は、多種多様な領域におけるこれらの活動を集約したものだ。

ホラインがどうして多彩なデザインを展開できるのか。これは謎である。40年ほど前、彼は事務所を立ち上げたが、オフィス・システムを秩序的なもの

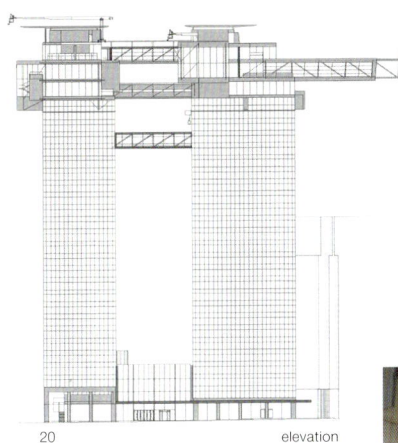

19, 20　PORR Tower / Vienna
　　　　PORRタワー
21　　　Salzburg Museum / Salzburg
　　　　ザルツブルグ美術館
22　　　Public School in Donau City　1999 / Vienna
　　　　ドナウ市立学校
23　　　Saturn Tower　2004 / Vienna
　　　　サターン・タワー
24　　　SEA MIO / Taipei
　　　　シィー・ミーオ　　CG：©Beyer
25　　　Gate 2 / Vienna
　　　　ゲート2

photos : Courtesy of the Architect except ©Synectics

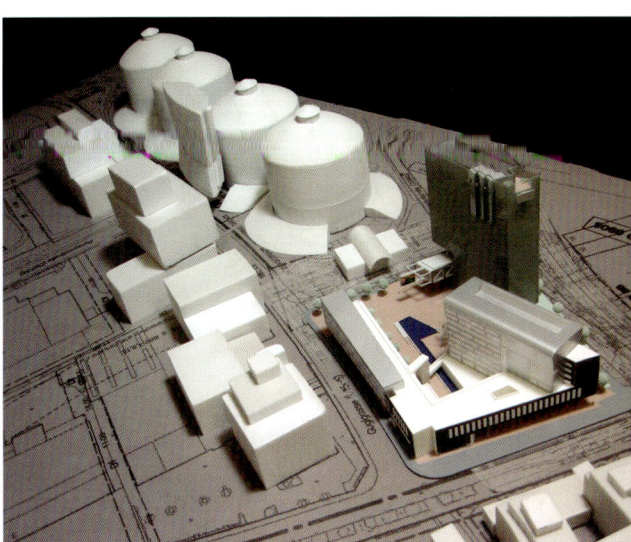

でなく、無秩序をベースに決定したという。極端な秩序は窮屈だし、むしろ無秩序こそがノーマルで自由だ。ホラインのデザインにも、幾何学的なエレメントと自然形態もしくは非定形なフォルムの混在という2元性が見られる。このあたりのオフィンやデザインの在り方が、多彩な作品を自由潤達に表現できる彼の謎を解く鍵ではないだろうか。また彼は歴史への傾注や接近した関係が言沙汰されている。そのため多くの人が、彼をポストモダニスト呼ばわりするが、彼は全く意図していないという。「シューリン宝石店1&2」「オーストリア旅行代理店」「ハース・ハウス」などは、多種に渡る彼の作品バリエーションの1ジャンルと理解してもらえばよい。

同様に彼の作品には、デコン調や構成主義的な様相も見られる。「すべては建築である」というホラインのデザイン・パレットの中には、多くのモチーフが詰め込まれている。自他共に認めるデザインの多様性からいっても、彼の建築にはポストモダンとかデコンとかというひとつの枠に納まらない幅の広さがあるのだ。

近年のホラインを俯瞰すると、「在独オーストリア大使館」などグレードの高い作品を手掛ける彼は、ウィーンの中心部に格調高い「アルベルティーナ美術館」を完成。「ハース・ハウス」で見せた長いキャンティレバーの屋根が突出して強い存在感を誇示。また同様、ウィーンの「PORRタワー」（進行中）でも、2棟の高層部にブリッジやキャンティレバーが突出して空中都市の雰囲気だ。イタリアの「サンジョヴァンニ・ヴァルダーノ」では、種々の形態が密集して集落のごとき様相を呈している。

かつてピアノ作りの名門ベーゼンドルファー社が、ホラインにピアノのデザインを依頼したことがあった。そのプレス・レセプションが1991年に東京で開催された。ゴールドの脚の上に、外側は黒、中側は真紅の豪華なグランド・ピアノが乗っている。ゴージャスな材料を使用させたらホラインの右に出る建築家はいないというくらい、彼は豪華なマテリアルを扱う魔術師だ。好みの白系のジャケットを着た長身のホラインがピアノの脇に立って記者会見。ピアニストかなと思わせる風貌で、心中「すべては建築である」とつぶやいているかのようであった。

Helmut Jahn

ヘルムート・ヤーン
[アメリカ]

1940年ドイツ、ニュルンベルグ生まれ。65年ミュンヘン工科大学卒業。66-67年イリノイ工科大学大学院で学ぶ。67年C.F.マーフィ・アソシエイツでミース・ファン・デル・ローエの高弟、ジーン・サマーズに師事。81年マーフィ／ヤーンに事務所名改称。81年ハーヴァード大学建築学部教授。83年マーフィ／ヤーン事務所の最高責任者（CEO）になる。87年アメリカ建築家協会名誉会員。88年レイノルズ記念賞受賞。89-93年イリノイ工科大学教授。94年ドイツ連邦功労十字賞受賞。

1　IIT Student Housing　2003 / Chicago, Illinois
　　IIT学生宿舎　Photo: ©Doug Snower
2, 3　Sony Center　2000 / Berlin
　　ソニー・センター　photo: ©Engelhardt/Stellin

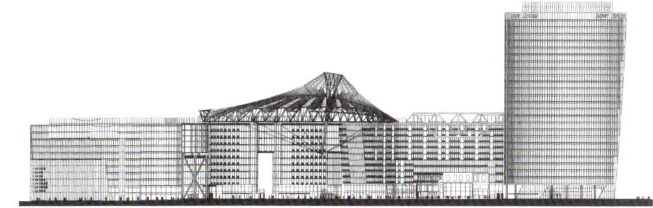

3　elevation

4, 5 Suvarnabhumi International Airport Passenger Terminal Complex   2006 / Bangkok
スワンナブーム国際空港旅客ターミナル・コンプレックス   photo: ©Rainer Viertlboeck
6, 7 Post Tower   2003 / Bonn
ポスト・タワー   photo: ©Andreas Keller

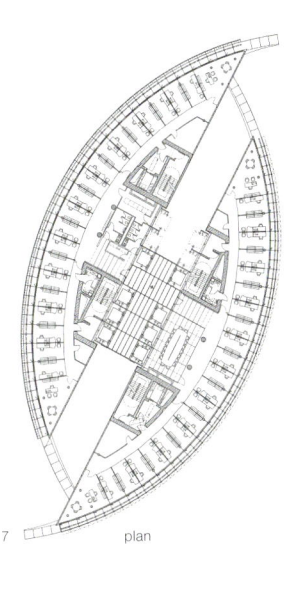

7   plan

HELMUT JAHN

8 O'hare International Airport United Airlines Terminal 1 Renovation
2004 / Chicago, Illinois
オヘア空港ユナイテッド航空ターミナル1改修　　photo: ©Timothy Hursley

9 James R.Thompson Center　1985 / Chicago, Illinois
ジェイムズ R.トンプソン・センター　　photo: ©Murphy Jahn

10 Shanghai International Expo Center　2001 / Shanghai
上海国際博覧会センター　　photo: ©Doug Snower

11 Munich Airport Center　1999 / Munich
ミュンヘン空港センター　　photo: ©Engelhardt/Sellin

12 Bayer AG Konzernzentrale　2001 / Leverkusen, Germany
バイヤー社コンツェルンツェントラーレ　　photo: ©Andreas Keller

13 Tokyo Station Yaesu Redevelopment Project Twin Towers / Tokyo
東京駅八重洲再開発計画ツインタワー　　CG: ©Steinkamp/Ballogg

14 Kempinski Hotel　1994 / Munich
ホテル・ケンピンスキー　　photo: ©Hans Ege

15 Cologne/Bonn Airport　2000 / Cologne, Germany
ケルン・ボン空港　　photo: ©H.G.Esch

ヘルムート・ヤーンと言えば、アメリカ建築界きっての寵児といった感が強い。1966年ドイツからイリノイ工科大学大学院に学び、C.F.マーフィ・アソシエイツでミース・ファン・デル・ローエの高弟、ジーン・サマーズに師事し、1973年には早くも取締役副社長。82年には社長に就任している。そのスピード出世振りは、まさにアメリカン・サクセス・ストーリーそのものだ。

彼の創作活動は、副社長就任の翌1974年の「ケンパー体育館」などの比較的低層の建物に端を発するが、本格的な活動はやはり代表取締役＆CEOになった1983年以降だ。1985年の「ジェイムズR.トンプソン・センター」をはじめ、1986年の「パーク・アヴェニュー・タワー」、1987年の「オヘア空港ユナイテッド航空ターミナル1」（改修は2004年）や「ワン・リバティ・プレイス」、1991年の「メッセトゥルム」、1994年の「ホテル・ケンピンスキー」、2000年の「ソニー・センター」など、どれをとっても巨大スケールの建築が多くなってくる。

アメリカとはいえ、組織は大きくなってきたがアトリエ派の一翼を担うマーフィ／ヤーンが、これほどスーパー・スケールの建築を手中にするのはスゴイ。この点でよく比較の対象になるのがシーザー・ペリだ。両者ともに高層建築を得意とするが、低層建築もかなりやっている。しかしペリは低層ではレンガのような重い素材を用いた作品をかなりやっているが、近年のヤーンは徹底してガラスとメタルというハイテク素材ばかりを使用して世界中を席巻している。

マーフィの後を継いだヤーンの成功は、デザイン的創造性と組織的なプロフェッショナリズムを巧みに融合させてきた点にある。この方法論こそが、単に一般的に知られているデザイン・スタジオやコーポレイト・アーキテクト（組織事務所建築家）たちと決定的に異なる点である。

作品の建築タイポロジーも多岐に渡っている。高層建築をはじめ、空港のマスタープラン、輸送施設、アーバン・プランニング、低層商業施設などの多様なプロジェクトが、インターラクティブ（相関的）なアイディアを豊富にし、また異なる建築プロジェクトに挑戦することから、インテレクチュアルな刺激を啓発できるという一石二鳥のメリットも享受。

16　Highlight Munich Business Towers　2003 / Munich
　　ハイライト・ミュンヘン・ビジネス・タワーズ　　photo: ©Rainer Viertlboeck
17　Messeturm　1991 / Frankfurt
　　メッセトゥルム　　photo: ©Roland Halbe
18　Neues Kranzler Eck　2000 / Berlin
　　ノイエス・クランツラー・エック　　photo: ©Christian Gahl
19　Park Avenue Tower　1987 / New York
　　パーク・アヴェニュー・タワー　　photo: ©Synectics

20　Kaufhof Galerria　2001 / Chemnitz, Germany
　　カウフホフ・ガレリア　　photo: ©Roland Halbe
21　One Liberty Place　1987 / Philadelphia, Pennsylvania
　　ワン・リバティ・プレイス　　photo: ©Lawrence S. Williams
22　European Union Headquarters　1998 / Brussels, Belgium
　　ヨーロッパ連合本部　　photo: ©Hisao Suzuki

photos : Courtesy of the Architect except ©Synectics

　このメソドロジーを徹底するために、ヤーンが全プロジェクトに目を通すことが貫徹されている。実際、ビッシリと書き込まれヤーンの有名なスケッチは、その証左だ。
　近年ヤーンは、"ARCHI-NEERING（アーキ・ニアリング）"というArchitectureとEngineeringの合成語をよく口にし、「21世紀以降、建築は新しい技術によって性質が変化するエレメントを用いてつくられるだろう。建物のスキンはフォトシンセティック（光合成的）、フォトヴォルタイック（光起電性）、フォトクロマティック（光色性）な処理を採用することによって、エネルギーを統合することになろう。これは従来のArchitect（建築家）とEngineer（エンジニア）の関係を変えることによって可能である」と語っている。
　ヤーンは"アーキ・ニアリング"によって、新しい光学的な建築の到来も可能であることを示唆しているのだ。現在完成しているプロジェクトの中では、「ポスト・タワー」がもっともそのラインに近い作品だ。高さ162mのタワーと4階建ての低層棟で構成される建物は、低層棟の屋根がスティール製のグリッド・メッシュとなっており、各々のグリッドに光学電池を組み込んだ環境順応型のセル（細胞）がひとつずつ装着される。
　これらのセルは、ヤーンが予測した未来の光学的建築のスキンに1歩近づいていることをうかがわせる。その特性は①可変の光透過性、②外部熱吸収性、③内部熱吸収性、④ソーラー・エネルギーの吸収、⑤可変ヴェンチレーション、⑥音響吸収性といった高性能振りである。未来のオプティカル・アーキテクチュアはヤーンの手で可能となるか。ヤーンは「ノイエス・クランツラー・エック」「ケルン・ボン空港」「ミュンヘン空港センター」「ホテル・ケンピンスキー」「バイヤー社コンツェルンツェントラーレ」「カウフホフ・ガレリア」「ハイライト・ミュンヘン・ビジネス・タワーズ」などドイツでは多作だ。その他ではシカゴに「IIT学生宿舎」を設計したのをはじめとして、上海に「上海国際博覧会センター」を、ブリュッセルに「ヨーロッパ連合本部」を完成。そしてついに日本の陸の玄関口東京駅の「八重洲再開発計画ツインタワー」のデザインをコンペで手中にした。

Dani Karavan

ダニ・カラヴァン
[イスラエル]

1930年イスラエル、テルアビブ生まれ。43-49年アヴニ、ステマツキー、画家アルドンに美術を学ぶ。56-57年フィレンツェのアカデミア・デラ・ベル・アルテなどで学ぶ。60-73年劇場、舞踏団などの舞台美術を担当。77年イスラエル賞受賞。ユネスコより92年ミロ・メダル、94年ユネスコよりピカソ・メダル受賞。フランス建築アカデミーより造形芸術メダル受賞。98年高松宮殿下記念世界文化賞（彫刻部門）受賞。環境彫刻の第一人者として日本を始め世界中で活躍。

1 Kikar Levana 1988 / Tel Aviv, Israel
キカール・レヴァナ
2 Illustration by Karavan
カラヴァンの挿絵
3 Negev Monument 1968 / Beersheva, Israel
ネゲヴ・モニュメント
4 Jerusalem, City of Peace 1976 / Venice, Italy
平和都市エルサレム

Dani Karavan

5 Axe Majeur 1980 / Cergy-Pontoise, France
大都市軸

6 Ma'alot 1986 / Cologne, Germany
マアロット

7 Grundgesetz 49 2002 / Berlin
基本法49

8 Bereshit 2000 / Kagoshima, Japan
ベレシート（初めに）

9 Place for the Communication Center of Credit Suisse   1995 / Zurich, Switzerland
クレディ・スイス情報センター広場
10, 11 Way of the Hidden Garden   1999 / Sapporo, Japan
隠された庭への道
12 Passages-Homage to Walter Benjamin   1994 / Port Bou, Spain
パサージュ：ヴァルター・ベンヤミンへのオマージュ

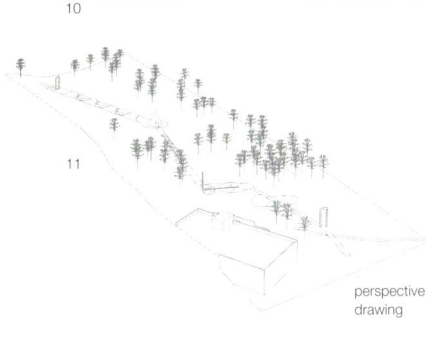

photos : Courtesy of the Architect

perspective drawing

13 Two Enviroments for Peace   1978 / Florence, Italy
平和のための2つの環境造形
14 Way of Light   1988 / Soeul
光の道
15 Square of Tolerance-Homage to Yitzhak Rabin   1996 / Paris
寛容の庭：イツアク・ラビンへのオマージュ
16 Garden of Memories   1999 / Duisburg, Germany
記憶の庭
17 Homage to the Prisoners of the Camp Gurs   1994 / Gurs, France
ギュル強制収容所囚人のオマージュ
18 Dialogue   1989 / Duisburg, Germany
対話

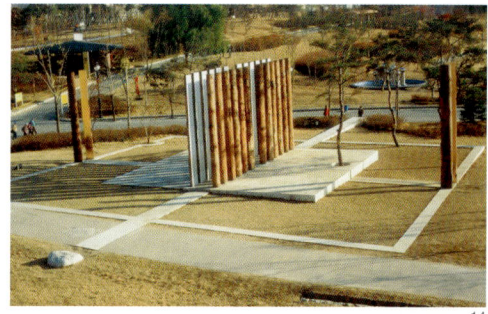

1990年7月、私はヨーロッパからの帰国途中、イスラエルのテルアビブに立ち寄った。建築家ツヴィ・ヘッカーに会う約束があったからだ。彼は面白い彫刻家がいるから会わないかとテルアビブ市街の公園に案内してくれた。芝生の丘を登って行くと、頂上にある矩形の敷地にピラミッド、半球、タワー、段状マッス、円柱などのジオメトリックな白い造形が、ハイ・アート然として並んでいる。やがてハンチングを被った小柄な男性が現れた。ヘッカーに紹介されたその人こそ、この白亜の環境彫刻「キカール・レヴァナ」のデザイナー、ダニ・カラヴァンであった。
カラヴァンは当時すでに世界的な規模で活躍していた環境彫刻家であったが、不明（ぶめい）な私

はずいぶん建築的な彫刻作品をつくる作家だなという印象をもった程度であった。実際「キカール・レヴァナ」は建築作品と同じように内部の空間体験ができる彫刻であった。
この作品より遡ること20年、カラヴァンは1968年、イスラエルの砂漠に環境彫刻としての処女作「ネゲヴ・モニュメント」を完成させた。サイト・スペシフィック（敷地呼応型）なこの作品によって、彼は自らの造形ヴォキャブラリー、製作手法、理論的ベースを発見する。
20世紀初頭以来、前世紀のオーギュスト・ロダンによる古典主義的彫刻ヴォキャブラリーに決別したコンスタンティン・ブランクーシをはじめとするアルベルト・ジャコメッティやイサム・ノグチらは、新し

い彫刻空間の創造と定義づけに専心してきた。それは多様性を極めた1960年代芸術分野におけるアーティストの思想的磐石になった。
1960年に舞台芸術から出発したカラヴァンも、その申し子のひとりであった。しかし彼の作品が、3人の先達のそれと大きく異なるのは、彼らがいかなる空間にも設置可能な普遍性を備えたオブジェを製作したのに対し、彼は敷地のトポロジーやコンテクストに呼応したサイト・スペシフィックな彫刻、すなわち環境彫刻を創出したのである。
カラヴァンによる環境彫刻のプロトタイプとなった「ネゲヴ・モニュメント」は、1963年からスタートし1968年に完成したが、これに先立つ数年前に完成したル・コルビュジエの「ロンシャンの教会」は、若

19　Way of Peace　1996 / Nitzana, Israel
　　平和の道
20　Mimaamakim　1997 / Gelsenkirchen, Germany
　　ミマアマキム
21　Way of Human Rights　1993 / Nuremberg, Germany
　　人権の道

photos : Courtesy of the Architect

きカラヴァンの脳裏から消えることはなかった。コルビュジエ唯一の彫刻的建築作品と言われた「ロンシャンの教会」は、建築と彫刻の融合を目指した作品であり、環境や敷地に深くコミットした点でカラヴァンの「ネゲヴ・モニュメント」に大きな影響を与えた。

カラヴァンはノグチと親交があった。ノグチはブランクーシの弟子であり、コルビュジエは繁くブランクーシのアトリエに通ったという。カラヴァンの「ネゲヴ・モニュメント」には、コルビュジエとノグチを通してブランクーシの影響が染み込んでいると見るにしくはない。

たとえばブランクーシが故郷ルーマニアのテゥルグ・ジュに建てた「無限柱」は、彼に大きなインパクトを与えた。カラヴァンはこのコンセプトを水平に置き換え、数kmに及ぶ水平軸として展開。それに沿っていくつかの環境オブジェを配置した。パリ郊外のセルジ・ポントワーズの「大都市軸」は12の滞留地点を含む3kmに渡って展開する長大な都市軸となった。ブランクーシをベースに、カラヴァンが都市的スケールに発展した例である。

「ネゲヴ・モニュメント」から出発した彼は、1976年に開催されたヴェネツィア・ビエンナーレで「平和都市エルサレム」を製作。白コンクリートでつくられたミニマリスト空間は、その上部や内部を体験できる環境彫刻。これによってカラヴァンは国際的なスターダムに着く。

以後「キカール・レヴァナ」「平和のための2つの環境造形」「マアロット」「光の道」「人権の道」「パサージュ：ヴァルター・ベンヤミンへのオマージュ」「寛容の庭：イツアク・ラビンへのオマージュ」などの代表作を世界的に展開する。特に「パサージュ」は建築家にも好評の作品だ。

21世紀への変わり目に、カラヴァンはドイツと日本に作品を残した。ベルリンの「基本法49」と、ノーマン・フォスターに頼まれたドゥイスブルグの「記憶の庭」がドイツの2作品。日本では鹿児島県の霧島アートの森につくられた「ベレシート（初めに）」だ。このようにカラヴァンには国境がない。彼の環境彫刻は砂漠から街へ、公園へ、丘へ、森へ、荒野へ、湖へ、海へと、ボーダレスに続く記憶形象の探索行だ。

KIM YOUNG-SUB

キム・ヨンサップ
[韓国]

1950年韓国、木浦生まれ。74年成均館大学卒業。82年建築文化アーキテクツ&エンジニアーズ設立。88年韓国建築家協会グランプリ受賞。92/93/96/97年韓国建築文化賞1等賞受賞。95/99年韓国環境デザイン&建築賞受賞。96年第7回金壽根建築賞受賞。97-98年淑明女子大学客員教授。98年アジア先端建築会議（インド）招待講師。2000年第5回カトリック教会芸術賞受賞。2000年アジア・デザイン・フォーラム"東風2000"参加。

plan

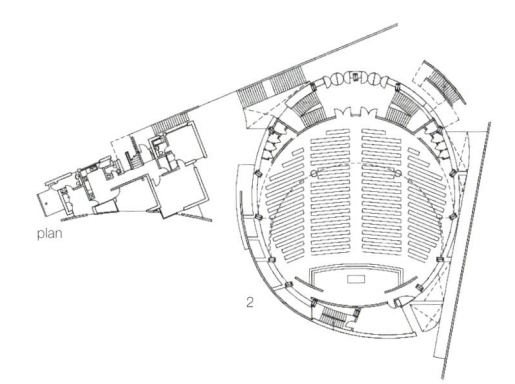

1, 2 Resurrection Catholic Church 1997 / Gyeonggi-do, Korea
探谷復活カトリック教会
3 Chungang Catholic Church 2000 / Gyeonggi-do, Korea
安養中央カトリック教会
4 Balan Catholic Church 1999 / Gyeonggi-do, Korea
撥安カトリック教会

KIM YOUNG-SUB

5 Joong-Ang Catholic Church 2003 / Gyeonggi-do, Korea
中央カトリック教会

6 Chodang Catholic Church 1999 / Kangneung City, Korea
チョダン・カトリック教会

7 Cheongyang Catholic Church 1999 / Chungcheongnam-do, Korea
青陽カトリック教会

Kim Young-Sub

8 Restaurant Bamboo House   1995 / Seoul
   レストラン・バンブー・ハウス
9 Dong-il Women Laborer's Welfare Center and Nursery   1996 / Pusan, Korea
   ドンジル女性労働者福祉センター & 保育所
10 Myunghweewon Rehabilitation Center for the Handicapped   1997 / Gyeonggi-do, Korea
   身体障害者リハビリテーション・センター
11 Catholic University Library and Lecture Hall   1995 / Seoul
   カトリック大学図書館 & 講堂

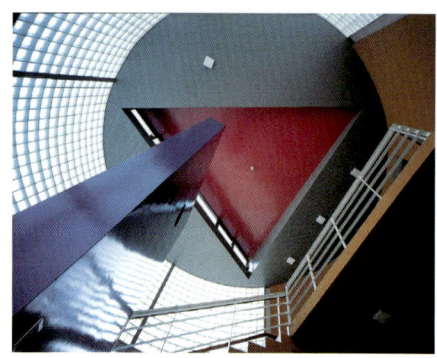

20世紀最後の年、西暦2000年に東京で開催された都市・建築フォーラム「東風2000」に参加したキム・ヨンサップ（金瑛燮）は、「新しい都市はまず環境的に持続可能(environmentally sustainable)で、文化的にも多様(culturally variable)で、生態的にも安定(ecologically stable)しなければならない」と、21世紀新都市へ向けて警鐘を発している。

彼は1970年代から80年代にかけての10年間を、5人家族で約80m²のマンションに住み大変満足していたという。しかし3人の子供が大きくなって手狭になったために、韓国の伝統的な住居"ハノク(hanok)"を改修して自邸をつくった。彼にとって、静かな中庭があり自然があるこの家に、未来の在りうべき都市像が二重写しとなったようだ。都市はかくあるべきだという彼の提言は、"ハノク"に移り住んだ実体験から生れてきた至言である。これ以後キムは、"ハノク"の保存・改修を主唱・実践し、その第一人者となる。彼の物事に対する徹底ぶりは、彼自身が興味をもった領域では決して途中でギブアップせず、最後まで追求してプロ・レベルにまで到達するという完全主義者的クラフトマン的性格に起因している。

たとえば長い間趣味としている音楽分野では大変な量のレコードを収集し、FM放送のミュージック・コメンテーターを務めたというくらいのエキスパートだし、音楽史や美術史の講演は大学レベルだという。その上ラテン語をはじめとして数カ国語に精通し、古いスプリング・カメラで撮った写真で、「古いレンズを通した建築展」を開催したりと、多方面にわたってプロはだしの才能を発揮してきた。そんな異色の建築家キム・ヨンサップは、またカトリック教会建築のプロでもある。彼の作品は達者な建築家に必要な能力と誠実さを兼備していることを例証している。彼のデザインはひとつひとつが特殊解の様相を呈し、広範囲な分野への関心と同様、形態的イマジネーションの多様性を暗示している。この点において、彼はひとつの理論、ひとつのアプローチしかもたない建築家と一線を画している。

彼が得意とする一連の教会建築を通覧すると、形態に対するたゆまざる執拗な意志が見てとれる。

12, 13	House for Kim Young-Sub 1997 / Seoul キム・ヨンサップ自邸	18	Korea Life Insurance, Suji Training Center & Master Plan 1998 / Gyeonggi-do, Korea 大韓生命水枝研修センター
14	Ikchunggak & Crystal House 1997 / Seoul 益清閣 & クリスタル・ハウス	19	Shenyang Children Activity Center / Competition 沈陽市子供活動センター
15	J-Residence 1992 / Pusan, Korea Jレジデンス	20	Sanghyowon Botanical Garden / Jeju-do, Korea サンヒョウォン植物園
16	Kookmin Books 2004 / Gyeonggi-do, Korea 国民出版社	21	Yongmoon Youth Retreat Camp 1996 / Gyeonggi-do, Korea 龍門ユース・キャンプ場
17	Nanam Publishing House 2003 / Gyeonggi-do, Korea ナナム出版社	22	Seoul Performing Art Center ソウル舞台芸術センター

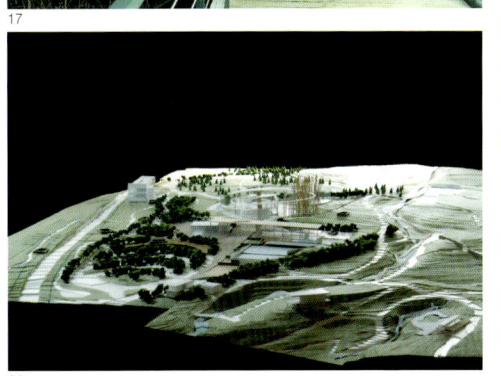

photos : Courtesy of the Architect

そこには韓国のカトリック教会建築の歴史に、新たな伝統をつくり込もうとする気迫さえ感じられる。彼が次々と生み出す教会建築は、まさにその実験的なシリーズだ。

彼はかつての教会建築がもつ因襲的な考えや、古い象徴的な形態は排除する。だがそれに代えて、聖書の翻訳に基礎を置く現代的な建築文法を取り入れているのだ。彼の飽くなき斬新性への追求は、たとえば「安養中央カトリック教会」の天空目指して聳えるヴォリュームを秘めたダイナミックな礼拝大空間に具現化されている。「探谷復活カトリック教会」では丸味を帯びた卵形のフォルムの中に、柔和な雰囲気を称えた子宮的宗教空間として実現された。

またその他にも「撥安カトリック教会」では、伝統的な建築の屋根や様式が翻訳されて特殊な形態を生み出しているし、「青陽カトリック教会」では強調されたヴィジュアルなシンボルとしての彫刻的なオブジェが特徴だ。その他にも「チョダン・カトリック教会」や「中央カトリック教会」など、教会の秀作が多い。

その他にキムの建築作品タイポロジーには「大韓生命水枝研修センター」をはじめとして、「レストラン・バンブー・ハウス」「ドンジル女性労働者福祉センター＆保育所」「身体障害者リハビリテーション・センター」「龍門ユース・キャンプ場」などがあり、大学施設として「カトリック大学図書館＆講堂」がある。ここではルイス・カーンがインド大陸につくった「インド経営大学」などのレンガ造建築からの引用が随所に見られる。

彼のデザイン手法のひとつに、尊敬する巨匠や先人建築家たちからのヴォキャブラリーの引用がある。それは時として直接的であり、時として間接的なのだ。「益清閣クリスタル・ハウス」では、クルト・シュヴィッタースの「メルツバウ」をストレートに引用して空間を引き締めている。キムはそういった引用については、自分の文章で明示している真摯な建築家だ。

「建築は空間へと翻訳された時代の意志だ」というミースの言葉を引用する韓国建築文化大賞受賞の実力派キム・ヨンサップは、韓国では数少ない国際派へ脱皮できるか。今後の課題である。

JOSEF PAUL KLEIHUES

ヨーゼフ・パウル・クライフス
[ドイツ]

1933年ドイツ、ヴェストファーレン生まれ。55-59年シュトゥットガルト工科大学、ベルリン工科大学に学ぶ。60年エコール・デ・ボザール奨学生。73-94年ドルトムント大学教授、94年デュッセルドルフ美術アカデミー教授。62年事務所設立。IBA国際建築展を指揮。2004年8月死去。

1, 2　Museum of Contemporary Art, Berlin　1996 / Berlin
　　　ベルリン現代美術館
3　　Triangle　1996 / Berlin
　　　トライアングル　　photo: ©Synectics
4, 5　Museum of Pre- and Early History　1986 / Frankfurt
　　　先史・原始博物館　　photo: ©Synectics

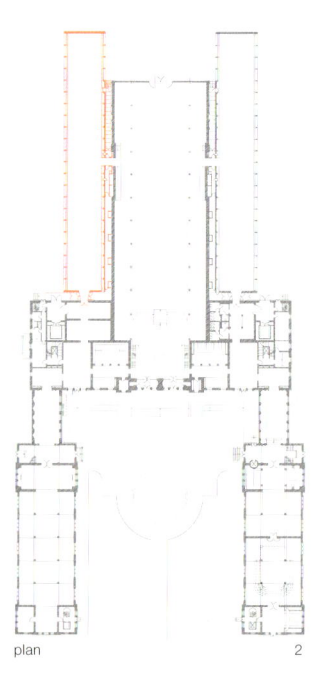

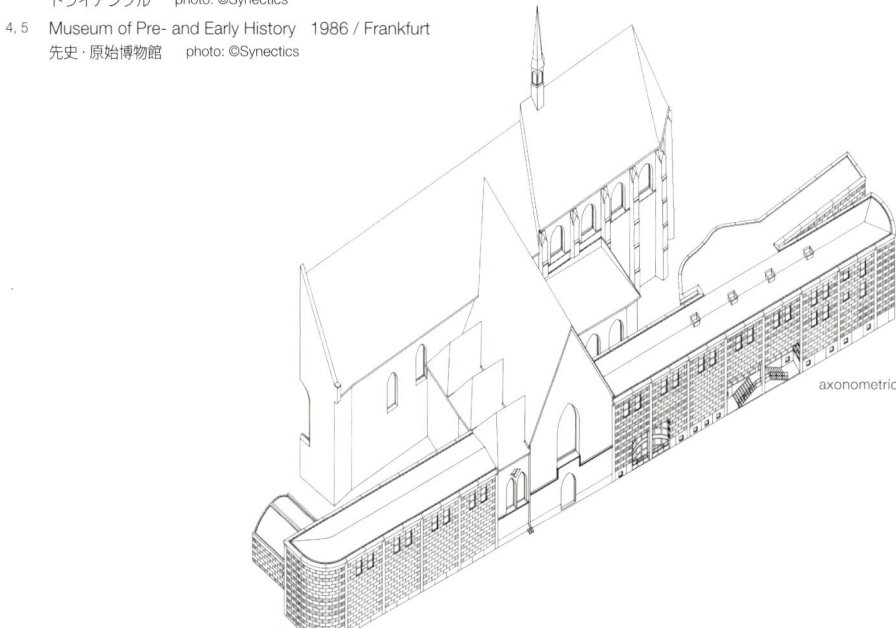

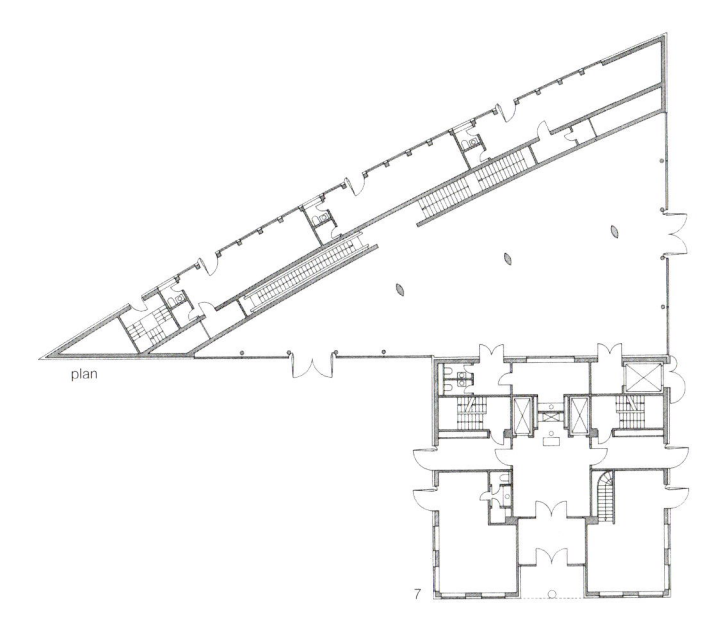

6, 7   Kant Triangle   1994 / Berlin
       カント・トライアングル   photo: ©Synectics

8   Europolis / Competition
       ティエールガルテン都市計画

9   Kornwestheim City Gallery   1989 / Kornwestheim, Germany
       コルンヴェストハイム市立ギャラリー

10   Museum of Contemporary Art, Chicago   1996 / Chicago
       シカゴ現代美術館   photo: ©Synectics

11, 12 Park Lenne / Competition
       レンネ公園住宅団地

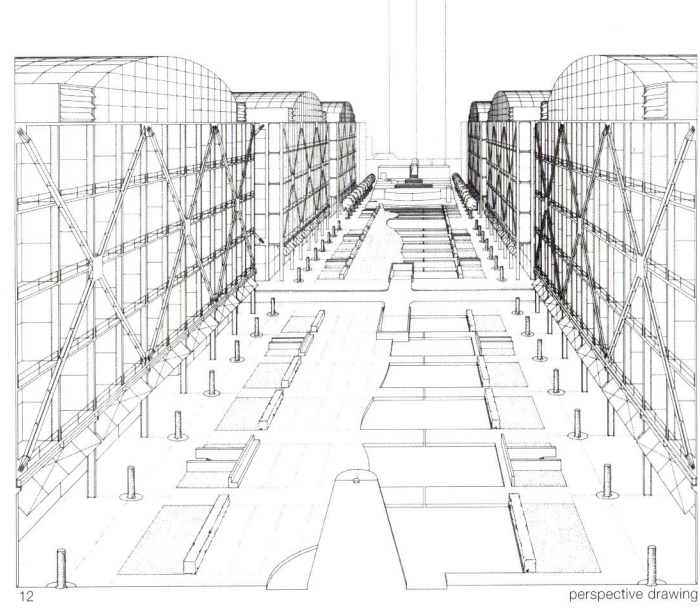

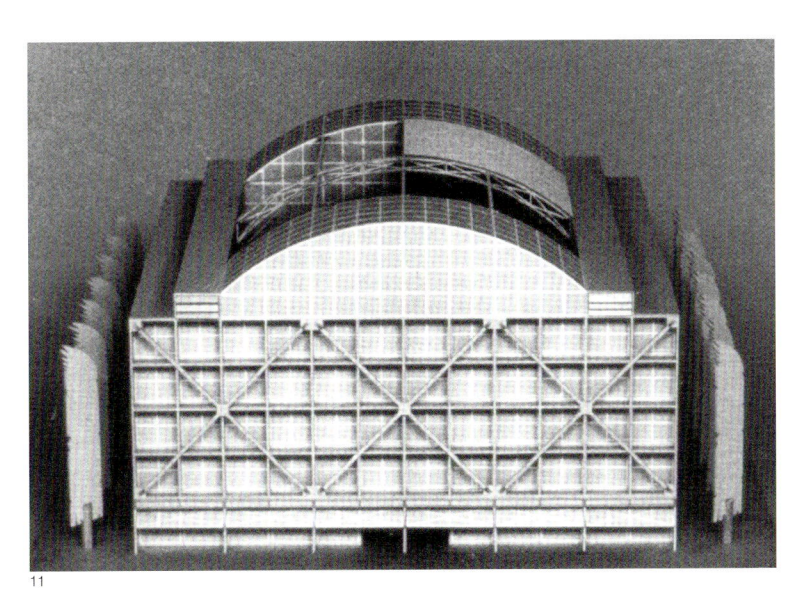

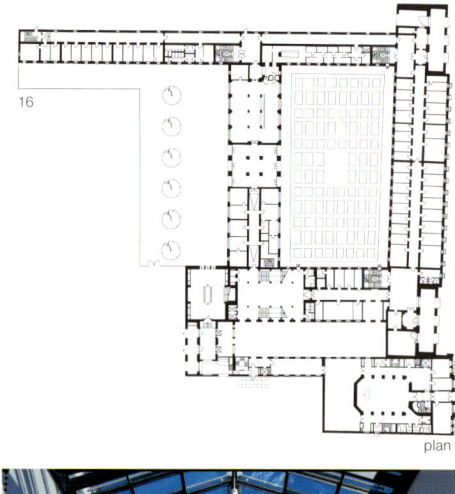

JOSEF PAUL KLEIHUES

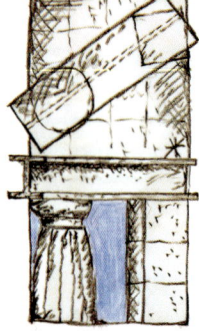

| Geometry / 幾何学 | Constuction / 建設 | Harmony / 調和 | Perfection / 完璧 | Function / 機能 | Utopia / 理想郷 | Poetry / 詩 |

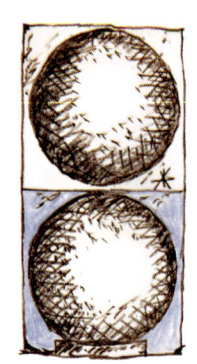

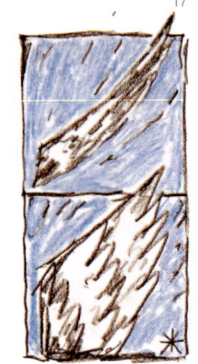

1980年代から21世紀初頭にかけて、ヨーロッパ・メガロポリスの都市再開発が盛んに行われた。パリの「グラン・プロジェ」、ロンドンの「ドックランド再開発」、ベルリンの「IBA国際建築展」など。中でもベルリンは、東西ドイツの統一もあって大変な開発ラッシュに見舞われた。

ドイツ建築家100チーム、海外建築家50チームという建築家大軍団をベルリンに集結させたのが、ドイツ建築界の重鎮ヨーゼフ・パウル・クライフスであった。1979年から87年まで、ベルリン大改造の要となった「IBA国際建築展」のディレクターを務めた彼は、"クリティカル・リコンストラクション（批判的復興）"を実行し、そこかしこに戦災の爪痕が残っていたベルリンを、魅力的な建築都市へと変貌させることに成功した。そんな大役を見事にこなした彼は、「IBA」関連のデザイン・コミッションは、わずかなものしか手掛けていないという篤実な人柄であった。

1996年の「ベルリン現代美術館」はそのひとつ。クライフスによるネオ・ラショナリズムの端正で清潔な空間が、殊のほか印象的な作品である。古い駅舎を改修したこの作品には、その歴史性の残映がそこはかとなく感じられて、クライフスが唱道する"ポエティック・ラショナリズム（詩的合理主義）"が見事に結晶化されている。

かつてドイツ古典主義建築の巨匠カール・フリードリヒ・シンケルは、「私はすぐに全く根本的な捨像の間違いに気付いた。私はある建築作品の全体コンセプトを、直接的で小さな目的や施工の視点からだけでつくり上げてしまった。しかし完成した建築は、本質的なふたつの要素、歴史性と詩学を欠いたものであった」と設計の失敗談を抜露している。クライフスの"ポエティック・ラショナリズム"は、まさにこの点をついたものであった。建築を合理主義だけで固めると、乾いて硬直した建築に至るという警鐘である。

クライフスは『Dortmunder Architektur hefte No.15』誌の論文「ノロ・リム、ノロ・リム、アスファロート！（Noro lim, Noro lim, Asfaloth！）」の中で、「いかなる努力によっても理性に変換できない現実の不可知基盤」というシェリングの言葉を引用している。この"不可知基盤"や、ヴィトゲンシュ

13, 14	Berlin Cleansing Department 1978 / Berlin ベルリン清掃局ビル
15	Hospital Berlin-Neukolln 1986 / Berlin ベルリン・ノイケルン病院
16, 17	Federal Ministry of Labour and Social Affairs 2001 / Berlin ドイツ連邦労働＆社会業務省
18	The 7 Colums of Architecture 建築7つのコラム
19	Hotel Maritim 2005 / Berlin (Jan Kleihues) マリティム・ホテル (ヤン・クライフス)
20	Capital Museum of Beijing / Competition 北京ミュージアム
21	Hotel Concorde 2005 / Berlin (Jan Kleihues) コンコルド・ホテル (ヤン・クライフス)

photos: Courtesy of the Architect except ©Synectics

タインの言う"表現不可能性"を内に秘めた自分の作品に冠した言葉が、"ポエティック・ラショナリズム"であった。

フランクフルトの歴史的中心部に位置する「先史・原始博物館」。カルメル会修道院教会の修復と増築である建物は、古い教会の歴史性と、ウィーン近代建築の香りを巧みに織り込んだ空間の詩学に満ちた作品だ。ストライプ・パターンの砂岩の外壁がいい味を出し、それに打たれたリベット(鋲)も外観の表情を引き締めている。

おそらくはオットー・ワグナーの「ウィーン郵便貯金局」に想を得たこの鋲打ちデザインは、「先史・原始博物館」を筆頭に「コルンヴェストハイム市立ギャラリー」「カント・トライアングル」「トライアングル」「シカゴ現代美術館」へと引きつながれ、クライフスのメイン建築言語となった。

「IBA」で都市計画の実力を発揮した彼は、「ティエールガルテン都市計画」コンペや、「レンネ公園住宅団地」コンペに応募。またベルリンには「ベルリン清掃局ビル」「ベルリン・ノイケルン病院」「ドイツ連邦労働＆社会業務省」がある。

クライフスの友人であったジョン・ヘイダックは言う。「彼は建築を通して社会問題に対処してきた。彼は病院によって人間の身体を治し、ミュージアムによって精神を治してきた」。

1933年ドイツのヴェストファーレンに生を受けた彼は、シュトゥットガルト工科大学、ベルリン工科大学に学び、さらにパリのエコール・デ・ボザールに学ぶという教育エリート。卒業後ハンス・ペルツィヒの子息ペーター・ペルツィヒの事務所に勤務。そして1973年から94年まで、ドルトムント大学に在籍した。その間1979年から84年まで「IBA」に関わった。その彼が2004年8月、71歳で他界してしまった。今ベルリンを訪れ、「カント・トライアングル」の屋上にある巨大なウィンド・セール(帆)の回転を見ていると、クライフスが高みからIBA建築のその後を案じて見張っているような感じがしてならないのだ。

現在クライフス事務所は子息のヤン・クライフスが継ぎ、Kleihues+Kleihues(クライフス+クライフス)として頑張っている。近作に「コンコルド・ホテル」や「マリティム・ホテル」がある。

KPF/Kohn Pedersen Fox

KPF／コーン・ペダーセン・フォックス
[アメリカ]

1976年ユージン・コーン、ウィリアム・ペダーセン、シェルドン・フォックスの3名により設立。現在KPFはフォックスが2006年に他界し、コーンが会長を務め、ペダーセンが代表デザイン・パートナーを務めている。所員は400名を超え、世界30都市以上で建築デザインを手がける。85年アーノルド・ブルンナー記念建築賞受賞をはじめ、受賞は200を超える。ペダーセンは38年ミネソタ生まれ。61年ミネソタ大学卒業。63年MITで修士取得。65年ローマ賞受賞。

1, 2 Bishopsgate Tower / London
ビショップスゲイト・タワー

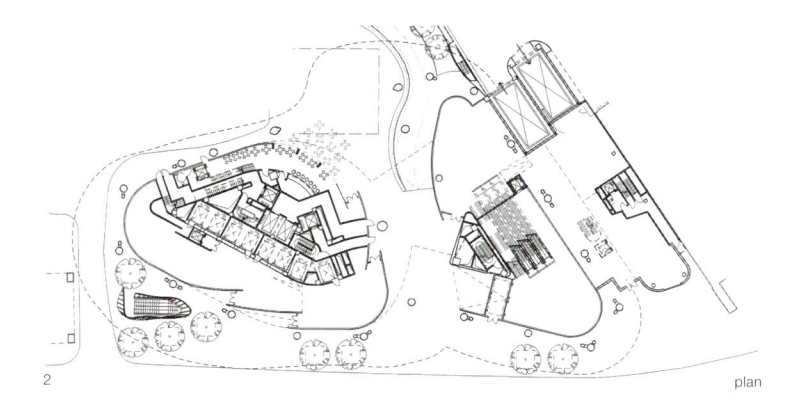

plan

3   Plaza 66   2002 / Shanghai
    プラザ66   photo: ©John Butlin
4   Rodin Museum   1998 / Seoul
    ロダン美術館   photo: ©Timothy Hursley
5   Roppongi Hills   2003 / Tokyo
    六本木ヒルズ   photo: ©Synectics
6   Merrill Lynch Japan Headquarters   2004 / Tokyo
    メリル・リンチ日本本社

7, 8   Gannett /USA Today Headquarters   2001 / Mclean, Virginia
       ガンネット米国本社   photo: ©Michael Dersin
9   DG Bank Headquarters   1993 / Frankfurt
       DG銀行本社   photo: ©Dennis Gilbert
10, 11 IBM Corporate Headquarters   1997 / Armonk, New York
       IBM本社   photo: ©Peter Aaron/ESTO

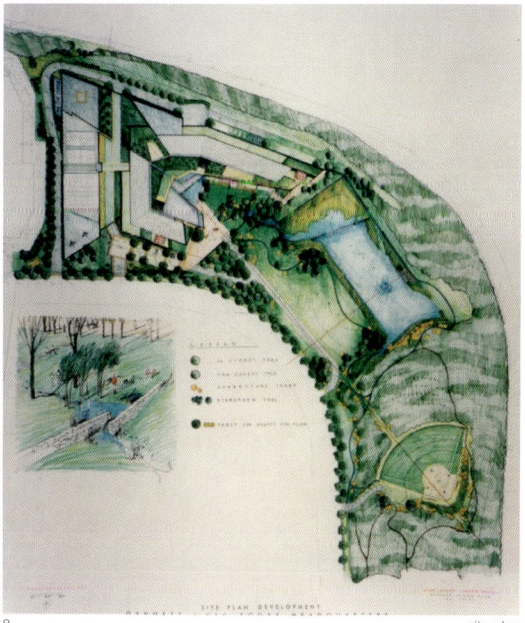

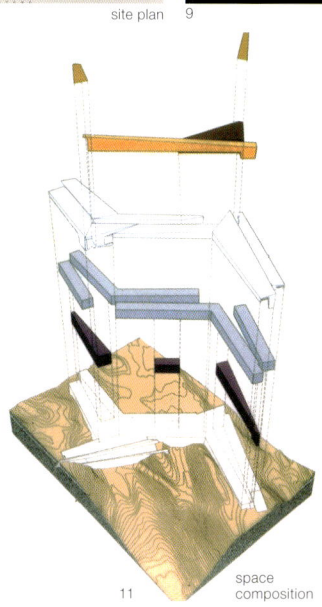

site plan

space composition

12　333 Wacker Drive　1993 / Chicago, Illinois
　　ワッカー・ドライブ333　　photo: ©Barbara Karant
13　Shanghai World Financial Center / Shanghai
　　上海世界金融センター

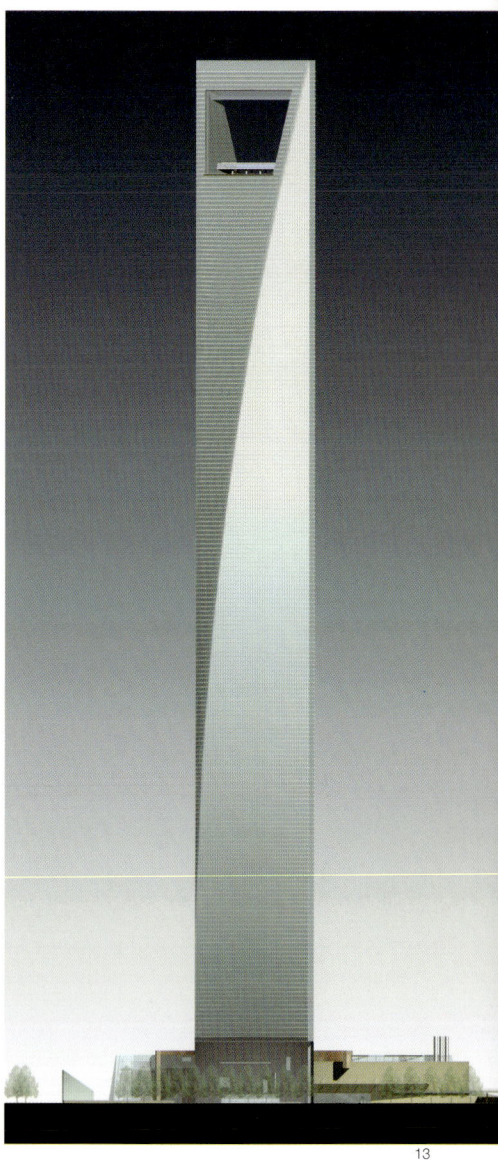

アメリカの設計事務所名は、それも大手になると、創立者たちのアクロニム（頭字語）で表現する会社が多い。SOM、HOK、DMJM、CRSS、RTKLなど、いずれも世界的に知られた老舗の大組織。ところがこの30年ほど前からKPFなるルーキーが参入し、メキメキと腕を上げてきた。

そのKPFことKohn Pedersen Foxは、ユージン・コーン、ウィリアム・ペダーセン、シェルドン・フォックス（他界）の3人が指揮をとるトロイカ方式。3人は1976年にジョン・カール・ワーネック事務所から独立し、今日400人を超えるスタッフの設計事務所へ急成長してきた。巨大組織のSOMやHOKといった超高層ビル設計のライバルに比較すると組織的には小規模だが、互角以上の目覚ましい活躍ぶりなのである。

アメリカ全土に超高層ビルは数あれど、記憶に残る名建築は決して多くない。そんな中でKPFが初期にシカゴにつくった「ワッカー・ドライブ333」は一頭地を抜く曲面壁の美しさが今でも新鮮だ。そしてさらに東洋にも進出してきたKPFは、ソウルに「ロダン美術館」、東京に「六本木ヒルズ」「メリル・リンチ日本本社」を完成させ、さらに近年は高さ492mの「上海世界金融センター」を進めアジアに地歩を固めつつある。超高層設計集団としては小振りながら、その活動は世界最強と言わざるを得ない。

創立からすでに30年が経ち、大手設計事務所として成長してきたKPFも経営陣は第2世代へとシフトし、創立者最年長のフォックスが1996年67歳で引退した。当時59歳の最若手であったペダーセンは、創立以来デザインを担当し、KPFの看板として君臨してきた。

ウィリアム E. ペダーセンは、1938年ミネソタ生まれ。1961年ミネソタ大学よりBAを取得。1963年MIT（マサチューセッツ工科大学）よりMAを取得。1965年にはローマ賞を受賞し、ローマのアメリカン・アカデミーに2年間の留学をする。KPF創設の1976年以前はピエトロ・ベルッシ（1963）やエドゥアルド・カタラーノ（1964-65）のデザイナーを務めた。さらにI. M. ペイのアソシエト（1967-71）として、またジョン・カール・ワーネック事務所（1971-76）の副社長として修業を積んだ豊富な経験を

14 Philadelphia International Airport   2003 / Pennsylvania, Philadelphia
    フィラデルフィア国際空港
15 Baruch College New Academic Complex   2002 / New York
    バーラック・カレッジ・ニュー・アカデミック・コンプレックス   photo: ©Michael Moran
16 International Commerce Center / Hong Kong
    香港国際商業センター
17 World Trade Center Extension   2004 / Amsterdam
    世界貿易センター増築   photo: ©H.G.Esch
18 Suyoung Bay Landmark Tower
    スヨン・ベイ・ランドマーク・タワー
19 First Hawaiian Center   1996 / Honolulu
    ファースト・ハワイアン・センター   photo: ©Timothy Hursley
20 Procter & Gamble World Headquarters   1985 / Cincinnati, Ohio
    プロクター＆ギャンブル世界本部   photo: ©Jock Pottle
21 Endesa Headquarters   2003 / Madrid
    エンデサ本社   photo: ©H.G.Esch
22 900 N Michigan   1989 / Chicago, Illinois
    900 ノース・ミシガン・アヴェニュー   photo: ©Jock Pottle/ESTO
23 The World Bank Headquarters   1996 / Washington D.C.
    世界銀行本社   photo: ©Timothy Hursley

photos : Courtesy of the Architect except ©Synectics

もっている。
KPFの30年間に渡る発展の成功は、コラボレーション（協調）とダイアローグ（対話）を取り込んだデザイン哲学に深く根差したものであった。KPFの設計プロセスにおいては社内はもちろんのこと、クライアントとの間でも自由なアイディアの交換にウェイトが置かれている。"コンパラティブ・プロセス（比較過程）"と彼らが呼ぶユニークなアプローチ手法によって、KPFはプロジェクトの進行過程の各局面ごとにクライアントのニーズや要求を満たすことを確実にしてきた。彼らのアイディアは同意や反対を得るために提案されるのではなく、むしろより完全な作品創出を助長する質疑や解決のために提案されるのである。

"コンパラティブ・プロセス"は、クライアントとのインターラクション（相互作用）に限られたものだけでなく、建築を環境組織に織り込むデザイン手法の中核をもなしている。個々のKPFの建築は独特の個性をもっているが、建物自体がいずれも形態による周辺環境との対話を創出すべく不断の貢献をし続けている。
「DG銀行本社」「世界銀行本社」「IBM本社」「バーラック・カレッジ・ニュー・アカデミック・コンプレックス」「ガンネット米国本社」「プラザ66」「フィラデルフィア国際空港」など、巨大プロジェクトを次々と完成させてきたKPFは、ディベロッパーと組んで仕事をこなすコマーシャリズムに徹した建築家集団だ。現在も「スヨン・ベイ・ランドマーク・

タワー」や「ビショップスゲイト・タワー」「香港国際商業センター」などの超高層プロジェクトが進行中である。
代表作のひとつである「プロクター＆ギャンブル世界本部」のようにほのかにポストモダニスティックな香りを放ち、極度なミニマリズムを排した作風は、多くのディベロッパーや経営者層から支持されるのは故なきことではない。容易に判読可能な部分を凝集的なストラクチュアへとインテグレートさせるKPFの作品は、"全体は部分の集積に勝る"というモットーから紡ぎ出される。所与の空間を最大に利用し、内部的ニーズと外観の可能性との間に生み出される均衡こそ、KPFデザインの持味といえる。

C.Y. Lee

リー・ズーユアン
[台湾]

1938年中国、広東省生まれ。61年成功大学建築工学部卒業、66年プリンストン大学建築学部大学院修了。67-68年ワシントン都市設計計画開発研究所、68-70年中華工程顧問公司、70-71年中国都市計画設計中心勤務。76-77年ウィリアム・ペレイラ・アソシエイツ副社長。78年李祖原建築師事務所設立。95年台湾内務省による台湾ベスト10建築家に選出される。2002年『アーキテクト・マガジン』金賞受賞。

photo: ©Hsiao-Shin Huang

1, 2, 3　Taipei 101　2004 / Taipei
　　　　 台北101

photo: ©Synectics

photo: ©Synectics

4

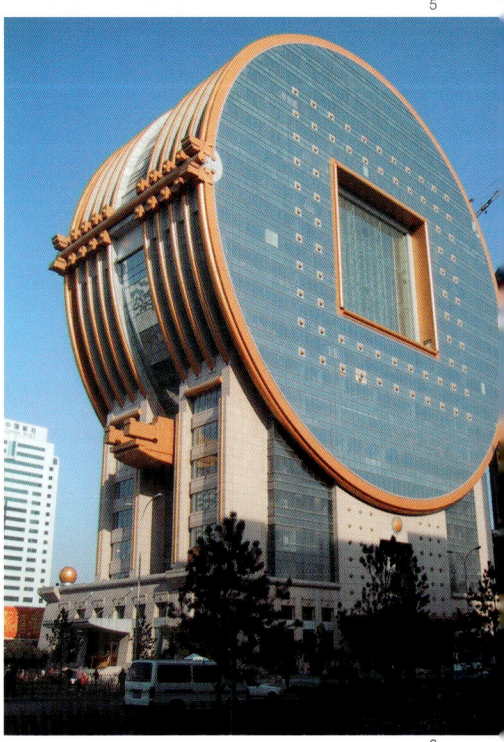

5

6

4	Grand 50 Tower 1992 / Koahsing, Taiwan グランド50タワー	7	Tuntex Tower 1998 / Koahsing, Taiwan タンテックス・タワー
5	Shanghai Bund Guangming Tower / Shanghai 上海バンド光明タワー	8	Chungtai Zen Temple 1998 / Puli, Taiwan 中台禅寺
6	Fangyuan Mansion 2001 / Shenyang, China 方圓大廈	9, 10	Guangdong Tobacco Tower / Competition 広東タバコ・タワー

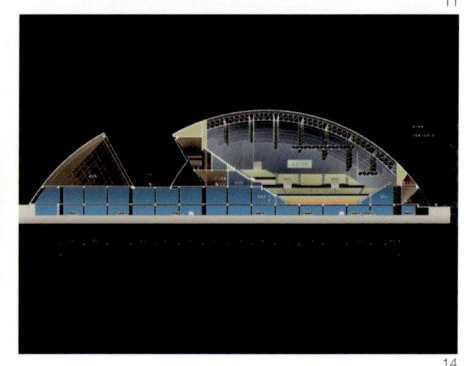

2004年「台北101」で、マレーシアの「ペトロナス・タワー」を抜いて世界最高のタワーを完成させたリー・ズーユアン（李祖原）は台湾きっての国際派である。1938年広東省生まれのリーは、61年成功大学建築工学部を卒業。66年にプリンストン大学建築学部大学院を修了し、ワシントン都市設計計画開発研究所に勤務する。その後本国や中国で修業し、76年にはアメリカのウィリアム・ペレイラ・アソシエイツの副社長に就任する。アメリカにおけるリッチな建築修業体験が、彼のズバ抜けた国際性を育んだと言える。1978年に本国に李祖原建築師事務所を設立したのは、40歳になってからであった。

「台北101」は、台湾の建築施工史上最大のエンジニアリング・プロジェクト。地上101階・高さ508mの超高層は、竹のように節くれ立っており、スーパー・フラットが多いインターナショナル・スタイルのそれとは一線を画した形態が特徴だ。

各8階ごとに分節されたシャフト部分のコンセプトは、8という数字が中国文化におけるラッキー・ナンバーという民間伝承にあやかったものだ。「台北101」の外観は、一見してわかる東洋的なフォルム。台湾随一の国際派リーが、これほどの超高層に直線的なインターナショナル・スタイルを採用しなかったのはなぜなのか。

「グローバル化が進行する中で、世界の建築はジェネリック（包括的）な様相を呈してきた。それは各地域におけるプリミティブかつ個性的な表情を失わせつつある。世界の都市は個々の文化的アイデンティティを創造すべきだ。それによって世界の建築は、変化に富んだグローバル化を表現できるのだ」とリーは言う。

このような理由から、リーの建築は過去20年以上に渡ってアジア文化に深く根差し、モダン・テクノロジーを駆使して、東洋美学のコンセプトと特殊なアジア的社会構造を反映させてきた。その結果彼は、アジア独自の"ニュー・オリエンタル・アーキテクチュア"の創造に至った。

彼の言う"新東洋建築"とは、アジアの生活価値を志向したマクロな普遍的アイディアに基づき、世界建築の趨勢に照準を合わせたコンセプトをもっている。しかもリーは、先の「台北101」や、巨大な敷地をもつ集合住宅「東王漢宮マンション」といった

11 Shanghai Bund Parcel 204 / Shanghai
    上海バンド204地区
12 Ta – An Public Housing 1987 / Taipei
    大安國宅
13, 14 Xiamen Gymnasium / Xiamen, China
    廈門体育館
15 Tung Wang Palace Housing 1987 / Taipei
    東王漢宮マンション
16, 17 Marine Prospect Garden Housing 1994 / Taipei
    マリン・プロスペクト・ガーデン集合住宅
18 Hung Kuo Office Headquarters 1989 / Taipei
    宏国大楼（フン・クオ本社）
19 Mount Emei Golden Top Temple Planning / Sichuan, China
    峨眉山金頂寺院プランニング
20 Xian Faman Temple / Xian, China
    西安法門寺
21 Renovation of the Building Facades on Zhong Shan Road / Shanghai
    中山通りビル・ファサード改修

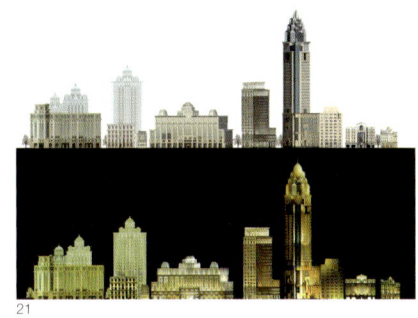

photos : Courtesy of the Architect

ラージ・スケールの作品であっても、建築をアジアのもっとも洗練された文化精神を過去から現在へと繋ぐ架け橋と見なしているのだ。その結果彼は、評価の高い建築表現を通して、東洋文化をグローバルなステージに紹介してきた。

さすがに台湾を代表する建築家のひとりとして、リーの作品は巨大スケールのものが多いが、しかとして中国の伝統に基づいている。例えば「T＆Cタワー」は85階もある超高層ランドマーク。2本の基壇に挟まれたタワーは、下部中央に巨大なトンネルを擁している。気候風土、トポグラフィ、美学に加えて古代中国における土地占いの原理を参照しているのだ。

「宏国大楼」では睡蓮の伝統的な中国イメージを参照したカーブを取り入れているし、大きなキャンティレバーは中国建築の屋根を引用したものだ。「中台禅寺」は一千年の歴史をもつ古い寺院の形態を変えて時代の要求に応える新しい聖空間を創出。「グランド50タワー」も、中国式パゴダ（塔）のアイディアと、中国式庭園のパラペットを参照した。西洋流のシャープな尖塔を頂くのではなく、分節的なシャフトの上に両手を広げて天を支えるような仕種だ。その他「方圓大厦」「マリン・プロスペクト・ガーデン集合住宅」「大安國宅」など、中国の伝統や文化を反映させたリーの"ニュー・オリエンタル・アーキテクチュア"の持駒は多数ある。宇宙の発展過程に似て、彼の建築世界は、創造の根源として統一的建築思考をもち、自由なデザイン・アプローチによって、多様かつ有機的な展開をしていく。

単体の建築からアーバン・デザインまで、リーの多様なスケールをもつ創作物はすべて統合性をもち、同種のオリジナリティとコンセプトへと回帰できる。時間・空間の推移において、リーは建築を両者の架け橋として利用し、民族の深い文化精神を過去から現代へと汲み上げ、統合性のある建築創造を通して、この記憶を現在から未来へと投影するのだ。昨年12月台北の事務所でインタビューした時、彼は言った「私はとにかく巨大スケールの建築が好きなんです」。正にその通り、現在リーの事務所では「廈門体育館」「上海バンド204地区」「上海バンド光明タワー」「広東タバコ・タワー」などの巨大プロジェクトが進行している。

Imre Makovecz

イムレ・マコヴェッツ
[ハンガリー]

1935年ハンガリー生まれ。59年ブタペスト工科大学卒業。59-62年ブヴァティ・デザイン・スタジオ勤務。62-77年ハンガリーで実務経験を積む。77-81年ブタペスト森林協会勤務。81-91年マコナ・アソシエイティッド・アーキテクツ主宰。87年アメリカ建築家協会名誉会員。91年以降マコナ建築スタジオに改称・主宰。92年王立スコットランド建築家協会名誉会員。97年建築アカデミー・ゴールドメダル受賞。98年王立イギリス建築家協会名誉会員。

1 Sarospatak Cultural Center　1983 / Sarospatak, Hungary
　シャーロシュパタク文化センター
2, 3 Visegrad Forest Educational Center　1987 / Visegrad, Hungary
　ヴィシェグラード森林教育センター
4 Mako Theater　1998 / Mako, Hungary
　マコー・シアター　　photo: ©Szanto Tamas

Imre Makovecz

5, 6, 7　Paks Roman Catholic Church　1991 / Paks, Hungary
　　　　パクシュ・ローマ・カトリック教会
8　Eger Swimming Pool　2000 / Eger, Hungary
　　エゲル水泳プール
9　Large Auditorium at Peter Pazmany Catholic University　2001 / Piliscsaba, Hungary
　　ペーテル・パーズマーニ・カトリック大学大ホール　photo: ©ZSITVA
10　Farkasret Funeral Chapel　1977 / Budapest, Hungary
　　フォルコシュレイトの斎場

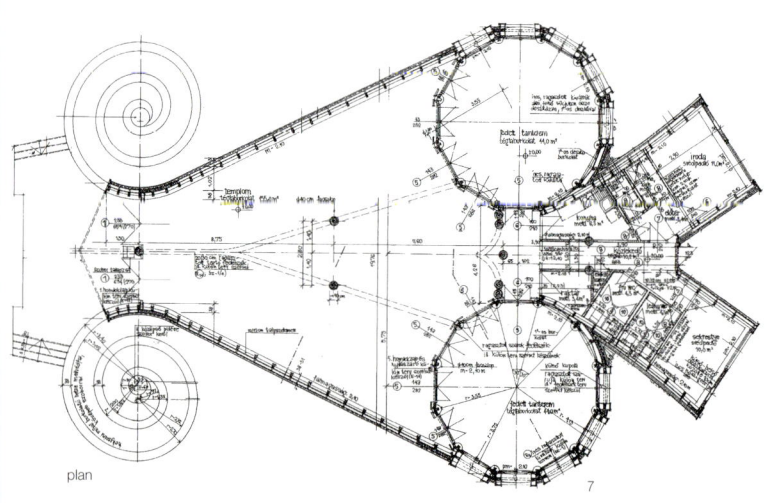

IMRE MAKOVECZ

現代ハンガリーを代表する建築家で、ほとんど同国唯一の国際的な存在として知られるのが、イムレ・マコヴェッツその人である。
極東の日本における東欧ハンガリーの建築情報は極めて少ない。私もハンガリーの建築史上で知っている建築家と言えば、現代はさておき、ナショナル・ロマンティシズムを代表するレヒネル・エデンだけというお粗末さだ。そんな状況の中でひとり気を吐いているのがマコヴェッツだ。
1935年生まれのマコヴェッツはブダペスト出身で、大工の家に育った。1959年にブダペスト工科大学を卒業し、ブヴァティ・デザイン・スタジオというブダペストの都市計画研究所に入所して建築家としての腕を磨く。以後スヨヴェテル（農業協同組合建築計画研究所）、ヴァーティ（ハンガリー国立都市計画研究所）、ブダペスト森林協会に属し、特に森林協会では数多くの作品を設計している。
彼の代表作のひとつである「フォルコシュレイトの斎場」をはじめ、「モジュローヘジのレストラン」「ドボゴーク・スキーロッジ」「トカイ集会用パビリオン」「ヴィシェグラード森林教育センター」「シャーロシュパタク文化センター」などは、彼が1981年に独立するまで組織に属している時につくり出した作品である。
マコヴェッツの作品は、現代世界建築の潮流的視点から眺めると、かなり異質な様相を呈している。だがそれはアメリカの評論家ケネス・フランプトンが、ヨーロッパの辺境で活躍する建築家を捉えて言った"クリティカル・リージョナリズム（批判的地域主義）"の範疇に入るものと考えられる。
特徴ある彼の建築は、当初異端として激しく批難されたことがある。もともと彼の建築は、ハンガリーの民俗芸術をベースに発展してきたものである。1930年代に音楽家ベーラ・バルトークやゾルタン・コダーイらが展開した舞踊、音楽、民芸、建築を含む民俗芸術運動にいたく刺激を受けて育った世代なのだ。
1979年に完成した「トカイ集会用パビリオン」では、多数の民俗芸術家、教師、学生がトカイの芸術コロニーに集結し、プログラムに沿った討論をし、建設へ向けてグループ作業を展開した。マコヴェッツは中心メンバーとして建築の設計を担

11	Baks Village Community Center 1988 / Baks, Hungary バクシュ・ヴィレッジ・コミュニティ・センター	17	Tokaj Meeting Pavilion 1979 / Tokaj, Hungary トカイ集会用パビリオン
12, 13	Szigetvar Cultural Center 1988 / Szigetvar, Hungary シゲトヴァール文化センター	18	Szazhalombatta Roman Catholic Church 1996 / Szazhalombatta, Hungary サーズハロムバッタ・ローマ・カトリック教会
14	Mogyoro-hegy Restaurant 1979 / Visegrad, Hungary モジュローヘジのレストラン	19, 20	Budapest Catholic Church Budapest / Hungary ブダペスト・カトリック教会
15	Siofok Lutheran Church 1990 / Siofok, Hungary シオーフォク・ルター派教会	21	Lendva Theater 1991 / Lendva, Slovenia レンドヴァ・シアター
16	Dobogoko Ski Lodge 1979 / Dobogoko, Hungary ドボゴーク・スキーロッジ		photos : Courtesy of the Architect

当したが、民俗芸術を土台とした建築活動は、かくのごとくして進展した。

ハンガリー有機的建築の担い手としてのひとつの潮流をつくったマコヴェッツの建築は、実は自国の民俗芸術からだけ影響を受けているのではない。彼の作品は、ルドルフ・シュタイナーが唱えたアンソロポゾフィー（人智学）の哲学からの刺激を受けているのと同時に、アメリカ有機的建築の巨匠フランク・ロイド・ライトや、同系のブルース・ガフやハーブ・グリーンといった建築家からも強く影響されているのだ。

さらに古代ケルト、前キリスト教的マジャール文化に導入されたアニミズムや東洋神話的要素からの影響も見逃せない。つまり彼の知的原泉は、ハンガリーの伝統や文化だけに根差しているのではなく、より普遍性のある海外文化にもあると言えるのだ。

マコヴェッツ建築の特徴がもっとも顕著なのは屋根だ。ハンガリー土着の"ハイレイク"と呼ばれる曲木で構成されたドーム形の屋根は、初期の作品のほとんどに適用されている。だが「ヴィシェグラード森林教育センター」を最後に、46歳で独立したマコヴェッツの作風は、微妙に変化を見せ始めているように感じられる。

「シオーフォク・ルター派教会」や「バクシュ・ローマ・カトリック教会」は、宗教建築からしてゴシック様式の影響は免れないが、その後に依頼された「シゲトヴァール文化センター」「サーズハロムバッタ・ローマ・カトリック教会」でも、マジャール的な象徴性をもったタワー群が立ち上がっている。また「マコー・シアター」では4つの小タワーにドーム形のメイン・ルーフがミックスされた自在なフォルムが出現した。

マコヴェッツは「マコー」以来、「エゲル水泳プール」や「ペーテル・パーズマーニ・カトリック大学大ホール」など低層の作品では、まだ"ハイレイク"的ドームを使用しているが、特に「ペーテル」のトップライトなどには非マジャール的な意志を漂わせている。どうやらマコヴェッツは、マジャール文化の伝統や民俗芸術を底流に反映させながらも、グローバルな視点を意識した創作に向かっているようだ。

Mecanoo

メカノー
[オランダ]

メカノーは1984年にロッテルダムに設立された建築設計集団。学生5人が集合住宅コンペに勝利したのを機に結成されたが、現在残る創設メンバーはフランシーヌ・ハウベン氏のみ。彼女は1955年オランダ生まれ。1984年デルフト工科大学卒業。現在、同大学教授。メカノーとしての受賞は、1984年マースカット若手建築家賞以来、2003年のオランダ建築賞まで多数。

1 Kruisplein Housing 1985 / Rotterdam
  クルイスプレイン集合住宅
2 Boompjes Restaurant 1990 / Rotterdam
  レストラン・ボンピュ   photo: ©Synectics
3 Herdenkingsplein Housing 1994 / Maastricht, The Netherlands
  ヘルデンキングスプレイン集合住宅   photo: ©Synectics
4, 5 Lausanne Learning Center / Competition
  ローザンヌ学習センター

6

7 8

6 'La Llotja' Theater & Congress Center / Lleida, Spain
　ラ・リョッチャ・シアター & コングレス・センター
7 Library for the Delft University of Technology　1998 / Delft, The Netherlands
　デルフト工科大学図書館　　photo: ©Synectics
8 St. Laurence Cemetery Chapel　2001 / Rotterdam
　セント・ローレンス墓地チャペル　　photo: ©Christian Richers
9, 10 National Heritage Museum　2000 / Arnhem, The Netherlands
　国立遺産博物館　　photo: ©Christian Richers

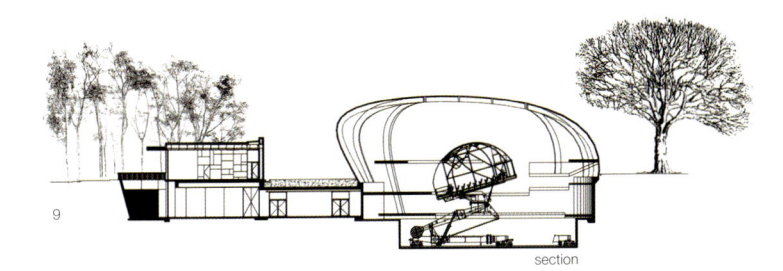

MECANOO

11 Campus Masterplan for the Delft University of Technology 2001-02Design / Delft, The Netherlands
デルフト工科大学キャンパス・マスタープラン

12 Courthouse in Trento / Trento, Italy
トレント・コートハウス

13, 14 Philips Business Innovation Center 2006 / Nijmegen, The Netherlands
フィリップス・ビジネス・イノヴェーション・センター photo: ©Christian Richers

15 Canadaplein Cultural Center 2000 / Alkmaar, The Netherlands
カナダプレイン文化センター photo: ©Christian Richers

16 Faculty of Management and Economics at Utrecht University 1995 / Utrecht
ユトレヒト大学経営・経済学部棟 photo: ©Synectics

17 Montevideo 2005 / Rotterdam
モンテヴィデオ CG: ©DPI Animation House

18 Digital Port Rotterdam 2004 / Rotterdam
ディジタル・ポート・ロッテルダム photo: ©Christian Richers

19 Nieuw Terbregge 2000 / Rotterdam
ニュー・テルブレッゲ photo: ©Christian Richers

メカノーは学生時代に、「クルイスプレイン集合住宅」コンペ（1982-85）を勝ち取ってデビューしている。設計活動は、それ以前の1981-82年に、ロッテルダム市の土木局に勤務していた仲間5名が集まって手掛け始めた。その後、そろいもそろってデルフト工科大学に入り直して卒業し、1984年にメカノーを設立した。当時は28歳くらいの頃で、「超若手集団」として名を馳せた。

創設メンバーのパートナー5人とは、フランシーヌ・ハウベン（女性）、ロルフ・スティーンフィス、エリック・ファン・エゲラート、ヘンク・デル、そしてクリス・デ・ウェイラー。このうちスティーンフィスが1989年に、エゲラートが1995年に独立。その後もウェイラー、デルと男性創設メンバーが皆独立してしまった。「メカノーもついに解体か？」と思われたが、唯一の女性パートナーであったハウベンがしっかりとメカノーを引き継いでいる。

学生時代からオランダ近代主義の洗礼を受け、ロッテルダム市土木局というお堅い建築環境に身を置いていたためか、彼らの作風は当初、近代主義の伝統に染まっていたようだ。多くのスタート時の建築家がそうであるように、特に保守的な公共の建築を手掛けると、伝統的な色合いが濃く出るのが通例だ。それはメカノーも例外ではなかった。

しかし近年のメカノーのデザインを見ると、当時のそれとは隔世の感がある。20年経っているのだから当たり前としても、多彩なデザイン展開という点では、現代のオランダ建築界でも一頭地を抜く存在だ。例えばマーストリヒトの「ヘルデンキングスプレイン集合住宅」は、外壁に木造パネルを張っている。ホッとするような懐かしい木の感触を建物に与えているのだ。ガラスやコンクリートなど、あまたの外装材がある中で、木製の外壁をこのように巧妙に用いるのがメカノーの特徴だ。

同じ木のモチーフは、「レストラン・ボンピュ」（現存せず）の天井や軒天に、あるいは「ユトレヒト大学経営・経済学部棟」の中庭棟外壁や講堂外壁に、「カナダプレイン文化センター」の細木の目透し張りによるファサードなどに表情を変えて登場する。「セント・ローレンス墓地チャペル」の内壁も、そのバリエーションと言える。

さらに「デルフト工科大学図書館」では、草葺き（緑

20 Palace Justice in Cordoba / Cordoba, Spain
コルドバ裁判所
21 MOdAM 1985 / Milan, Italy
モダム
22 Officers Hotel De Citadel 2004 / The Hague, The Netherlands
オフィサーズ・ホテル・デ・シタデル　photo: ©Christian Richers

photos : Courtesy of the Architect except ©Synectics

化)を主役に登場させた。大学当局がメカノーに、図書館そのものよりも学生が集うパブリック・スペースを第一義的に考えてほしいと要望した。それに対するメカノーの回答が、傾斜する草葺きの屋根であった。「オランダは干拓によって土地を増やしてきた。この図書館は牧草が植えられるポルダー(干拓地)のメタファー(暗喩)としてデザインした」と、メカノーは説明している。学生はこの草原に集って、友達と食事をしたり、おしゃべりしたりするのだ。

近作の「国立遺産博物館」では、卵形のオーディトリアム棟を全面鋼板で覆うかと思えば、本棟のほうではガラス壁を使うと同時に、複雑なレンガ壁による表現を披露している。アルヴァ・アアルトが自身の別荘「コエタロ(実験住宅)」で実験的なレンガの張り方を見せてくれたのと同じように、メカノーはアアルトより大掛かりに各種レンガを使用して、かつユニークなディテールを実現している。このようにメカノーのデザインは、材料のコンビネーションと形態デザインの絶妙な絡み合いを表現する。材料や形態の明快な選択は、建築の各部に鮮やかなコントラストを与える。オープン／クローズド、ハード／ソフト、内向的／外向的といった対比が、随所に表れてくるのだ。さらに素材も、木や竹、銅といった温かみのあるものと、ガラス、スティール、コンクリートといった近代的な冷たさのあるものの双方を用いる。これが外観に、豊かで親しみのある表情を与えている。建築の美学はこうしたバランスのとれた対比に存在するというのが、メカノーのデザイン・モットーだ。

現在、約65名のスタッフを抱えるメカノーだが、これまでに約300件のプロジェクトを抱え、そのうち約100件を完成に導いた。スイスの「ローザンヌ学習センター」、スペインの「ラ・リョッチャ・シアター＆コングレス・センター」、オランダの「フィリップス・ビジネス・イノヴェーション・センター」や「デルフト工科大学キャンパス・マスタープラン」など、種々の豪快なデザインの大型プロジェクトが進行中だ。こうした多作な状況を背景に、空間、形態、材料がもつポテンシャルを引き出そうとする取組みは、今後もますます深化していくものと思われる。オランダの現代建築の地平を広げようとするメカノーの活躍は、ますます期待されている。

RICHARD MEIER

リチャード・マイヤー
[アメリカ]

1934年ニュージャージー州、ニューアーク生まれ。コーネル大学卒業。デイヴィス、ブロディ&ヴィシニェフスキー事務所勤務後、ヨーロッパへ長期旅行。帰国後SOM、マルセル・ブロイヤー事務所勤務。63年ニューヨークに事務所設立。クーパー・ユニオン、イエール大学、ハーヴァード大学、UCLAなどで教鞭を執る。84年プリツカー賞受賞、89年RIBAゴールドメダル、97年AIAゴールドメダル、高松宮殿下記念世界文化賞建築部門受賞、他多数受賞。

1, 2 High Museum of Art   1983 / Atlanta, Georgia
　　　ハイ・ミュージアム・オブ・アート　　photo: ©Masaki Sakuramoto
3　　 Ulm Exhibition and Assembly Hall   1993 / Ulm, Germany
　　　ウルム展示・会議ホール　　photo: ©Synectics

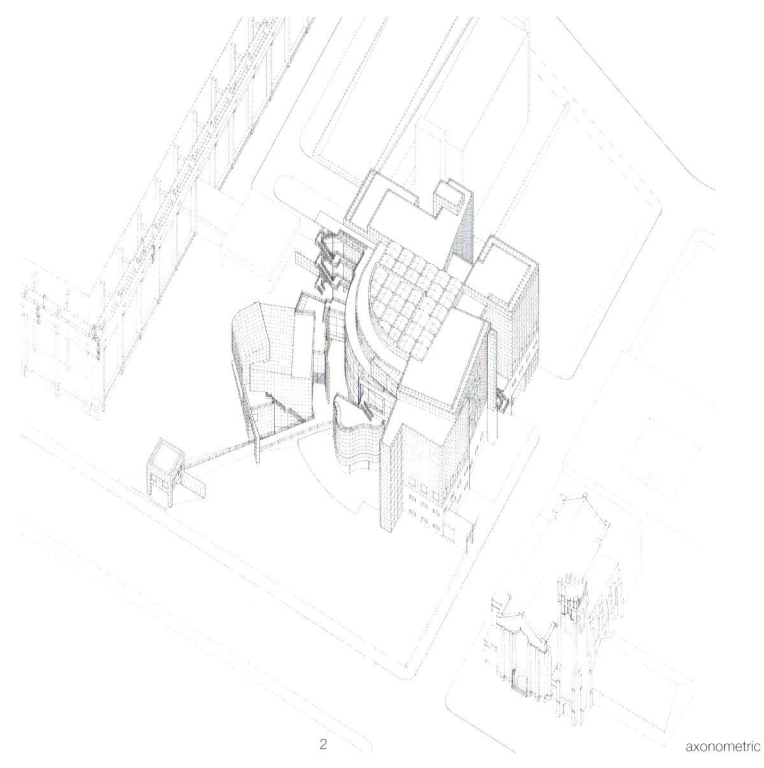

2　axonometric

4, 5 Jubilee Church   2003 / Roma
ジュビリー教会   photo: ©Alan Karchmer / ESTO

6 Rachofsky Art Museum   1996 / Dallas, Texas
ラチョフスキー美術館   photo: ©Synectics

7 Athenium   1979 / New Harmony, Indiana
アセニウム   photo: ©Sakuramoto

8 Barcelona Museum of Contemporary Art   1995 / Barcelona, Spain
バルセロナ現代美術館   photo: ©Synectics

9 Frankfurt Museum for Applied Arts   1985 / Frankfurt, Germany
フランクフルト応用美術館   photo: ©Synectics

10 Canal + Headquarters   1992 / Paris
カナル・プラス本社   photo: ©Synectics

11 The Getty Center   1997 / Los Angeles
ゲッティ・センター   photo: ©Synectics

12 The Hague City Hall and Central Library   1995 / The Hague, The Netherlands
ハーグ市庁舎＆中央図書館   photo: ©Synectics

13 Burda Collection Museum   2004 / Baden-Baden, Germany
ブルダ・コレクション・ミュージアム

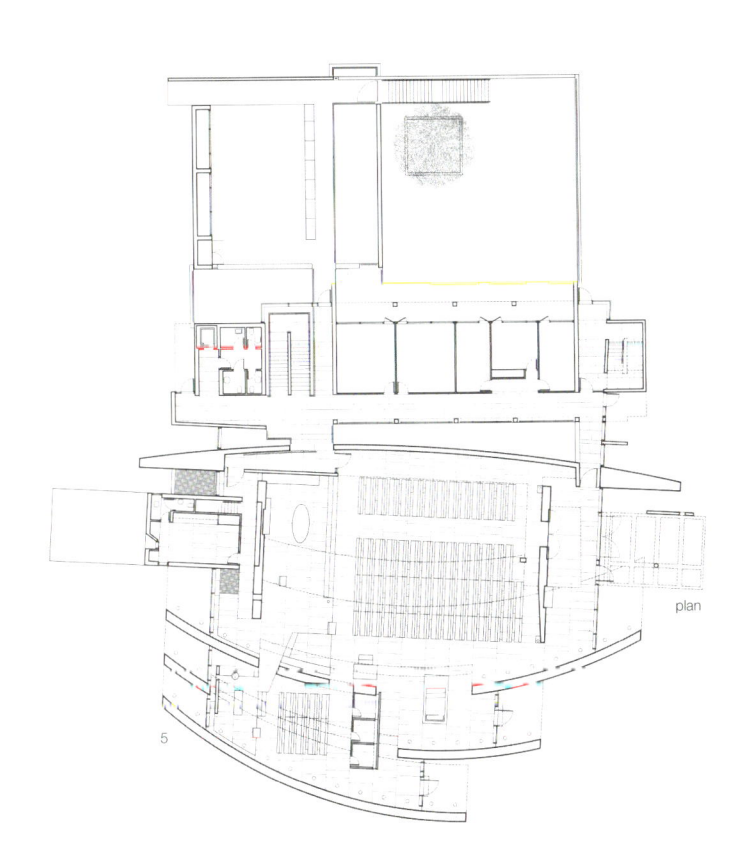

RICHARD MEIER

14 Museum of Television & Radio 1996 / Beverly Hills, California
テレビ＆ラジオ博物館　photo: ©Synectics
15 Beach House / Miami, Florida
ビーチ・ハウス
16 Hartford Seminary 1981 / Hartford, Connecticut
ハートフォード・セミナリー　photo: ©Synectics
17 Cornell University Life Science Technology Building / Ithaca, New York
コーネル大学生命科学技術ビル

ダラス郊外にある「ラチョフスキー美術館」。白い建築の魔術師リチャード・マイヤーの傑作のひとつだが、その中でも一頭地を抜く美しさ。マイヤー作品は10数件ほどしか見学していないが、「ラチョフスキー」は別格だ。

元々「ラチョフスキー邸」としてつくられた住宅であるが、美術コレクターであるオーナーが美術館として開放したものだ。アート作品が埋め込まれた広い芝生の前庭の向こうに、純白と見紛う横長の白いボディが寡黙な面持ちで横臥している。正面右手の妻側にガラス張りの階段室があり、外側にいい枝ぶりの大樹が1本配されている。この樹と建物の取り合いが、内部・外部から見ても容易に理解できる素晴らしさだ。

著名建築家が建てた個人住宅の見学は難しい。マイヤーの作品で見学できた住宅はこれだけだ。あとは「フランクフルト応用美術館」「バルセロナ現代美術館」「アセニウム」「カナル・プラス本社」「ゲッティ・センター」「ハーグ市庁舎＆中央図書館」「サンドラ・デイ・オッコナー連邦裁判所」「ジュビリー教会」と、ちょっと挙げても巨大な規模のものばかり。マイヤーにはどうしてこうもいいクライアントがつくのか、はたまたコンペに強いのか。

彼の家系には、建築やアート系の人物はマイヤー以外にはいないという。だが彼自身は、すでに高校時代に建築関係の本を読んだり、模型をつくったりしていた。それは例えば、丹下健三の「国立屋内競技場」に刺激を受けて建築を志した（日本ではかなりいる）というような、大きなきっかけが人生航路を決めたのではない。彼の場合は最初から自分の体内に建築のDNAが組み込まれており、ごく自然に建築家になったと言えそうだ。

コーネル大学に進んだマイヤーは、当時人気の高かったフランク・ロイド・ライトをはじめ、バックミンスター・フラーやポール・ルドルフなどの著名建築家が講師として来たことに感激したという。卒業後デイヴィス、ブロディ＆ヴィシニェフスキー事務所に勤務し、ヨーロッパへ旅立つ。学生当時からル・コルビュジエに興味があったため、パリでコルビュジエに会い、彼の白い建築を見学するに及んでかなりの刺激を受けた。

半年のヨーロッパ旅行から帰国したマイヤーは、

18 右1棟　165 Charles Street Apartments　2005 / New York
　　　　　チャールズ通り165アパートメンツ　　photo: ©Meier&Partners
　　左2棟　173 / 176 Perry Street Condominium Towers　2002 / New York
　　　　　ペリー通り173 / 176コンドミニアム・タワーズ　　photo: ©Meier&Partners
19 Restaurant 66　2003 / New York
　　レストラン66　　photo: ©Gong Dong
20 Gagosian Gallery　1995 / Beverly Hills, California
　　ガゴージアン・ギャラリー　　photo: ©Gagosian Gallery

21 Office and Retail Building　1998 / Basel, Switzerland
　　オフィス&商業ビル　　photo: ©Synectics
22 Sandra Day O'Connor United States Courthouse　2000 / Phoenix, Arizona
　　サンドラ・デイ・オッコナー連邦裁判所　　photo: ©Synectics

photos : Courtesy of the Architect except ©Synectics, ©Gagosian Gallery and ©Esto

22

SOM、マルセル・ブロイヤー事務所を経て独立。ブロイヤー時代に処女作「ランバート・ビーチ・ハウス」をファイアー・アイランドに完成している。
マイヤーの従兄弟がピーター・アイゼンマンであるのは、日本の建築界でもかなり知られている事実だ。やり手のアイゼンマンの提唱で若手建築家の建築会議のようなものをつくり、それが発展して、アイゼンマン、チャールズ・グワスメイ、マイケル・グレイヴス、ジョン・ヘイダック、マイヤーの5人からなる"ニューヨーク・ファイブ"が生まれた。このことは後世それぞれ著名な建築家になった5人にとって、図らずも自分たちの名前を売り出す好機となった。
マイヤー作品の中で、初期の重要作品として挙げられるのが「スミス邸」だ。ロングアイランド・サウンドを見晴らす白く高く建つ住宅は、外部階段回りにコルビュジエの「ガルシュの家」が参照されている。マイヤーは処女作「ランバート・ビーチ・ハウス」ではブロイヤーの影響を受けた。
他でもマイヤーは近代建築の巨匠たちの影響を受けている。「両親の家」は1階建だがその立面は、ライトの「落水荘」のそれを意識している。「オリヴェッティ・トレーニング・センター」のプランは、アアルトの「ベーカー・ハウス」のW字形プランに瓜ふたつだ。さらに代表作のひとつ「ハイ・ミュージアム・オブ・アート」のロトンダは、ライトの「グッゲンハイム美術館」を参照。マイヤーにとって近代建築の著名ヴォキャブラリーは、自分のデザインを引き締める要となっている。
コルビュジエの「サヴォア邸」にある"建築散歩"を楽しむ白く長いスロープは、「ブルダ・コレクション・ミュージアム」「テレビ&ラジオ博物館」「フランクフルト応用美術館」「バルセロナ現代美術館」など、かなりのマイヤー建築に生きている。「スミス邸」以来彼の作風は、多くの建築家と違って首尾一貫している。白亜で明快かつ透明な空間は、清潔感や崇高性が張り人間の精神を高揚させるオーラに満ちている。このようなマイヤー建築の資質は不変だ。彼の変わらざるスタイル、それが多くの大規模建築のクライアントを魅了している理由だ。49歳の最年少でプリッカー賞を受賞した理由でもある。

Enric Miralles Benedetta Tagliabue

エンリック・ミラーレス+
ベネデッタ・タグリアブエ
[スペイン]

エンリック・ミラーレスは1955年スペイン、バルセロナ生まれ。78年バルセロナ工科大学卒業。80-81年コロンビア大学へフルブライト留学。83-90年エンリック・ミラーレス+カルメ・ピニョス主宰。92年ハーヴァード大学GSD "丹下健三チェア" 教授。93年エンリック・ミラーレス+ベネデッタ・タグリアブエ設立。2000年病没。02年カタルニア建学協会よりゴールドメダル受賞。ベネデッタ・タグリアブエはイタリア、ミラノ生まれ。89年ヴェネチア建築大学卒業。

site plan

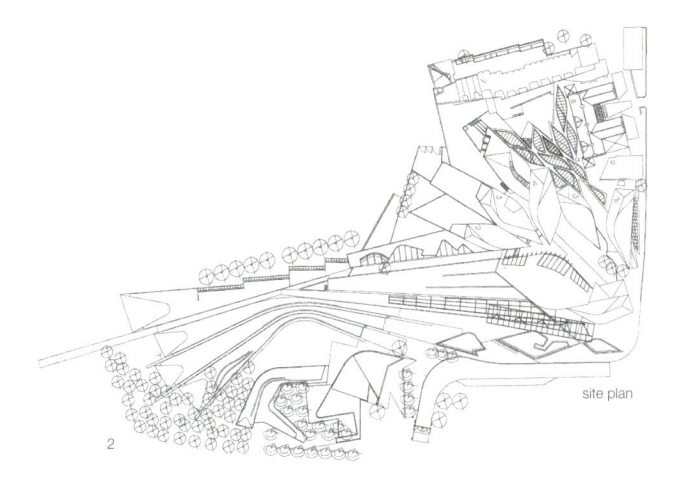

1, 2, 3 New Scottish Parliament 2004 / Edinburgh, Scotland
スコットランド新議事堂　photo: ©Christian Richers

4 Takaoka Station Pavilion 1993 / Toyama, Japan
高岡駅パビリオン　photo: ©Synectics

5, 6　Utrecht City Hall　1999 / Utrecht, The Netherlands
　　　ユトレヒト市庁舎　　photo: ©Synectics

7　　Hamburg Music School　2000 / Hamburg, Germany
　　　ハンブルク音楽学校　　photo: ©Duccio Malagamba

8, 9, 10　Diagonal Mar Park　2002 / Barcelona
　　　ダイヤゴナル・マール公園　　photo: ©Synectics

11　　Unazuki Meditation Pavilion　1993 / Toyama, Japan
　　　宇奈月瞑想パビリオン　　photo: ©Synectics

12, 13　Vigo University Campus　1999 / Vigo, Spain
　　　　ヴィゴ大学キャンパス　photo: ©Duccio Malagamba
14　Igualada Cemetery　1995 / Barcelona
　　イグアラダ墓地
15　Olympic Archery Pavilions　1991 / Barcelona
　　オリンピック・アーチェリー・パビリオン　photo: ©Duccio Malagamba

富山県にある宇奈月温泉町。町内を流れる川の橋の袂に、映画で有名なエイリアンのごとき曲がりくねったスティール製のモニュメントがある。今は亡きエンリック・ミラーレスによる日本デビュー作「宇奈月瞑想パビリオン」だ。磯崎新がプロデュースした「まちのかお」プロジェクトのひとつだ。ミラーレスはこの他、「高岡駅パビリオン」も手掛けており、錯綜する前衛アートのような金属性のラインが、駅のエントランス上部を覆っている。
ミラーレスは西欧文化に深く根差している汎神論を熟知しており、それが一面彼の建築創作活動の基盤となってきた。彼の汎神論的側面は、建築に人工の自然を導入することなどに現れている。彼はスティールや木造の樹木で、鉄道駅や公共建築のヴォイド・スペースを埋め尽くす。先の「宇奈月」や「高岡駅」に加えて、「パレッツ・デル・ヴァレスのルーフ」「レウス・ランブラス」「イカリア・アヴェニュー」「ダイヤゴナル・マール公園」など数多くある。

今日のスペイン建築家の中で、もっとも先鋭的なアヴァンギャルドな位置にいたのが、エンリック・ミラーレスではないだろうか。おそらく彼の代表作中の代表作と言える「スコットランド新議事堂」の錯綜するデコン調の外観や議場のデザインは、建築タイポロジーから言っても保守の牙城とも言うべき議会ビルに、あまりにも先鋭化した新風を吹き込んだ傑作である。

オランダの「ユトレヒト市庁舎」も、どちらかと言えばお堅い行政ビルだが、ミラーレスのデザイン処理は運河の土手に面したモニュメンタルなファサードのクオリティを維持し、近隣の歴史や環境に配慮しつつデコン調だ。建物は背後にあるプラザと連繋を深め、ネオクラシカル建築におけるインテリア・デザインの価値を再評価している。
また「ハンブルク音楽学校」は、敷地にある既存の樹木に配慮したプランが素晴らしい。大樹を取り込んだ中庭に面する凹形の外壁は、オレンジ、イエロー、ブルーといったカラフルな縦形ストライプの色彩エレメントがファサードを覆い、デコン風だが女性的な美しさを見せている。
近作の「サンタ・カテリーナ・マーケット改修」もデコン調だが女性的だ。屋根面がマーケットで販売している色鮮やかな果物や野菜をイメージした華

16, 17　Rehabilitation of Santa Caterina Market　2005 / Barcelona
サンタ・カテリーナ・マーケット改修
18　National Center for Rhythmic Gymnastics　1993 / Alicante, Spain
国立リズム体操トレーニング・センター
19　Borneo Sporenburg Housing Complex　2000 / Amsterdam
ボルネオ・スポールンブルク集合住宅　photo: ©Lourdes Jansana
20　Gas Natural New Headquarters　2005 / Barcelona
ガス・ナチュラル新本社　photo: ©Synectics
21　Palafolls Public Library / Palafolls, Spain
パラフォルス公共図書館
22　University of Architecture in Venezia / Venezia
ヴェネツィア建築大学　photo: ©Lourdes Jansana

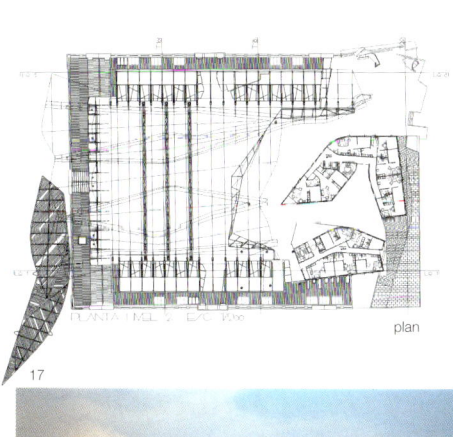

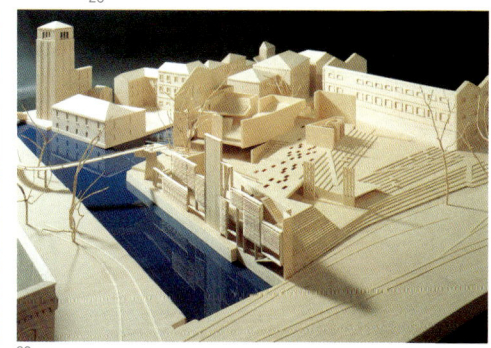

やかな61色ものセラミック・タイルで覆われているのだ。かつての市場が擁していた3連の切妻屋根を、ミラーレスはRをもたせた3連の波形屋根とし、カラフルなルーフスケープを生み出した。
もちろん前面道路に面するエントランス側ファサードは、ミラーレス得意のスティール製樹木が、数本ひと組で株立ちしたかのような構造柱群となって連立し、デコン的表情を見せている。内部は3連波形屋根を支持するスティール・ビームが長く飛んでいる広々とした大空間。複数の柱をワンセットとして用いた集合柱の随所に配されたランダム性がデコン風で面白い。
「サンタ・カテリーナ」の前身は「旧サンタ・カテリーナ・マーケット」。その前身は「修道院」という3代に渡る変遷の歴史がある。ミラーレスは初代修道院のメイン・ゲートを残し、先代マーケットの骨組を踏襲し、新しい被膜で覆って全体を合体させた。「建築は何度も使い続けることが、建築のよい解決策を生む」というミラーレスは、新旧の建築の混合が最良の空間を輩出するという弁証法的"インコーポレーション（合体）"の理論を用いたのだ。ミラーレスはかなり以前からこの"インコーポレーション"の手法を好んで用いてきた。「ラ・ラウナ学校」「イグアラダ墓地」「モレラ寄宿学校」などはその成果だ。ここ「サンタ・カテリーナ・マーケット」では環境の変容もしくは環境の新しい解読が喚起され、ミラーレスの究極のコンセプトである"インフィニット・インテグレーション（無限の統合）"が導入されている。
エンリック・ミラーレスは、当初はカルメ・ピニョスと共同で「オリンピック・アーチェリー・パビリオン」「国立リズム体操トレーニング・センター」「イグアラダ墓地」「モレラ寄宿学校」などを完成。それ以降ベネデッタ・タグリアブエというよきパートナー兼伴侶を得て代表作の数々を完成させてきたが、2000年に病没。以後タグリアブエが中心となって彼の遺作となった「ボルネオ・スポールンブルク集合住宅」「スコットランド新議事堂」「サンタ・カテリーナ」「ダイヤゴナル・マール公園」「ガス・ナチュラル新本社」「ヴィゴ大学キャンパス」を完成させ、また後続の「パラフォルス公共図書館」「ヴェネツィア建築大学」などを進行させている。

MVRDV

MVRDV
[オランダ]

ヴィニー・マース（1959）、ヤコブ・ファン・ライス（1964）、ナタリー・デ・フリス（1965）の3名により1991年事務所設立。3人ともデルフト工科大学に学び、マースとファン・ライスはOMA勤務の後設立に参加。デ・フリスはメカノー勤務の後設立に参加。オランダの若手建築家集団の代表的存在。

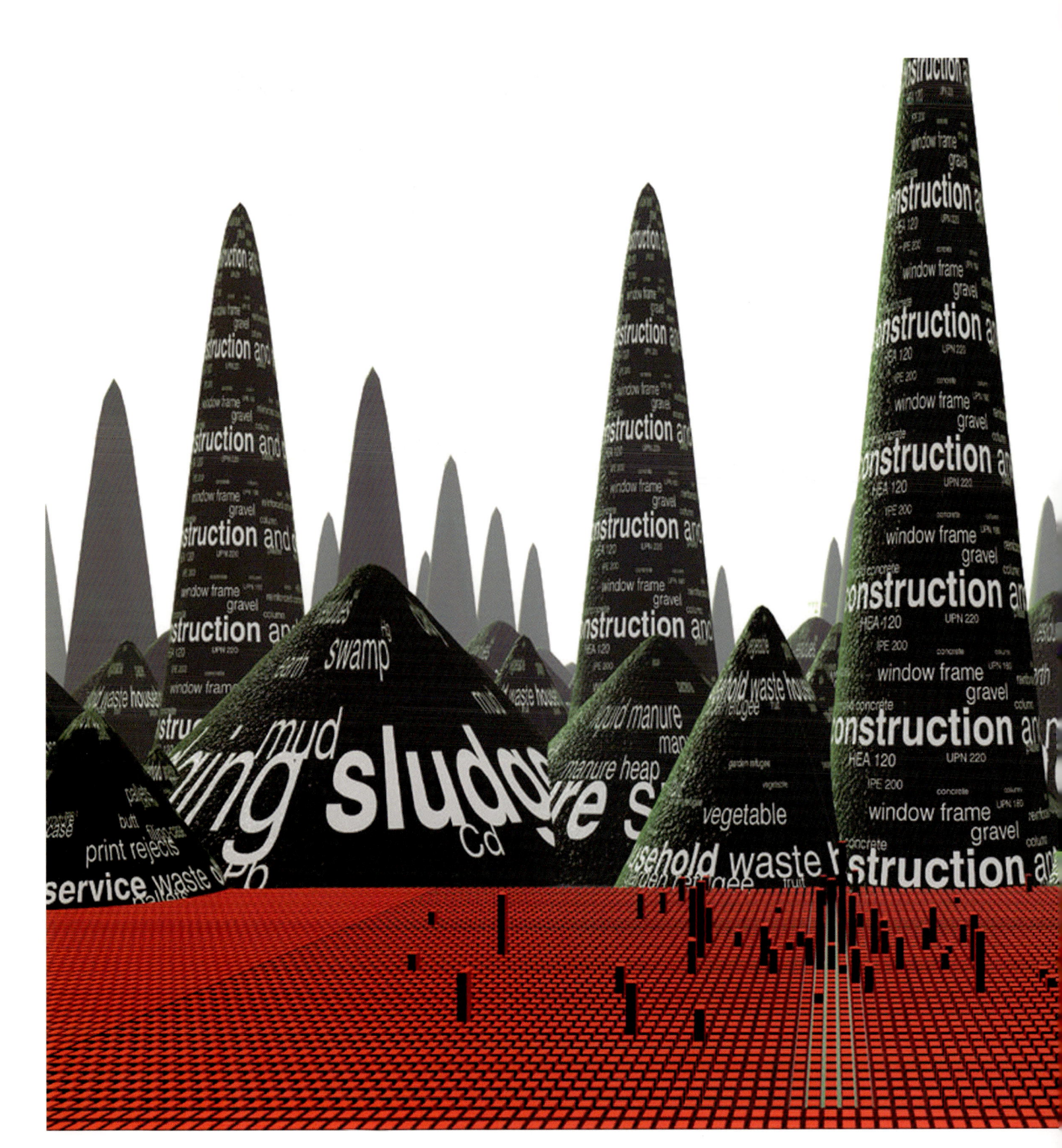

1 Meta City / Datatown
メタ・シティ／データタウン
2 Villa VPRO 1997 / Hilversum, The Netherlands
ヴィラVPRO   photo: ©Synectics
3, 4 100 WoZoCo 1997 / Amsterdam
ヴォゾコ集合住宅   photo: ©Synectics
5 Les Halles
レ・ザール

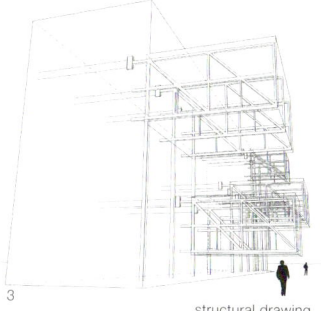

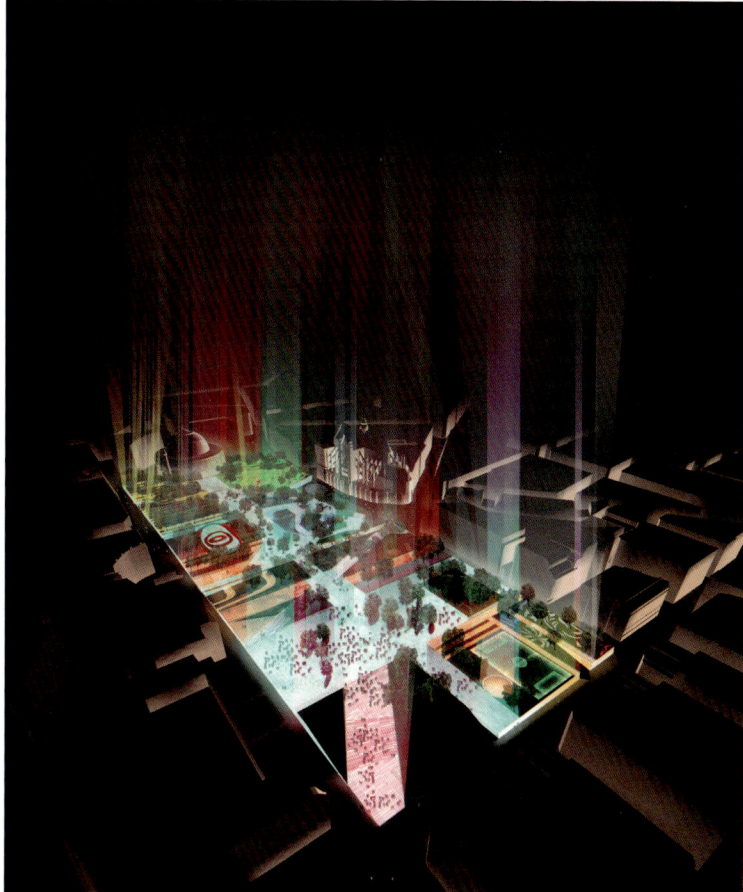

structural drawing

6

8

9
10

6, 7 Hannover Expo 2000 Dutch Pavilion   2000 / Hannover, Germany
      ハノーバー博2000オランダ館　photo: ©Synectics
8   NYC2012
      ニューヨーク市2012
9   Pig City
      ピッグ・シティ

10   Parkrand Building
      パークランド・ビル
11   Branbant Library
      ブランバント・ライブラリー

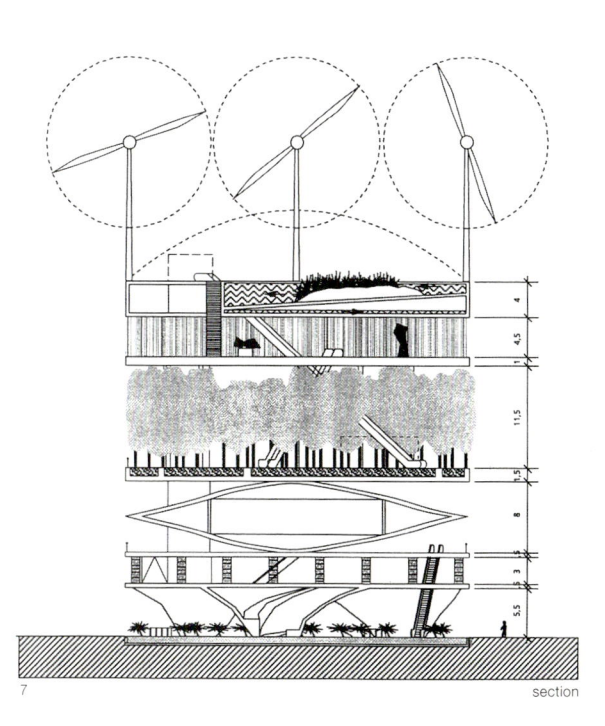

7   section   11

MVRDV

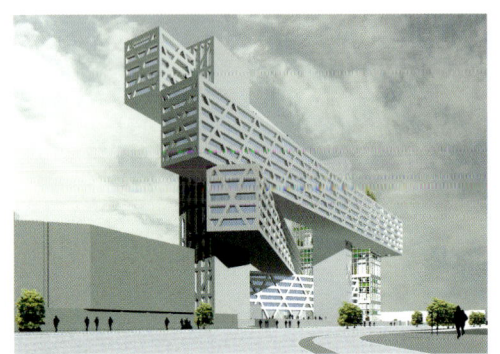

12 EPO Office
  EPOオフィス
13 Silodam 2002 / Amsterdam
  サイロダム photo: ©Synectics
14 Hageneiland Housing 2001 / Ypenburg, The Netherlands
  ハーゲンエイランド集合住宅 photo: ©Synectics
15 Mirador 2004 / Madrid
  ミラドール photo: ©Synectics
16 Borneo Sporenburg Houses 1999·2000 / Amsterdam
  ボルネオ・スポールンブルグの住宅 photo: ©Synectics
17 Container City
  コンテナ・シティ
18 Liuzhou Housing
  柳州集合住宅
19 Frosilos Housing 2005 / Copenhagen
  フロサイロス集合住宅
20 New Orleans Project
  ニューオリンズ・プロジェクト
21 Matsudai Cultural Village Museum 2003 / Niigata, Japan
  まつだい雪国農耕文化村センター photo: ©Synectics
22 Omotesando Project
  表参道プロジェクト

photos : Courtesy of the Architect except ©Synectics

オランダきっての先鋭的若手建築家集団として、MVRDVが世界的に認知されるようになったのは、アムステルダムのウエスタン・ガーデンに完成した「ヴォゾコ集合住宅」(100戸の老人用集合住宅)からであった。北側ファサードに突出した長さ11.3mにも及ぶ5つのキャンティレバー群が世界を瞠目させた。
ほぼ同時期、ヒルヴェルスムに完成した「ヴィラVPRO」は、内部の床が3次元的に隆起して異様なインテリア・ランドスケープを露呈。さらに外部ファサードには、床スラブがワープして天井スラブへとシーケンシャルに変化した断面形を表現して世界の耳目を集めた。
MVRDVのデザイン・メソッドは一風変わっている。彼らは現代の都市や建築がもつ高密度性に着目。それらが具有する複雑かつ膨大な量のデータを収集・分析して"データスケープ(データ景観)"を構築するのだ。それをベースにしてデザインを進めていく。その好例が「メタ・シティ／データタウン」である。
高密度な多量のデータのみが集積した都市「データタウン」は、オランダの4倍の密度で1km²に1,477人が住む。それはアメリカ合衆国がひとつの都市におさまる超過密規模。自給自足都市「データタウン」が排出する膨大な量のゴミや廃棄物は、超高層並の高さに堆積する。巨大な円錐形のゴミ超高層群の迫力はスゴイ。MVRDVが描く都市密度のスタディやプロジェクトは、驚異的なアイディアを秘めている。
「ニューヨーク市2012」の先細りしたウィービング・タワー群も、高密度な大都市ニューヨークの夜景に、かつてない斬新なアーバン・スケープを見せて魅力的だ。また豚肉の大輸出国であるオランダの狭隘な国土を考慮した豚の多産計画「ピッグ・シティ」は、豚舎を垂直に積層した超高層が連立する独特の都市景観が面白い。MVRDVが考案するこのようなオプティミスティックなプロジェクトは、彼らが言う「建築家は社会を変えることができる。だからこそ本質的には、その変化のモデルを生み出さねばならない」に由来する。
MVRDV創設メンバー3人のうち、ヴィニー・マースとヤコブ・ファン・ライスはかつてOMAに、ナタ

リー・デ・フリスはメカノーに所属していた。OMAのレム・コールハースは自著『錯乱のニューヨーク』で、都市の高密度論を"高密度の文化"として紹介しており、OMAの戦略でもあったこのセオリーがマースとファン・ライスに影響を与えているのではないかと私は推測する。

高密度性を反映した彼らの未完作品は、先の「データタウン」「ニューヨーク市2012」「ビッグ・シティ」に加え、"オープンエア・リビング"をもつ「パークランド・ビル」、シリンダー形超高層図書館を鉄道が貫通する「ブランバント・ライブラリー」、3,500個のコンテナが集積する「コンテナ・シティ」、地下に輝く高密度都市「レ・ザール」、大胆な構造で空中に浮遊する「EPOオフィス」など、いずれも高密度性の斬新なアイディアが光っている。

完成作品では「サイロダム」「ボルネオ・スポールンブルグの住宅」「ハーゲンエイランド集合住宅」「ミラドール」「フロサイロス集合住宅」など集合住宅に高密度のコンセプトが顕著だ。

以上のようにMVRDVには実作品と理論的なプロジェクトが多数同居しており、彼らにとって両者はほとんど差がないという。理論上のプロジェクトにもクライアントやアドバイザーがいる場合が多く、「ベルリン・ヴォイド」（プロジェクト）から「サイロダム」（実作）へ、また「ハノーバー博2000オランダ館」(実作)から「スタッキング・プロジェクト」（プロジェクト）へと、両者間を往き来するケースも多い。

MVRDVの作品の中でも確固たる位置を占めているのが、"アーティフィシャル・エコロジー（人工生態学）"だ。「ハノーバー博オランダ館」は自然を垂直的に集積したミニ・エコシステムで、土地の少ないオランダでは有効な手法だ。中国の「柳州集合住宅」も石灰岩採掘跡地の山に、自然と住居を組み込んだ人工エコロジーだし、「ニューオリンズ・プロジェクト」も丘に建築を埋め込んでいる。

今や日本にも「まつだい雪国農耕文化村センター」を完成。パリの「ピノー現代美術館」コンペ、ニューヨークの「アイビーム・インスティテュート」コンペなどは敗退したものの、「表参道プロジェクト」は進行中だ。彼らの先端的なデザインが、広く海外に浸透する日は近い。

NEUTELINGS RIEDIJK

ノイトリング・リーダイク
[オランダ]

1997年ウィリアム J. ノイトリングとミッシェル・リーダイクにより設立。ウィリアム J. ノイトリング は59年オランダ生まれ。77-86年デルフト工科大学で学ぶ。81-86年OMA勤務。87年ロッテルダムとアントワープに建築設計事務所を設立。ミッシェル・リーダイクは64年オランダ生まれ。83-89年デルフト工科大学で学ぶ。89-96年ノイトリング事務所、同時にJ.D.ベッケリング建築事務所勤務。

1 Lakeside Housing 'The Sphinxes'   2003 / Huizen, The Netherlands
  レイクサイド集合住宅 "スフィンクス"   photo: ©Jeroen Musch
2 Bruges Concert Hall / Competition
  ブルージュ・コンサートホール
3 Almere Theater and School of Arts / Competition
  アルメレ・シアター & 美術学校

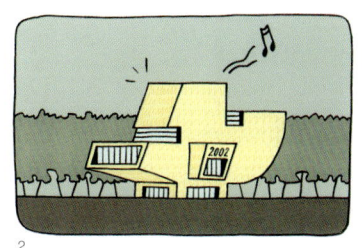

4, 5	Utrecht University Minnaert Building 1997 / Utrecht, The Netherlands ユトレヒト大学ミナエルト・ビル　photo: ©Synectics
6	Maastricht Fire Station 1996 / Maastricht, The Netherlands マーストリヒト消防署　photo: ©Christian Richters
7	Roads and Waterworks Support Center 1998 / Harlingen, The Netherlands 道路・水道サポート・センター　photo: ©Christian Richters
8	Shipping & Transport College 2005 / Rotterdam シッピング＆トランスポート・カレッジ　photo: ©Jeroen Musch
9	IJ-Tower 1998 / Amsterdam アイ・タワー　photo: ©Synectics
10	Mullerpier Apartment Block 3 2003 / Rotterdam ミューラーピア3街区アパートメント　photo: ©Jeroen Musch
11	Mullerpier Apartment Block 7 2006 / Rotterdam ミューラーピア7街区アパートメント　photo: ©Jeroen Musch

8

9

10

11

12, 13　Breda Fire Station　1999 / Breda, The Netherlands
　　　　ブレダ消防署　photo: ©Christian Richters
14　　　Veenman Printers Building　1997 / Ede, The Netherlands
　　　　フィーンマン印刷工場　photo: ©Christian Richters
15　　　The New Complex for the Ministries of Justice and Internal Affairs in The Hague / Competition
　　　　新ハーグ司法省 & 内務省
16　　　ABN AMRO Bank Headquarters / Competition
　　　　ABN AMRO銀行本店

それは当時話題であった。何しろ外壁上に巨大なミミズが這っているような、ちょっと不気味なデザインなのだ。周知のようにノイトリング・リーダイク（以下N・R）の「ミナエルト・ビル」は、その異形の風貌で世間を騒がせた。そんな話題に引かれて、オランダのユトレヒト大学キャンパスの奥まった一角にある建物を訪れた。
外壁上の"大ミミズ"は、本来なら壁の中へ埋め込むダクト類をそのまま外壁上に表現したものだ。すべてのミミズがそうではなく、一部はデザインとしてつくられたものだと聞く。だがこの意表をつくデザインの裏に、大変機能的なサステイナブル・デザインの巧妙な仕掛けが潜んでいるのにはもっと驚かされた。

研究施設であるこのビルは、2階ホールに雨が降るという前代未聞の建物。ホール内に大きな池があり、その池の上に雨が降るのだ。池の上部にハイサイドライトがあり、降った雨がそこから池の上に落ちるのだ。特に夏期は、このインテリア・レイン（室内雨）がホール内の空気を冷却する。池の水を巡回させることで、晴れた暑い日にもその冷却効果は抜群だ。
N・Rは、しばしば漫画によって自分たちの作品を表現する。それはスケッチやドローイングではなく、よりコミカルなカートゥーンなのだ。例えば「ブルージュ・コンサートホール」では、建物の上部に音符が舞っている。「アルメレ・シアター＆美術学校」では、海から太陽が昇り始めている。「ブ

レダ消防署」では、夜間街を見張る消防署の上に月が出て夜風が吹いているとか、ユーモラスな描写が建物の性格をよく表していて楽しい。
N・Rの作品は、先の代表作「ミナエルト・ビル」以外で、日本や海外で知られているものはそう多くない。アムステルダム東部港湾地区に建つ「アイ・タワー」は、白い外壁やコーナーの一部をえぐり取り、赤茶色を塗って彫りを深めた表情を付けたランドマーク。「フィーンマン印刷工場」は、外壁にテキストをアルファベットでちりばめた表情あるファサードをもっている。「道路・水道サポート・センター」は、低く傾斜した外壁が特徴だ。これらが彼らの対外的に知られた代表作品だ。N・Rは異なる外壁処理や形態操作を、対外的によく知られ

17　Antwerp Youth Hostel / Competition
　　アントワープ・ユース・ホステル
18　Tilburg Row House　1996 / Tilburg, The Netherlands
　　ティルブルグ・ロウハウス　　photo: ©Synectics
19　Casino in Utrecht / Utrecht, the Netherlands
　　ユトレヒト・カジノ
20　Hotel & Shopping Center in Paris / Paris
　　パリ・ホテル＆ショッピング・センター
21　Grand Egyptian Museum / Competition
　　大エジプト博物館
22　Moscow City Hall / Competition
　　モスクワ市庁舎
23　European Central Bank / Competition
　　ヨーロッパ中央銀行

photos : Courtesy of the Architect except ©Synectics

たこれら4作品に施した。

彼らの他の作品は、ある程度同類のデザイン・ヴォキャブラリーを共有し、それらをグルーピングすることができる。ひとつは彼らが集合住宅やオフィス・ビルで展開してきたキャンティレバーで突出する上層階と、片流れのスマートな傾斜屋根だ。この範疇に入るのは「レイクサイド集合住宅"スフィンクス"」をはじめ、「STCカレッジ」「ミューラーピア3街区アパートメント」「ミューラーピア7街区アパートメント」「ブレダ消防署」など。いずれも一見してN・Rの作品と判別できる独特の個性をもっている。

もうひとつの特徴あるヴォキャブラリーは、直立する直方体マスの外壁や内部をえぐり出すことで、変化あるインナー・ファサードをもつ作品だ。これらには「新ハーグ司法省＆内務省」「大エジプト博物館」「アントワープ・ユース・ホステル」「モスクワ市庁舎」「ABN AMRO銀行本店」「ヨーロッパ中央銀行」などがある。

そしてもうひとつのタイプは、「パリ・ホテル＆ショッピング・センター」「ユトレヒト・カジノ」「アルメレ・シアター＆美術学校」「ブルージュ・コンサートホール」「クノッケ・カジノ」などのデザインに見られるオーガニックなラインが、N・Rの未来作品の特徴をシンボライズしている作品だ。

N・Rは"怠惰"をデザイン手法の基底に据えるというヘテロドックスなメソドロジーをもっている。ノイトリングが書いた論文『怠慢、リサイクル、彫刻的数学＆才能について（On laziness, recycling, sculptural mathematics and ingenuity）』で、「7つの大罪のひとつである怠惰は、建築家にとってもっとも有用な特質である。勤勉と野望はかなり危険な組合せだが、怠惰と野望はいいバランスでハッピーな結果をもたらす。というのは、怠惰の穴埋めをするには、巧妙さが必要だからだ。われわれの作品では、大変な努力をして怠惰をデザイン手法に応用している」と言っている。

そして怠惰を最大限効果的に利用する方法は、クライアントを説き伏せてコミッションを没にさせることだという。N・Rは建築家の怠惰こそが、巷にはびこる無用な建築計画や不用な工事を減らすことができると考えているようだ。

NOX

ノックス
[オランダ]

主宰のラース・スプイブロウクは1959年オランダ、ロッテルダム生まれ。デルフト工科大学卒業。デルフト工科大学、アイントホーヘン工科大学ほか国内外多数の大学で教鞭を執る。ロッテルダムにNOX設立、代表となる。90年代より、建築とコンピューターの関係を研究。91年マルト・スタム奨励賞、97年イアコフ・チェルニコフ賞受賞。99年ミース・ファン・デル・ローエ賞にノミネートされる。2002年以降ドイツのカッセル大学でCAD／ディジタル・デザイン技術学部の教授を務める。

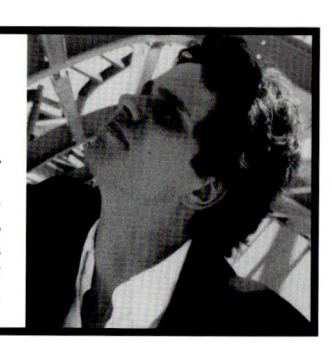

1	Dutch H2O EXPO 1997 / Neeltje Jans, The Netherlands H2Oエキスポ・オランダ	5	Popular Music Center CRMA ポピュラー・ミュージック・センター
2, 3	D-Tower 2003 / Doetinchem, The Netherlands D・タワー	6	Son-O-House 2003 / Son en Breugel, The Netherlands ソン・O・ハウス
4	V2-mediaLab 1998 / Rotterdam V2メディア・ラボ	7	European Central Bank / Competition ヨーロッパ中央銀行
		8	Metz Pompidou Center / Competition メッツ・ポンピドー・センター

9

9, 10, 11　Maison Folie　2003 / Lille, France
　　　　　メゾン・フォリー
　　12　Beach Hotel and Boulevard in Noordwij
　　　　　ノールトウィック・ビーチホテル＆ブルヴァール
　　13　Blow Out　1997 / Neeltje Jans, The Netherlands
　　　　　ブロー・アウト
　　14　Soft Office
　　　　　ソフト・オフィス
　　15　Galerie der Forschung
　　　　　ギャラリー・デル・フォルシュンク

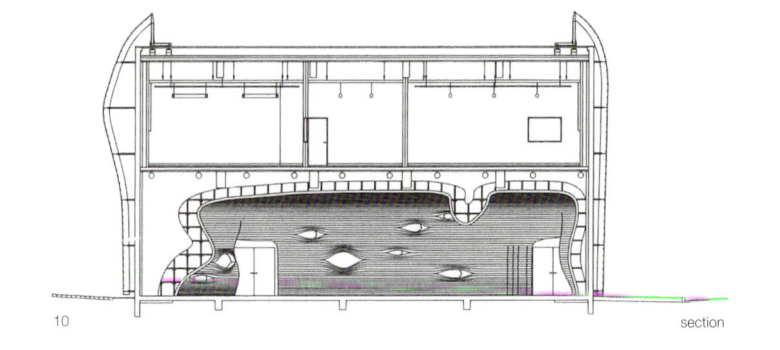

10　　　　　　　　　　　　　　　　　　　section

11

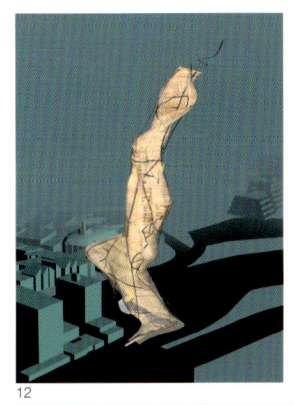

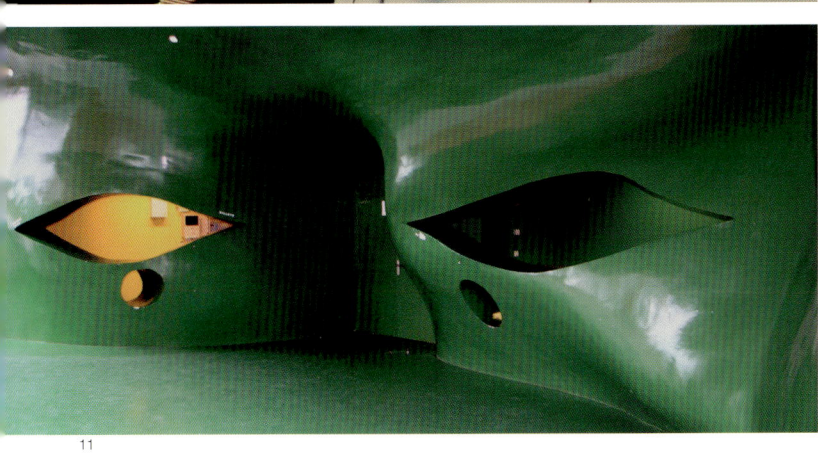

12

13

14

15

175

NOX

NOX（ノックス）の処女作「H2Oエキスポ・オランダ」が巷間を騒がせたのは1997年のことであった。オランダ南西部のゼーランドに完成した世にも不思議な建築だ。シルバーに輝くミミズかナメクジのような形態が地表をうねっている。機能的にはお堅い運輸・公共事業・水質管理者の展示スペース。環境・人体・テクノロジーの融合を目指すコンセプトの下、水のライフ・サイクルに関する展示を行う機能をもっている。

ところが、建物は水平な床が一切ない傾斜空間で、床・壁・天井が一体となっている体内的空間だ。インテリア全体がひとつの斬新な流動的デザインでまとめられている。液体幾何学や物質の流体凝集性を参照した建物は、NOXが得意とするマルチメディア・テクノロジーを駆使した"流体建築"だ。これ以後NOXは、時に奇妙で時に薄気味悪い有機的な建築を発表し始める。「D・タワー」は都市の街角に立つ照明塔のような作品だが、その形が4本足で立つ盛り上がった形状で、何やら生体の一部のような感じだ。照明の色が種々変化して、街のシンボルになっている。

NOXの作品で完成したものとしては、この他「メゾン・フォリー」「ソン・O・ハウス」「V2メディア・ラボ」がある。「メゾン」はフランスのリールに完成した古い工業ビルの改修。メッシュ・スキンによって、外壁に新しいオーガニックな形態の被膜を付加している。また「ソン・O・ハウス」はソン・アン・ブリューゲル市に完成した住宅とサウンド・インスタレーションを含むパブリック・アート。「V2」は、ロッテルダムにあるV2社のメディア・ラボの改修。NOXの作品は、いずれも流体的・生体的な曲面壁の建築ばかりだが、未完プロジェクトはより大胆な造形的インパクトのある作品が多い。そのトップに位置しているのが「新ワールド・トレード・センター」案だ。蛇を少し平たくしたような数本の超高層タワーが絡み合ってグラウンド・ゼロ地点から建ち上がっている。

「ヨーロッパ中央銀行」はフランクフルトにある同社の招待コンペ案。大小多数の建築群がパラボリック・アーチのような曲面形状の集合体として表現されている。開口部は円形窓の集合体だ。「ポピュラー・ミュージック・センター」はフランスのナンシーにおいて開催されたコンペ2等案。肉魂のような有機的

16 New World Trade Center Proposal
新ワールド・トレード・センター

17 Interactive Public Art Work for the City of Flims
フリムス市インタラクティブ・パブリック・アート

18 Jalisco State Public Library / Competition
ハリスコ州立公共図書館

19 Jeongok Prehistory Museum / Competition
チョンオク先史博物館

20 ParisBRAIN
パリ・ブレイン

21 French H2O EXPO / Paris, French
H2Oエキスポ・フランス

22 Quartier de L'enfant / Competition
子どもの領域

23 Seoul Opera House
ソウル・オペラ・ハウス

24 Venus & Herkules / Competition
ヴィーナス & ヘラクレス

25 wetGRID 1999-2000 / Nantes, France
ウェット・グリッド

photos : Courtesy of the Architect

な形態をスライスして少しずらしたデザイン。坂茂に敗れた「メッツ・ポンピドー・センター」では、大きな山のような白い巨魂に亀裂のような開口部を仕込んでいる。

現在進行中の「ソフト・オフィス」は、その名の通り柔らかな被膜で覆われたようなオフィス空間。無数の壁が凝集したコンポジションを見せる外観が特徴だ。イギリスのウォーイックシャーにあるTVプロダクションのインタラクティブな本社オフィス、ショップ、運動場を含む施設だ。

NOXを主宰するラース・スプイブロウクは、90年代初頭から建築とメディア、特に建築とコンピュータの関係について研究を続けてきた。彼は雑誌『NOX』(後にForum)を発刊し、ビデオ「ソフト・シティ」を製作し、また「ソフト・サイト」「エディット・スプライン」「ディープ・サーフェス」といったインタラクティブ・エレクトロニック・アートワークをつくり、その成果を発表してきた。90年代後半からは、先述の建築作品が完成し始めてきた。

過去15年ほどの間で建築デザインにおける重要な技術革新はダイヤグラミングの手法だと言うスプイブロウクは、すでにグラフィック・デザインや工業デザインの分野で行われているメタデザインの方向に向かうことを予測している。

彼にとってダイヤグラミングの手法は種々ある。フレキシグラム（柔軟）、ハプトグラム（触覚）、キネトグラム（動態）、バイオグラム（生物）などだが、彼はどれひとつとして単体では満足していないという。個々のダイヤグラムは固定的なものでなく、また唯一のソリューションをもつものでもない。互いに相関性があるために、すべてをひとつのシステムに連結させ、ひとつのパラメーターですべてを変換することが可能だという。

彼自身がダイヤグラミングに用いているのはフレキシブルなインタラクティブ・システム。彼はスケッチなど一切しないのだ。彼はコンピュータの中にマシンを構築する。"ヴァーチャルな全体"と呼ばれる一種のマトリクスは、すべての関係性を緩やかに設定。インプットされたすべての情報が処理されると、アルゴリズム的な解答が速やかに抽出される。NOXが所有する便利マシンは、彼らのデザイン領域の可能性を広げるか。

O'Donnell + Tuomey

オドネル＋トゥオメイ
[アイルランド]

1976年シーラ・オドネルとジョン・トゥオメイは、ダブリン・ユニバーシティ・カレッジ建築学科を卒業。88年ふたりで事務所設立。94年RIAI（アイルランド建築家協会）名誉会員。ダブリン・ユニバーシティ・カレッジでの講演、イギリス、アメリカでの客員評論家をはじめ、出版・展覧など広範な活動を繰り広げる。86・87年AAI賞、88・90・92年AAIダウンズ・メダル受賞。

1, 2 Blackwood Golf Club   1994 / Co.Down, Nothern Ireland
ブラックウッド・ゴルフクラブ

2　　　　　　　　　　　　　　　　　　　　　　　　　　　　　elevation

3, 4, 5　Irish Film Center　1992 / Dublin, Ireland アイルランド映画センター　photo: ©Synectics	9　Hudson House　1998 / Co.Meath, Ireland ハドソン・ハウス
6, 7　Photography Gallery　1996 / Dublin, Ireland 写真ギャラリー　photo: ©Synectics	10　Irish Pavilion　1992 / Dublin, Ireland アイリッシュ・パビリオン
8　National Photography Archive　1996 / Dublin, Ireland 国立写真アーカイブ　photo: ©Synectics	11　Letterfrack Furniture College　2001 / Co.Galway, Ireland レターフラック家具学校

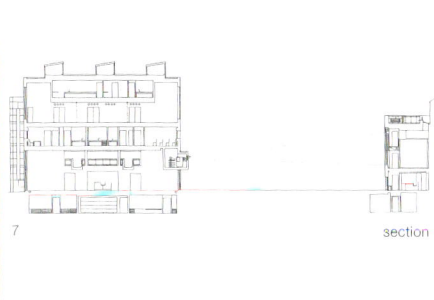

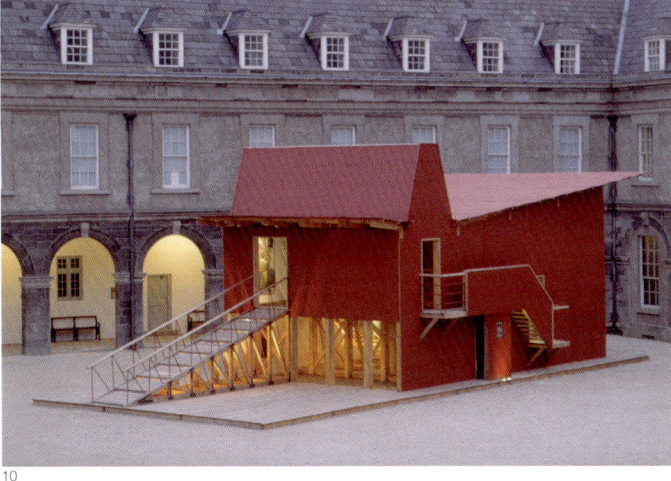

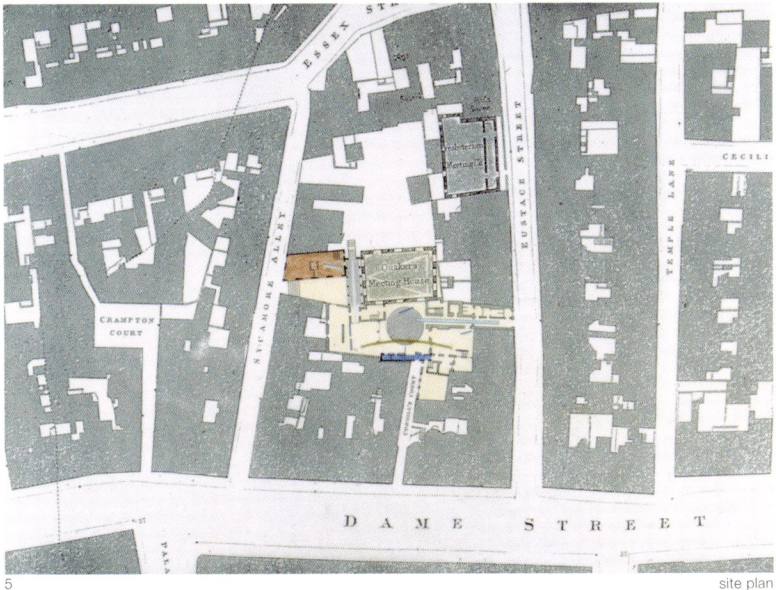

12 Lewis Glucksman Gallery
2004 / Cork, Ireland
ルイス・グラックスマン・ギャラリー
photo: ©Dennis Gilbert

13, 14 Ranelagh Multi Denominational School
1998 / Dublin, Ireland
ラネラ多教派学校　photo: ©Synectics

私が初めてオドネル＋トゥオメイの建築に興味をもったのは、雑誌に発表された「アイルランド映画センター」であった。それはアイルランドの建築に初めて魅せられた時でもあった。古いクエーカー教徒の集会所を改修した「映画センター」は、都市ブロックの奥まったところにあるため、周辺の3つの街路から細い通路で深くアプローチするという秘密めいた場所柄だ。ガラス・トップライトで覆われた中庭の古色蒼然たるレンガ壁が、得も言われぬ趣きで魅力的だ。

天井全面がトップライトになった明るいかつての中庭は、映画好きの人だけでなく近隣住民をはじめ、行きずりの旅人やビジネスマンなどの一時疲れを癒す都会のオアシスになっているのだ。すぐ近くにあるミーティング・ハウス広場には、やはりオドネル＋トゥオメイ設計の「写真ギャラリー」や「国立写真アーカイブ」がある。気候のよい時期、「アーカイブ」から投影された映像が「ギャラリー」の開口部を塞ぐスクリーンに映し出されて、広場は映画館へ早変り。このセノグラフィックな都市へのアプローチの仕方は、スケールや状況こそ異なれ、ヴェニスのサンマルコ広場のような"アーバン・ルーム（都市の部屋）"的な親近感を醸成している。

ダブリン中心地区にはテンプルバー広場があるが、テンプルバー地区を対象にしたコンペが1991年に開催された。グループ91という8チームから成る若手建築家集団が勝利したが、オドネル＋トゥオメイもそのメンバーであった。彼らがミーティング・ハウス広場の周囲に、「映画センター」「アーカイブ」「ギャラリー」という、見事な都市介入の仕方を披露した3作品を完成し得たのは、既存のアーバン・ファブリック（都市組織）のスケールやテクスチュアを尊重したこと。さらに建築家としての自由な表現は発揮しつつも、コンテクスチュアルな適性感覚を保持していたからだ。

ダブリン建築の新しい表現を定義したと言われる彼らは、AAスクールの校長であったアルヴィン・ボヤルスキーによって、"アイリッシュ・ラショナリスト"というレッテルを張られた。それはダブリン・ユニバーシティ・カレッジ卒業後ロンドンに渡り、ジェイムズ・スターリングと協働した頃の話である。その後彼らにとって、特にイタリア・ラショナリズムの

15 Cherry Orchard Primary School　2006 / Co.Dublin, Ireland
チェリー・オーチャード小学校　　photo: ©Dennis Gilbert
16 Galbally Social Housing　2002 / Co.Limerick, Ireland
ガルバリィ社会住宅　　photo: ©Ros Kavanagh
17 Lyric Theater / Belfast, Ireland
リリック・シアター
18 Sean O'casey Community Center / Dublin, Ireland
スィーン・オカセイ・コミュニティ・センター
19 Ranelagh Multi Denominational School Extension / Dublin, Ireland
ラネラ多教派学校増築

20 Ormond Quay / Competition
オルモンド・キー
21 Timberyard Social Housing / Dublin, Ireland
ティンバーヤード社会住宅
22 Lincoln Arts Theater / Competition
リンカーン・アート・シアター
23 Howth House　2003 / Co.Dublin, Ireland
ハウス・ハウス　　photo: ©Dennis Gilbert
24 Center for Research into Infectious Diseases at University College Dublin　2003 / Dublin, Ireland
ダブリン大学伝染病研究所　　photo: ©Dennis Gilbert

photos : Courtesy of the Architect except ©Synectics

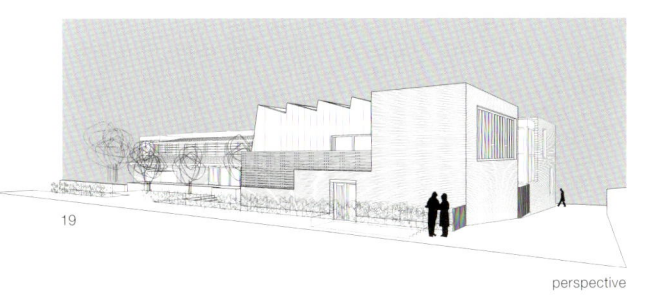

　建築家アルド・ロッシの作品に触れることができたのは非常に有益であった。
　ロッシの作品は、彼らに真の建築詩学と強さを教えてくれた建築であった。母国へ戻った彼らは、イタリア・ラショナリズムとアイルランド建築の伝統的な手法との関係を知るに及んで、国内建築を見て回った。その結果、アイルランド建築はイギリスのそれに比べてよりシンプルかつより原初的で、ランドスケープに対して強いコントラストをもつオブジェであった。そんなヴァナキュラーなアイリッシュ・ハット（小屋）として彼らがデザインしたのが、シャイ・クリアリィの改修設計による「アイルランド近代美術館」のオープニング時に設計した「アイリッシュ・パビリオン」であった。これはアイルランドの田舎にあるヘイ・バーン（乾草小屋）的な作品で、彼らの出発点となったキー・プロジェクトだ。
　これ以後彼らは先の3作品の他「ブラックウッド・ゴルフクラブ」「ハドソン・ハウス」「ラネラ多教派学校」「レターフラック家具学校」「ダブリン大学伝染病研究所」「ルイス・グラックスマン・ギャラリー」「ガルバリィ社会住宅」など作品に恵まれ、しかもそれらのほとんどがRIAI（アイルランド建築家協会）かRIBA（英国王立建築家協会）から受賞しているという逸品揃いなのだ。中でも「ラネラ」は、AAIダウンズ・メダルとRIAI賞を受賞し、かつミース・ファン・デル・ローエ賞とスターリング賞にもノミネートされた秀作だ。
　私は数年前にダブリンを訪れたとき、「映画センター」や「写真ギャラリー」の後、「ラネラ」へと足を運んだ。閑静な住宅地の交差点に建つ建物は、古いリサイクルのレンガを道路側外壁にまとい、凹凸のある表情。運動場側は日差しを浴びた木造の優しい外壁が長く延びて、何とも言えぬのどかな風情。深い軒、長い廊下、木製サッシュ、木製家具など、日本の古い小学校の木の匂いがそこはかとなく香る幻想に浸った。帰りがけに彼らの事務所に立ち寄って歓談。静かでゆったりとしたオフィスから、ラショナルかつヴァナキュラーな作品が生み出されるのを実感した。現在彼らは国際コンペで勝った「リリック・シアター」をはじめ、「スィーン・オカセイ・コミュニティ・センター」「ティンバーヤード社会住宅」「ラネラ多教派学校増築」などが進行中である。

GUSTAV PEICHL

グフタス・パイヒル
[オーストリア]

1928年オーストリア、ウィーン生まれ。54年ウィーン美術アカデミー卒業。54年『イロニムス』のペンネームで漫画を描き始める。73-96年ウィーン美術アカデミー教授。87-88年同アカデミーのディーン。55年建築事務所を設立。75年レイノルズ記念賞、86年ミース・ファン・デル・ローエ賞受賞。

1 German Art and Exhibition Hall 1992 / Bonn
　ドイツ連邦美術・展示ホール　photo: ©Richard Bryant
2 Gustav Peichl - Haus
　グスタフ・パイヒル・ハウス　photo: ©Hanlo
3 Millennium Tower 1999 / Vienna
　ミレニアム・タワー　photo: ©Monika Nicolic

Illustration of Himself
パイヒル自身の自画像イラスト

3

Gustav Peichl

4 Karikatur Museum   2001 / Krems, Austria
カリカチュア・ミュージアム   photo: ©Martin Wawra

5 KITA-Kindergarden   1999 / Berlin
ベルリンの幼稚園

6 Messe Wien   2003 / Vienna
メッセ・ウィーン   photo: ©Gisela Erlacher

7 ORF Station in St. Polten   1994 / St. Polten, Austria
オーストリア放送セント・ペルテン・ステーション

8 EVN Forum   1993 / Maria Enzersdolf, Austria
EVNフォーラム

9 Phosphate Elimination Plant, Berlin-Tegel   1985 / Berlin
ベルリン・テーゲル燐酸塩除去プラント   photo: ©Synectics

10, 11, 12   Austria Tower
オーストリア・タワー

10

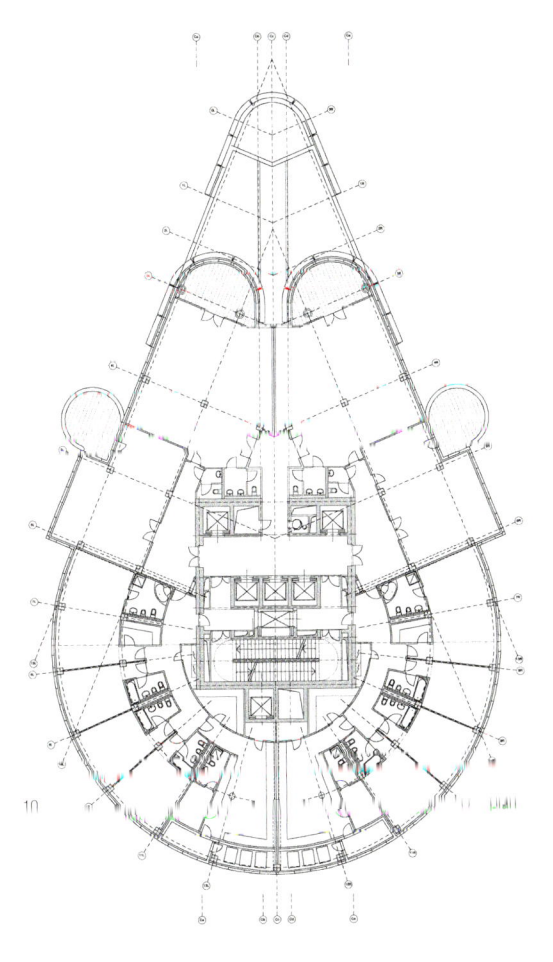

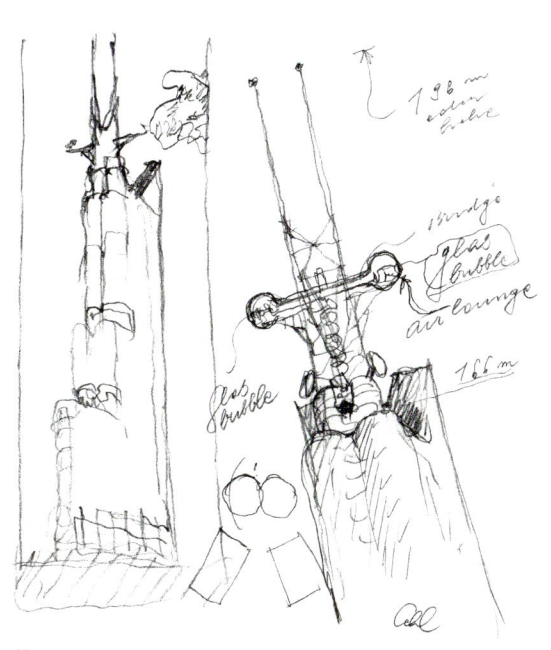

11

12

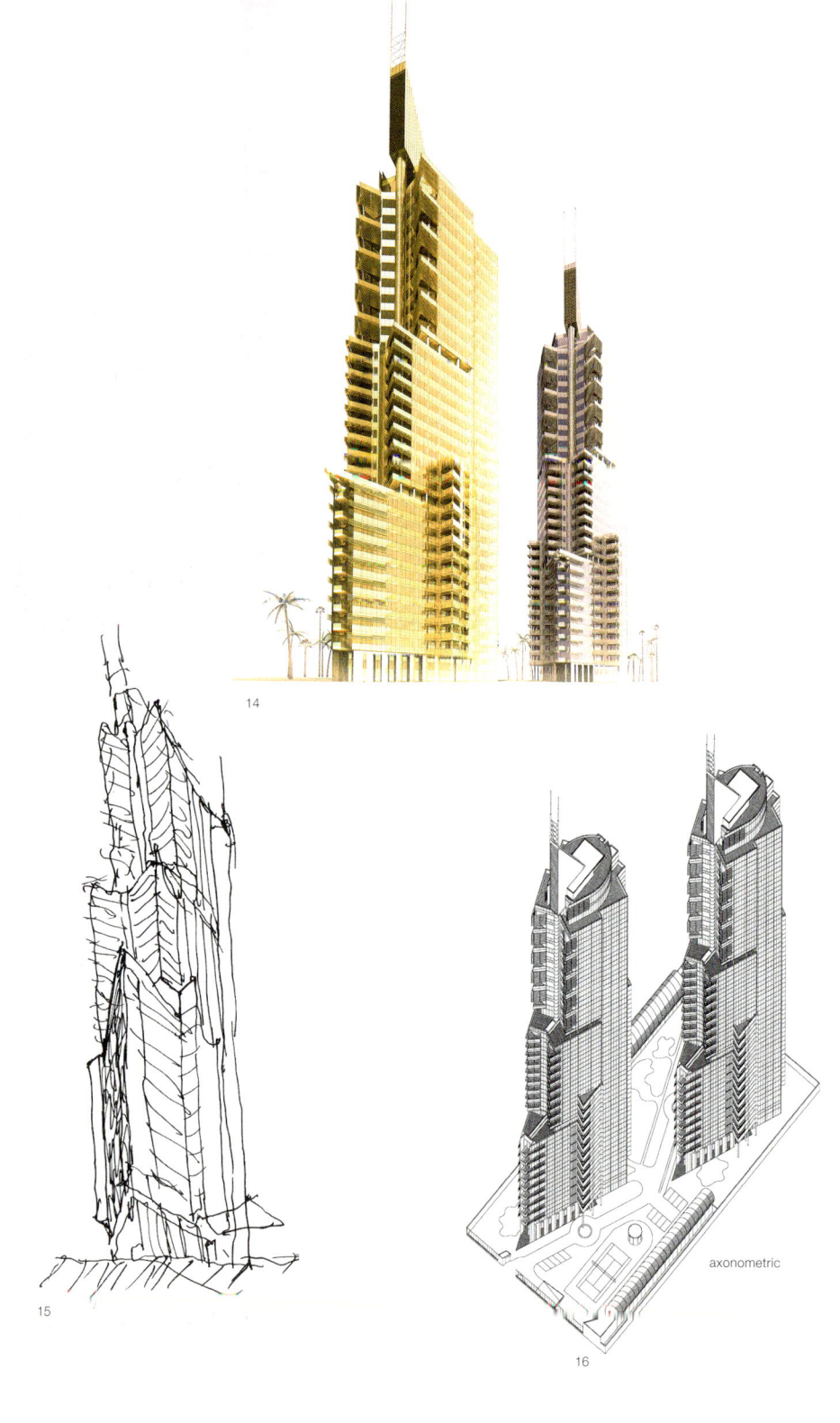

13　Alte Donau Tower　1998 / Vienna
　　アルテ・ドナウ集合住宅タワー　　photo: ©Anna Blau
14, 15, 16　Mirage Tower
　　ミラージュ・タワー

世の中には風変わりな建築家がいるものだ。オーストリア建築界の重鎮、グスタフ・パイヒルは70歳代にもかかわらず、自国やドイツ国内に多数の建築を設計。ミース・ファン・デル・ローエ賞をはじめ、ベルリン建築賞、レイノルズ記念賞、オーストリア建築賞などを受賞し、いまなお現役バリバリで活躍しているが、彼にはもうひとつの顔がある。それが風変わりなのだ。ある時は高名な建築家、またある時は巷間知られた政治漫画家と、アルセーヌ・ルパンのごとく職業を変えるのだ。『ウィーン・プレス』をはじめとするオーストリアの各紙に、彼はここ数10年以上にわたってコミカルかつアイロニカルな政治漫画を描いてきた。そのペンネームは風刺家や皮肉屋を意味する"イロニムス"。彼はヨーロッパ全土でないにしても、少なくとも自国オーストリアでは最高の政治漫画家として認知されているひとりなのである。

周知のように政治漫画はアイロニーとユーモアに満ちているが、それかあらぬか近年のパイヒルの建築にはどことなくユーモラスなところがなくはない。たとえばドイツのボンに設計した「ドイツ連邦美術・展示ホール」。細いエントランス・ゲート上部の梁をカットしてスリットにしたり、中庭に面する正面ファサードを波打つガラス曲面にするといった面白い芸当をしている。

また「EVNフォーラム」でも屋上に連立する"ライト・キューポラ"と呼ばれるトップライト群は、色といい形といいコミカルな印象だ。極め付きは2001年完成したクレムスにある「カリカチュア・ミュージアム」だ。"漫画美術館"とはその名前からして自分のためにつくったようなミュージアムだが、屋根に配されたトップライトが、アルプスの峰々のようにランダムな鋸屋根を形成し、さらにファサードにふたつの窓と赤い立方体を付けて人間の顔に似たアンソロポモルフィック（擬人的）なウイットのあるデザインを見せている。また「グスタフ・パイヒル・ハウス」のかまぼこ形や、「ベルリンの幼稚園」のおっぱい形もユーモラスだ。グスタフ・パイヒルをこういう書き方で紹介してくると、コミカルな建築ばかりをつくり続けているような印象を与えてしまうかもしれないが、そうではない。初期の作品をご覧あれ。メカニカルで機能一色といった建築である。アフランツの「EFAラジオ・サテライト・ステーション」をはじめ、リンツ、ザルツブ

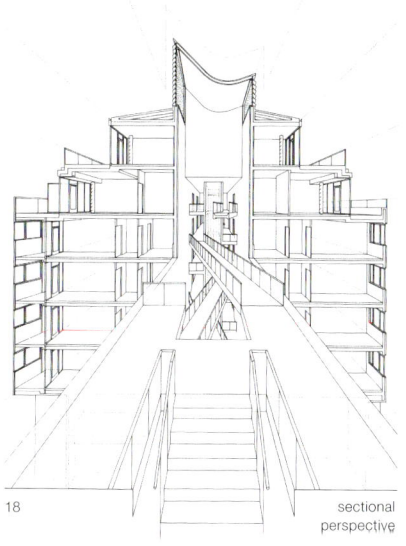

17　Neues Haus　2001 / Munich
　　ノイエス・ハウス　　photo: ©Gisela Erlacher
18, 19　Toscanahof　2004 / Vienna
　　トスカーナ ホフ　　photo: ©Anna Blau
20　Erzherzog Karl Stadt Apartment　1999 / Vienna
　　エルツァツォーク・カール・シュタット・アパートメント　　photo: ©Gisela Erlacher
21　Rehearsal Stage of the Burgtheater　1993 / Vienna
　　ブルグシアター・リハーサル・ステージ　　photo: ©Gisela Erlacher

photos : Courtesy of the Architect except ©Synectics

ルグ、インスブルック、ドルビンドン、グラーツ、アイゼンシュタット、そしてセント・ペルテンの各「オーストリア放送ステーション」を設計してきたのだ。放送ステーションという同一機能の公共建築を、同一設計者に7件も委ねるとはよほどデザインが気に入られたに違いない。
その中でも最近作であるセント・ペルテンの「放送ステーション」は、無類のハイテク志向だ。正方形の建物は、パイヒル好みのシンメトリック・プランを採用。外壁はシルバーに輝くアルミ・パネル張り。しかも外壁全面の外側には、メタリックなルーバーが独立して建ち建物全体を覆うという、機能とデザインが一体となって、先述のユーモラスな処理などは微塵も見せない徹底ぶりなのだ。また「ベル

リン・テーゲル燐酸塩除去プラント」も、パイヒルの工業建築の代表作だ。
パイヒルは超高層ビルではオーストリア随一の手足れだ。「ミラージュ・タワー」(オーストリア・タワーに発展)、「オーストリア・タワー」「ミレニアム・タワー」と3本をデザインしたが、「ミレニアム・タワー」だけが1999年に完成し彼の代表作となった。高さ202mのタワーはオーストリア随一の高さ。100,000m²の広さに多数のオフィスをはじめ、400戸のアパート、50店舗を内包。"都市の中の都市"がコンセプトのタワーは、多くの来館者を集めて活況を呈している。
オーストリアではホルツマイスター派と見なされているパイヒルは、実質的には同国では数少ない"ラショナル(合理的)・モダニズム"を体現している建

築家である。だがいずれにせよ、彼が2種類の建築タイポロジーを自在に設計していることは明白だ。どことなくユーモラスで機知に富んだ作品と、機能性丸出しの工業建築である。
なおパイヒルは1973年から96年までウィーン美術アカデミーの教授という三足のわらじを履いていたが、現在は二足のわらじ(建築家と政治漫画家)に戻って、ルドルフ F. ウェーバーと協働している。協働の第1号とも言うべき「アルテ・ドナウ集合住宅タワー」は、ワン・フロアに4戸を擁する円形プランのシリンダー形タワーだ。外壁には上から下まで明るいブルーのストライプが走って、何やら楽しげだ。その他にも「メッセ・ウィーン」や「トスカーナホフ」などの近作良品を生み出している。

Cesar Pelli

シーザー・ペリ
[アメリカ]

1926年アルゼンチン、ツクマン生まれ。49年ツクマン国立大学建築学科卒業後、イリノイ大学で修士課程修了。54-64年エーロ・サーリネンの事務所勤務。64-68年DMJM勤務。68-76年グルーエン・アソシエイツのデザイン・パートナー時代に多くのコンペに勝つ。77年イエール大学建築学部長に就任。シーザー・ペリ・アンド・アソシエイツを設立。95年AIAゴールド・メダル受賞。現在事務所名をペリ・クラーク・ペリ・アーキテクツに改称し、日本でも多数のプロジェクトを完成。

2　plan

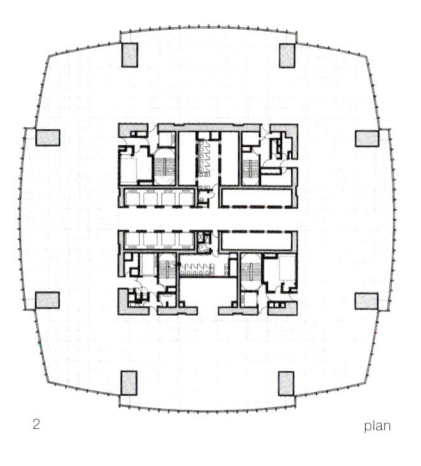

1, 2　International Finace Center　2004 / Hong Kong
国際金融センター　photo: ©Tim Griffith / Esto

CESAR PELLI

3   Seahawk Hotel & Resort   1995 / Fukuoka, Japan
    シーホーク・ホテル   photo: ©Synectics
4   NTT Shinjuku Headquarters Building   1995 / Tokyo
    NTT新宿本社ビル   photo: ©Synectics
5   Kurayoshi Park Square   2001 / Tottori, Japan
    倉吉パークスクエア
6   Atago Green Hills   2001 / Tokyo
    愛宕グリーン・ヒルズ   photo: ©Synectics
7   Nakanoshima Mitsui Building   2002 / Osaka, Japan
    中之島三井ビルディング
8   National Museum of Art   2004 / Osaka, Japan
    国立国際美術館
9   World Financial Center   1987 / New York
    ワールド・ファイナンシャル・センター   photo: ©Synectics
10, 11   Petronas Towers   1997 / Kuala Lumpur, Malaysia
    ペトロナス・タワー   photo: ©Synectics

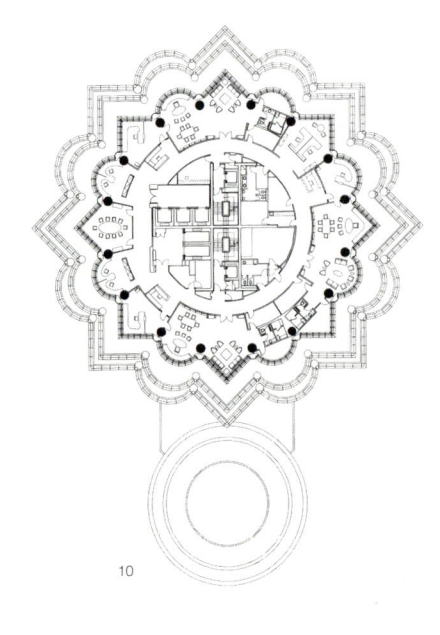

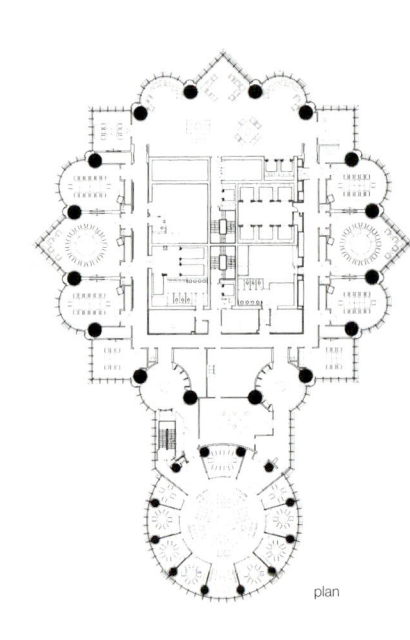

12, 13	Pacific Design Center　1975 / Los Angeles, California パシフィック・デザイン・センター　　photo: ©Synectics	18	Kyushu University New Campus Masterplan　2005 / Fukuoka, Japan 九州大学新キャンパス・マスタープラン
14	Cira Center　2005 / Philadelphia, Pennsylvania シラー・センター	19	MoMA Tower　1984 / New York MoMAタワー　　photo: ©Synectics
15	Aronoff Center for the Arts　1995 / Minneapolis, Minnesota アロノフ美術センター　　photo: ©J.Miles Wolf	20	Rice University Herring Hall　1984 / Houston, Texas ライス大学ヘリング・ホール　　photo: ©Synectics
16	Torre Bank Boston　2000 / Buenos Aires, Argentina トーレ・バンク・ボストン　　photo: ©Carlos Pelli	21	UW Physics and Astronomy Wings　1994 / Seattle, Washington ワシントン大学物理・天文学部棟　　photo: ©Timothy Hursley
17	Passenger Terminal 2, Tokyo International Airport (Haneda)　2004 / Tokyo 東京国際空港（羽田）第2旅客ターミナル	22	Lerner Research Institute　1999 / Cleveland, Ohio ラーナー研究所

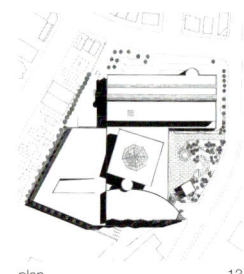

極東の島国日本で、海外建築家が進出してくるチャンスは、アメリカやヨーロッパ諸国に比べればまだまだ少ない。そんな状況の中で、孤軍奮闘しているのがアメリカのシーザー・ペリだ。そのパワーは一頭地を抜いている。

近年の彼の日本での活躍は目覚ましい。「シーホーク・ホテル」「NTT新宿本社ビル」「倉吉パークスクエア」「愛宕グリーン・ヒルズ」が完成。その後も「中之島三井ビルディング」「国立国際美術館」「東京国際空港（羽田）第2旅客ターミナル」「九州大学新キャンパス・マスタープラン」など目白押しのビッグ・プロジェクトがぞくぞく完成・進行している。

私も調べて驚いた。この不況の最中、無聊をかこつ設計事務所が多い中で、しかも外国の設計事務所が海外の1国でこれほど多くのプロジェクトを手中にできるとは、よほど営業が達者と思いきや、そのほとんどがコンペやプロポーザルで獲得しているのだ。本国アメリカや他の国での活動も考えると、シーザー・ペリの事務所は、非常に多くのプロジェクトを抱えていると考えられる。

アメリカのシーザー・ペリ事務所がスタッフ80名、日本のシーザー・ペリ事務所が40名という規模は、HOKをトップとするアメリカの設計事務所番付では50番目くらいに当たる、アトリエ派的な事務所としては大きなほうのオフィスである。だがペリの日本での成功の秘訣は、元アメリカ事務所シニア・アソシエイツの光井純氏が率いるペリ・クラーク・ペリ・ジャパンとの揺るぎなき協働の賜物である。実際にペリ・クラーク・ペリ・ジャパンは、日本国内におけるすべてのプロジェクトのデザイン総括を行っている。

それにしてもシーザー・ペリはコンペに滅法強い。日本にデビューした「在日アメリカ大使館」は、グルーエン・アソシエイツでのパートナー時代のコンペ作品だが、「ウィーン国連国際機構本部計画」「パシフィック・デザイン・センター」もコンペで勝ち取った作品である。その後も「MoMAタワー」「ワールド・ファイナンシャル・センター」「カーネギー・ホール・タワー」など超高層を手掛けた。

23　Carnegie Hall Tower　1990 / New York
　　カーネギー・ホール・タワー　　photo : ©Synectics
24　Owens Corning World Headquarters　1996 / Toledo, Ohio
　　オーエンズ・コーニング世界本部　　photo : ©Timothy Hursley
25　Minneapolis Central Library　2006 / Minneapolis, Minnesota
　　ミネアポリス中央図書館
26　Crile Clinic Building　1984 / Cleveland, Ohio
　　クリル・クリニック・ビル　　photo : ©Timothy Hursley
27　Wells Fargo Center　1989 / Minneapolis, Minnesota
　　ウェル・ファーゴ・センター　　photo : ©Steven Bergerson

photos : Courtesy of the Architect except ©Synectics

　彼は自己のデザイン・プロセスにおいて、形態的な先入観にとらわれることなく、それを極力排除してきたのだ。建築は市民に対しレスポンスすべきであり、建築の美質は、そのロケーション、施工技術、目的など、個々のプロジェクトがもつ特性から輝き出てくるものだと信じている。
　このような考え方は、「デザイン・オン・レスポンス（反応するデザイン）」というペリ・クラーク・ペリ・ジャパンのデザイン戦略に具体化されている。光井氏が言う「時代は建築自体のデザインよりも、複数の建築によって生み出される街路空間や都市空間の豊饒さ、安全性を求めている。建築を考えることで都市を、都市を考えることで人の快適さを、そして人を考えることで建築をさらに魅力的にしたい」という基本的なコンセプトは、都市的な視点に立脚した人間優先のデザインだ。それは彼らのコンペ戦略の強力なバックボーンとなっている。
　1997年の完成当時、世界最高のタワーとして君臨していた「ペトロナス・タワー」も、このようなコンセプトで獲得したコンペ作品だ。実践派のペリは、そのほかにも「オーエンズ・コーニング世界本部」「アロノフ美術センター」「ウェル・ファーゴ・センター」「トーレ・バンク・ボストン」、そして香港最高の高さを誇る「国際金融センター」といった大規模作品が近年完成している。また現在「シラ・センター」「ミネアポリス中央図書館」が進行中である。
　シーザー・ペリはアルゼンチンのツクマン生まれで、ツクマン国立大学建築学科卒業。1952年渡米してイリノイ大学修了後、10年間エーロ・サーリネンの事務所に勤務し、有名な「TWAターミナル」や「エズラ・スタイルズ・カレッジ」などを担当している。その後グルーエン・アソシエイツに移っての活躍は先述のごとし。
　エミリオ・アンバース、アグレスト＋ガンデルゾナスなど同じアルゼンチン出身の著名建築家はいるが、アメリカ建築界における外国生まれの建築家のNo.1といえば、今や世界的なスーパースターになったシーザー・ペリその人なのである。

DOMINIQUE PERRAULT

ドミニク・ペロー
[フランス]

1953年フランス、クレルモン・フェラン生まれ。78年第6建築大学、79年エコール・デ・ポンゼショセ（国立土木大学）卒業。80年国立高等社会大学大学院修了。80-82年マルタン・ヴァン・トレック建築事務所、ルネ・ドトロンド建築事務所、アントワーヌ・グランバック建築研究所勤務。82-84年パリ市都市計画研究所勤務。81年ドミニク・ペロー建築事務所設立。93年フランス建築グランプリ、97年ミース・ファン・デル・ローエ賞（フランス国立図書館）受賞。

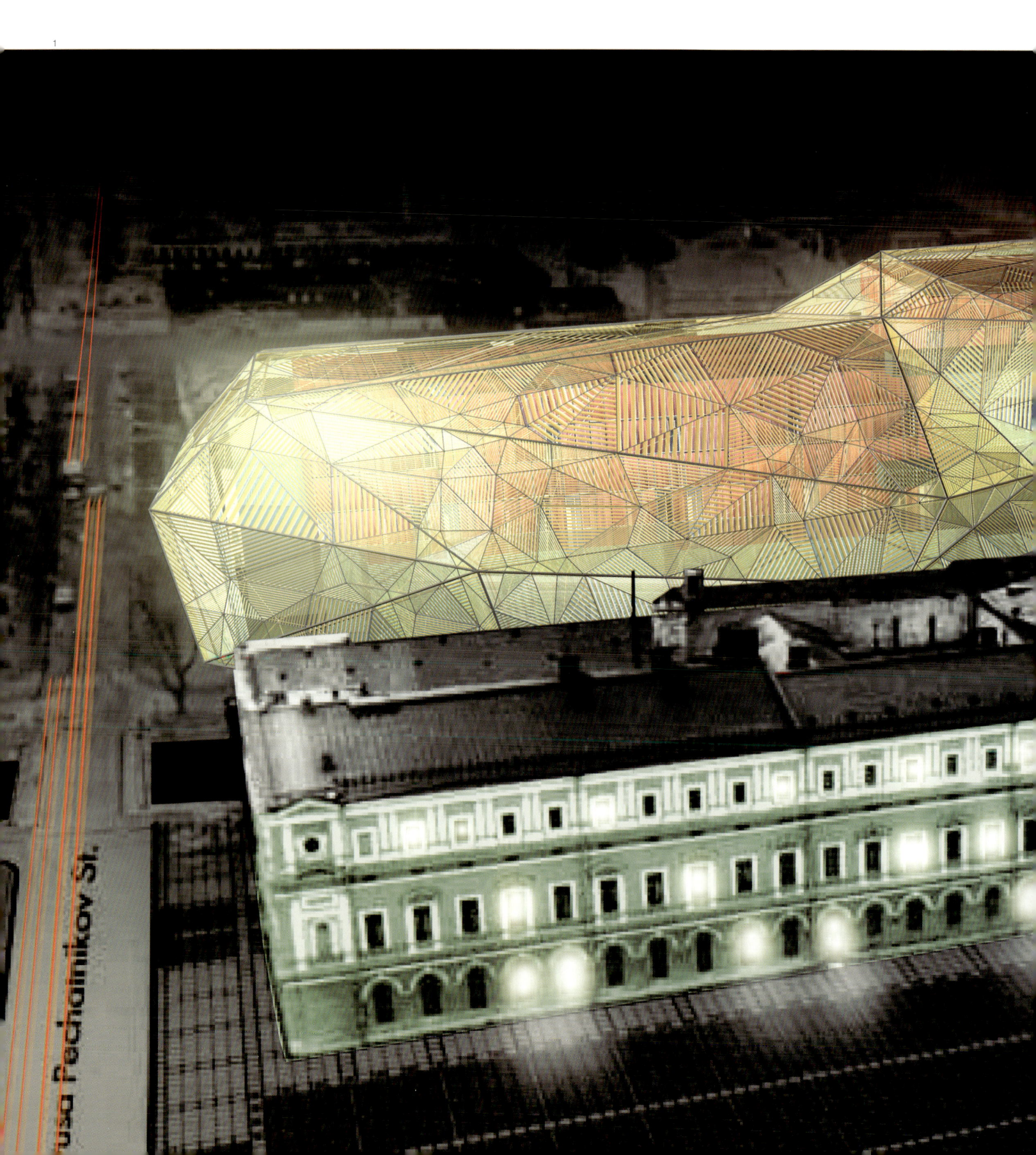

1, 2 Theater Mariinsky / St. Petersburg, Russia
マリインスキー劇場

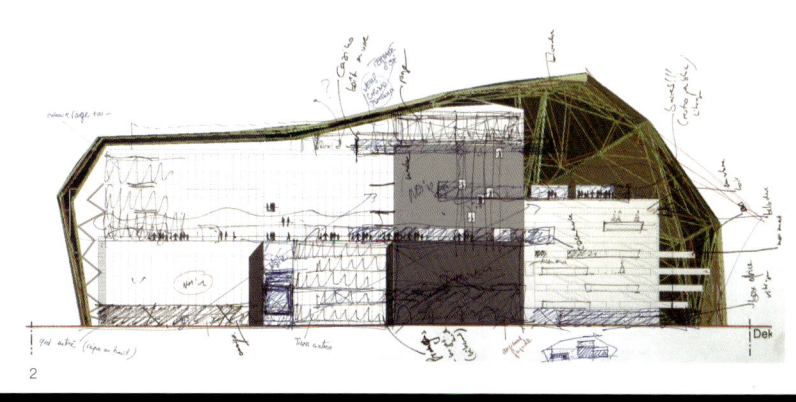

Dominique Perrault

3   Olympic Velodrome and Swimming Pool   1997 / Berlin
    オリンピック・ヴェロドローム ＆ 水泳競技場   photo: ©Synectics
4   French National Library   1995 / Paris
    フランス国立図書館   photo: ©Synectics
5   KANSAI-KAN of the National Diet Library / Competition
    国立国会図書館関西館   photo: ©Georges Fessy
6   ESIEE   1987 / Paris
    高等電子技術学校   photo: ©Deidi Von Schaewen
7   Venissieux Central Mediatheque   2001 / Lyon, France
    ヴェニッシュー・メディアテーク   photo: ©Georges Fessy
8   Aplix Factory   1999 / Le Cellier-sur-Loire, France
    アプリックス工場   photo: ©Georges Fessy

9   Innsbruck Town Hall   2002 / Innsbruck, Austria
    インスブルック市庁舎
10 Olympic Tennis Center / Madrid
    オリンピック・テニス・センター
11 Habitat Sky Hotel / Barcelona
    ハビタ・スカイ・ホテル
12 Extension to the Zurich Landesmuseum / Competition
    チューリッヒ・ランデスミュージアム増築
13 Development Project for Las Teresitas Seafront / Tenerife, Spain
    ラス・テレシタス海浜開発プロジェクト

14 Court of Justice of the European Communities / Luxembourg
ヨーロッパ・コミュニティ高等裁判所
15 Villa One 1995 / Britanny, France
ヴィラ・ワン
16 Hotel Industriel Berlier 1990 / Paris
ベルリエール工業館　photo: ©Synectics
17 SAGEP 1993 / Ivry-sur-Seine, France
イブリ・シュル・セーヌ浄水場　photo: ©Michel Denance
18 3* and 4* Hotels / Milan
3* & 4* ホテル

19 Butterfly Pavilion 2006 / Niigata, Japan
バタフライ・パビリオン
20 Leon Convention Center / Leon, Spain
レオン・コンヴェンション・センター
21 Vienna Sky Tower / Vienna
ウィーン・スカイ・タワー
22 Ewha Woman's University Campus Center / Seoul
梨花女子大学キャンパス・センター
23 Piazza Garibaldi / Naples, Italy
ガリバルディ・プラザ

photos : Courtesy of the Architect except ©Synectics

　フランスの中堅建築家ドミニク・ペローと言えば、「フランス国立図書館」コンペを若干36歳の時に勝ち取った覇者として、一躍世界の建築シーンに登場してきたフランス建築界の寵児だ。しかもその後立続けにベルリンの「オリンピック・ヴェロドローム＆水泳競技場」という巨大スケールのコンペ・プロジェクトを手中にし、これらふたつの国際コンペによって並々ならぬコンペ・チャレンジャーとしての資質を示した。世界的なスーパースターと言われる由縁である。巨大な都市的スケールをもつこれらふたつのプロジェクトは、ペロー自身のデザイン・フィロソフィの特徴である建築と自然の関係が如実に見て取れる作品なのだ。彼はランド・アートに相当のオブセッションをもっており、樹木や空や土地などすべての自然風景的ランドスケープを残すために、建築を風景の中に埋没させ消去させるデザインを思いついたという。

　代表作「フランス国立図書館」では、長さ400mの巨大建築を、4隅のコーナーに立つ高さ100mのタワーを残してその巨体を地中に埋めてしまったのである。しかもその中心には人間がオフリミットな野性の自然に満ちた中庭を挿入し、修道院の庭のようにその周囲を巡る回廊を歩きながら瞑想し、読書に浸ることを考えた。

　また「オリンピック・ヴェロドローム＆水泳競技場」では、円形のヴェロドローム（自転車競技場）と長方形の水泳競技場というふたつの純粋幾何学形態を完璧に地中に埋設し、地上における建物の痕跡は皆無としている。見えるのは公園に植え込まれた400本のリンゴの木だけなのである。

　ペローのこのような建築消去のコンセプトは、わが国の「国立国会図書館関西館」コンペ応募案でも形を変えて現出した。ここでは丘を切り開き、谷を丸ごと出した人工の風景が敷地となっていたために、彼は自然の風景を保存しなければならないと思ったという。そこで風景を再現するために、丘の一部を復元し庭をつくった。その中心部の地中にやはり図書館本体を沈め、ハイテクな光学マシーンのような屋根のみを地上に配備しているのだ。同じ手法は「ガリシアン文化シティ」や「ヴィラ・ワン」などにも顕著である。

　こうして見てくると、ドミニク・ペローは風景を非常に

尊重している建築家ということがわかる。これは一体どのような状況から生まれてきたものなのか。ペローはかつてパリ郊外のマルヌ・ラ・ヴァレにある「高等電子技術学校」を設計したが、この時初めて自然を意識したという。全長300mにも及ぶ白い巨大な建築を、垂直に立ち上がるファサードのかわりに、地表に倒して傾斜したルーフを構成した。広大な自然の中に巨大な建築をつくるという命題を、地表に低く配した時に「風景の中における建築」を意識したようだ。

「建築は形態が問題なのではない」はペローの常套句だ。実際彼の建築は、シンプルな直方体や立方体か、それらの組合せのフォルムが多いのである。

ペロー事務所が入っていた「ベルリエール工業館」をはじめ、「アプリックス工場」「イブリ・シュル・セーヌ浄水場」「図書技術センター」「ヴェニッシュー・メディアテーク」「プライス・スーパーマーケット」など、形態をもてあそぶようなところは微塵もない。これらはすべて直方体のシンプルな形態だ。彼にとって、形態はプロセスの結果なのだ。

またペローの建築に陰・陽の日本的二面性があるのも見逃せない特徴だ。「フランス国立図書館」の地下建築は、存在しているが不在という存在と不在の二元性を表現している。このパラドキシカルな図式は、メガロポリス東京の中心にある巨大なヴォイド（皇居）という自然に通底する。

自分を取り巻く環境はすべて自然と定義するペローは、都会という自然のど真中にオフィスを構え、日々周囲の騒音・喧噪・雑踏からエネルギーを得るのが素晴らしいという。

「インスブルック市庁舎」が完成し、現在彼は「オリンピック・テニス・センター」「ヨーロッパ・コミュニティ高等裁判所」、バルセロナの「ハビタ・スカイ・ホテル」、チューリヒの「チューリヒ・ランデスミュージアム増築」、テネリフェの「ラス・テレシタス海浜開発プロジェクト」などを進行。

またサンクトペテルブルクの「マリインスキー劇場」、韓国の「梨花女子大学キャンパス・センター」「ウィーン・スカイ・タワー」、ミラノの「3*＆4*ホテル」などのコンペに勝利してニュー・プロジェクトが進行中だ。日本でのデビュー作「バタフライ・パビリオン」は、彼の東洋でのデビュー作でもある。

RICARDO PORRO

リカルド・ポッロ
[フランス]

1925年キューバ生まれ。ハバナ大学卒業後、ソルボンヌ大学および都市研究所で学ぶ。その後短期間イタリアのヴェニスで学び、49-54年キューバへ戻り数件のヴィラを建設。キューバ革命でカラカスへ亡命し、カラカス中央大学教授となる。66-92年フランスの多数の学校で教鞭をとり、パリで事務所開設。

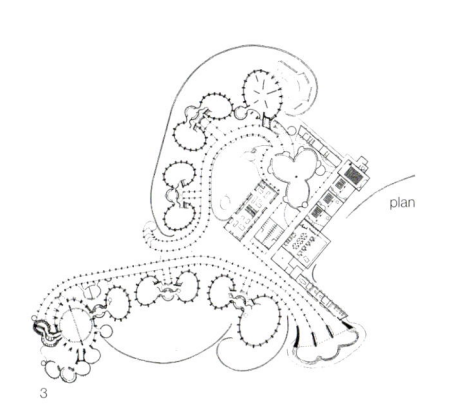

1, 2, 3 School of Plastic Arts   1964 / Havana, Cuba
造形美術学校

Ricardo Porro

plan

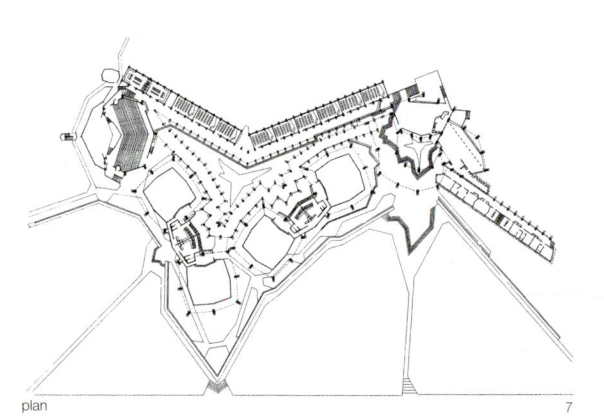

204

4   Villa Armenteros   1950 / Havana, Cuba
    ヴィラ・アルメンテロス
5   Sculpture of Mouths / Liechtenstein
    口の彫刻
6   Office & Art Center   1975 / Liechtenstein
    オフィス & アート・センター
7, 8, 9   School of Modern Dance   1964 / Havana, Cuba
    モダン・ダンス学校
10   College de Cergy-le-Haut   1997 / Cergy-le-Haut, France
    コレージュ・ドゥ・セルジ・ル・オ
11   30 Residential Dwellings in Stains   1991 / Stains, France
    ステン集合住宅

12 College Elsa Triolet 1990 / Saint-Denis, France
　　コレージュ・エルザ・トリオレ
13, 14 Dwellings in La Courneuve 1995 / La Courneuve, France
　　ラ・クルヌーヴ集合住宅
15 College Fabien 1993 / Montreuil, France
　　コレージュ・ファビアン
16 Barracs of the Republican Security Force in Velizy 1991 / Paris
　　ヴェリジィ自衛軍兵舎
17 Police Headquarter in Plaisir 2006 / Plaisir, France
　　プレジールの警察署
18 Psychiatric Hospital in Meulan les Mureaux / Meulan les Mureaux, France
　　ムーラン・レ・ムーローの精神病院
19 Students Dwellings in Cergy Pontoise 1994 / Cergy Pontoise, France
　　セルジ・ポントワーズの学生寮
20 Restaurant & Hotel, Technical High School in Rouen 2004 / Rouen, France
　　ルーアン技術高等学校レストラン＆ホテル

photos : Courtesy of the Architect

　1925年キューバ生まれのリカルド・ポッロは、怪異な風貌の建築家だ。丸坊主で太った体躯は迫力がある。彼がつくる建築も特異な様相で、看過できない魅力を秘めている。初めて学んだカトリック・スクールの教育が、彼の人格形成に大きな役割を果たしたと言う。また10歳の時に読んだ『ギリシャ神話』と『千一夜物語』の2冊が、彼に多大な影響を与えたようだ。
　ハバナ大学で建築を学んだポッロは、その後フランスに渡り、ソルボンヌ大学と都市研究所の学生になる。その後短期間ヴェニスに学ぶ。1949年から54年まで、キューバに戻った彼は、ハバナに処女作「ヴィラ・アルメンテロス」を建設。ミースを意識した24歳の時の作品だ。やがて吹き荒れる革命の嵐を避けて、カラカスへ避難。そこで「バンコ・オブレロ・ハウジング」などを手掛けるとともに、カラカス中央大学教授となる。
　やがて革命が終息し、ハバナに復起した彼は、本格的な創作活動を開始。クバカバンに「アート・スクール」の建設プロジェクトを組織。自らそのうちの「造形美術学校」と「モダン・ダンス学校」を設計する。これらは今でも彼の代表作と言える作品である。
　リカルド・ポッロ38歳の作品である「造形美術学校」は、彼の作品系譜の中では最大規模の作品であり、小都市をイメージした作品だ。プラン全体が何やら人体の生殖器官のような有機的な構成である。ポッロ自身「この建物は大地、すなわち女性との愛の営みを表現している。スタジオを女性の乳房として表し、キューバにおいては女性を暗示するパパイヤの実の彫刻を広場中央に置いた。愛（エロス）は死（タナトス）と同様、人間の精神の基幹である」とエロティックなデザインを認めている。
　「造形美術学校」のレンガによるドームやヴォールト群は生体器官だ。管に相当する長い通路と器に相当する部屋空間をアンソロポモルフィック（擬人的）につなぐことによって、胎内空間を彷彿とさせる。スタジオ棟のオーガニックな曲線的要素と、オフィスの直線的要素が併存する建物は、快楽的かつストイックな両面性をもつ。それは陰陽・雌雄というハイブリッド性をもつアンドロジナス（両性具有的）な建築だ。同じ敷地に同時期に完成した「モダン・ダンス学校」は、やはり都市や街を形象化した作品だ。キューバ

革命初期のロマン主義的な運動を表現した「ダンス学校」は、配置形態そのものがコミュニケーション的性格を帯びている。ここでは「造形美術学校」と違って生体的フォルムはなく、砕けたメガネのような平面形だ。ポッロにとって、それはキューバ国民に大きな変化を与えた革命の象徴であった。スタジオはメガネのようにふたつの空間が一対になり、求心的な配置デザインによってエネルギーを表現している。これらふたつの作品の後、1960年に渡仏。1992年まで各種学校の教授を歴任。この間ポッロは彫刻家、画家として強かな活動を展開。自分の建築に彫刻や絵画を常に取り入れるようになった。1975年にヨーロッパでのデビュー作である「オフィス＆アート・センター」をつくった時に、奇妙な人間の「口の彫刻」を添えた。ハバナの「造形美術学校」の中庭には、キューバでは女性性器のメタファーとされるパパイヤの実の彫刻を製作・配置している。

1986年ポッロは、建築家ルノー・ド・ラ・ヌーと組んで設計活動を進め、「ステン集合住宅」とその広場を設計。この頃より急速にフランスでの設計がアクティブになっていく。フランスの伝統的な城「ロワール城」を参照した「コレージュ・ドゥ・セルジ・ル・オ」。鳩のメタファーを用いた「コレージュ・エルザ・トリオレ」。人間の耳のような大きな側壁をもつ「ラ・クルヌーヴ集合住宅」。雄と雌が合体したような両性具有建築「コレージュ・ファビアン」。パオロ・ヴェッチェルロの『サン・ロマーノの戦い』を参照した「ヴェリジィ自衛軍兵舎」など、次々とオーガニックかつアンドロジナス的な秀作を、特にフランス各地に展開してきた。キューバ時代の経験が下地となって、学校建築の手利きとなったポッロは、このような理由で学校作品が多いのだ。

富裕な家庭に生まれて幼少の頃から読書に親しんだポッロは、後半はプラトン、ダンテ、トーマス・マン、マルティン・ハイデガー、マルセル・プルーストなどの著作に親しんだ。また建築ではミケランジェロ、ボロミーニ、フランク・ロイド・ライト、グンナー・アスプルンドなどに多大な影響を受けた。近代建築のロジックから逸脱していたキューバ時代以降、表現主義的、快楽的、有機的、両性具有的エッセンスをミックスした異端と呼ばれる現代作品まで、特異な外観とは裏腹に内部空間の豊饒さと暖かさは評判である。

MIGUEL ANGEL ROCA

ミゲル・アンヘル・ロカ
[アルゼンチン]

1940年アルゼンチン、コルドバ生まれ。59-65年コルドバ国立大学で建築&都市計画を学ぶ。67-68年ペンシルヴァニア大学大学院でMA取得後、ルイス・カーン事務所勤務。85年世界建築ビエンナーレ・ゴールドメダル受賞（ブルガリア）。91年ブエノスアイレス国際ビエンナーレ・グランプリ受賞。92-2002年コルドバ大学建築・都市・デザイン学部長。

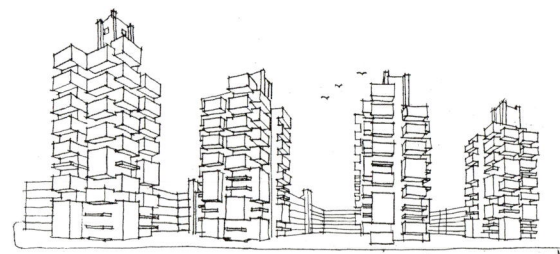

1, 2　Santo Domingo Housing Complex　1975 / Cordoba, Argentina
　　　サント・ドミンゴ集合住宅
　3　Plaza de Armas　1981 / Cordoba, Argentina
　　　アルマス広場
　4　Uruguay Central District Council　1991 / La Paz, Bolivia
　　　ウルグアイ中央地区市議会ビル
　5　CPC Route 20　1999 / Cordoba, Argentina
　　　CPCルート20
　6　School of Arts at the National University of Cordoba　2001 / Cordoba, Argentina
　　　コルドバ大学芸術学部

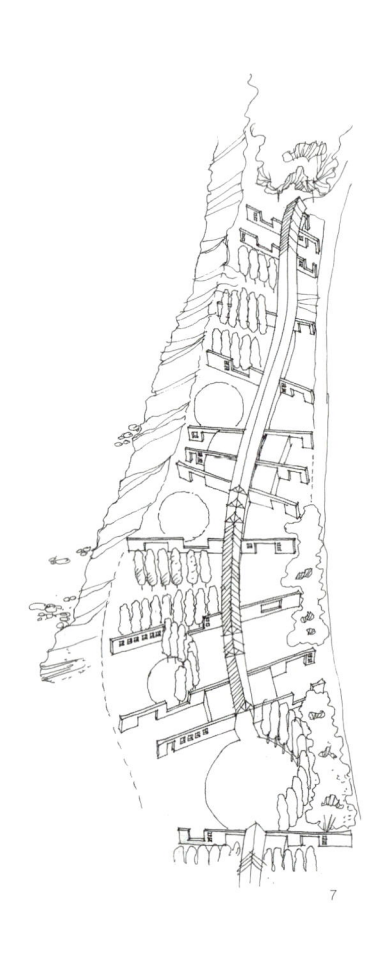

MIGUEL ANGEL ROCA

7, 8 La Florida Park 1990 / La Paz, Bolivia
ラ・フロリダ公園
9 Faculty of Law at the National University of Cordoba 2001 / Cordoba, Argentina
コルドバ大学法学部第2期工事

10 Cordoba Office Center   1993 / Cordoba, Argentina
    コルドバ・オフィス・センター

11 Post-graduate School of Economics
    at the National University of Cordoba   2001 / Cordoba, Argentina
    コルドバ大学大学院経済学部

12 Paseo De Las Artes Cultural Center   1979 / Cordoba, Argentina
    パセオ・デ・ロス・アルテス文化センター

13 Italia Plaza   1980 / Cordoba, Argentina
    イタリア広場

14 Claustrorum at the National University of Cordoba
    1998 / Cordoba, Argentina
    コルドバ大学クラウストロルム

15 House at Calamuchita   2004 / Cordoba, Argentina
    カラムチタの家

16 Renovation for Corrientes Street
    2006 / Buenos Aires, Argentina
    コリエンテス通り改修

　海外の建築雑誌で見た、かれこれ20年ほど前の記憶。クラシカルな建物が面する広場に、その建物の原寸立面図が白い線で描かれているという面白いプロジェクトがあった。これがミゲル・アンヘル・ロカというアルゼンチンの建築家の「アルマス広場」という作品であった。
　その後ときどき発表される彼の作品が、地球の裏側から海外建築雑誌に載ってやって来る。彼のユニークな作品は忘れようにも忘れられない。日本で南アメリカ諸国の建築家の情報といったら、ブラジルの巨匠オスカー・ニーマイヤーくらいしか伝わって来なかったのだから。
　コルドバ出身のロカは、今やアルゼンチンのみならず南米をも代表する国際的な建築家である。1970年に事務所を開設して以来、手掛けたプロジェクトは150件を越える。その活動は隣国ボリビアの首都ラパスをはじめ、南アフリカ、モロッコ、香港、シンガポールにまで及ぶ。また教育活動にも熱心で、自国はもとより、ブラジル、アメリカ、フランス、イタリアと国際的だ。
　数あるロカの作品には多くの建築タイポロジーがある。代表作には「サント・ドミンゴ集合住宅」「アルマス広場」「ウルグアイ中央地区市議会ビル」「ラ・フロリダ公園」「CPCモンセニョール・パブロ・カブレラ」「コルドバ・オフィス・センター」「CPCルート20」、コルドバ大学の「法学部第2期工事」「芸術学部」「クラウストロルム」「大学院経済学部」など、集合住宅／公園／学校建築が主流だ。
　中でも特徴あるのが「アルマス広場」のようなアーバン・プランニングだ。「アルマス広場」はかつて自動車の駐車場であった。ロカは広場に面するカテドラルの輪郭を地上に描くことで、街行く人々に文化的な重要性とその歴史性を意識させて車を広場から追い出し、歩行者のための広場を復活させた。またコルドバの「パセオ・デ・ロス・アルテス文化センター」では、19世紀の労働者階級の居住区が取り壊しの運命にあった。彼はいくつかの住居や壁面を残し、小さな公園と文化センターを挿入してこのエリアを復活させた。
　ロカの都市への介入の仕方は、これらのプロジェクトのように、基礎的に"アーバン・フラグメント(都市の断片)"を挿入してエリアを活性化させるもので、

17　Spain Plaza　1969 / Cordoba, Argentina
　　スペイン広場
18　CPC Monsenor Pablo Cabrera　1999 / Cordoba, Argentina
　　CPCモンセニョール・パブロ・カブレラ
19　Underground Passage between Two Museums in Cordoba
　　2006 / Cordoba, Argentina
　　コルドバの博物館地下連絡通路

photos : Courtesy of the Architect.

ル・コルビュジエの「リオデジャネイロ計画」や「アルジェ計画」のように、既存の都市の上に新しい都市を構築するというトータルなアーバン・プランニングとは異なる。
さらに「スペイン広場」や「イタリア広場」では、ルイス・カーンの弟子であったロカは、カーンが住宅以外の作品で見せた、大振りで重厚な幾何学的エレメントを随所にちりばめて魅力的だ。たとえば「イタリア広場」の噴水を囲む正方形エレメントに、カーン流の大きな円形開口部を設けているのだ。
ボリビアのラパスに完成した「ラ・フロリダ公園」は、ロカの作品の中ではもっともポエティック(詩的)で感動的な作品のひとつだ。川沿いの細長い敷地中央部に、蛇のように長くうねる屋根付きの列柱廊が走り、それに直交するRCの塀が多数、フラグメントとして曖昧に並列する不思議な緊張感に満ちた都市空間である。
「ラ・フロリダ公園」に存在する数多くの塀(壁面)は、女性インディオの"アワヨ"と呼ばれる帯の鮮烈な色合いに似た彩色が施されている。それらはルイス・バラガンの「サン・クリストバル」に出てくるピンク色の壁面と同類だし、大きな開口部を穿った点も共通する。バラガンは庭園について、「庭とは、詩的で、神秘的で、魅惑的で、静謐で、楽しいものだ」と書いている。「ラ・フロリダ公園」のラテン的でカラフルな壁面に落ちる樹影の中に、バラガンの作品に通底する神秘的で静謐な"空間の詩学"を察知できる。

ミゲル・アンヘル・ロカは、コルドバの建築家の元に生まれた早熟な子供であった。絵画が好きだった以外は、これといった志向はなかった。ロカはマスターの学位をペンシルヴァニア大学のルイス・カーンの研究室で取得。その後カーン事務所に勤務する。建築は単なる美学的表現手段を越えて、物理的なシェルターと構築された環境を提供する社会的・政治的な媒体であると考えるロカの作品は、先述のポエティックなテイストに加えて、ポリティカルな様相を呈している。それを人は"詩的・政治的建築"と呼んでいる。
近年「カラムチタの家」を完成させたロカは、昨年末「コルドバの博物館地下連絡通路」や「コリエンテス通り改修」など都市的スケールの作品が竣工したばかりである。

Aldo Rossi

アルド・ロッシ
[イタリア]

1931年イタリア、ミラノ生まれ。59年ミラノ工科大学卒業。ヴェネツィア建築大学、ミラノ工科大学で教鞭を執る。61-64年『カサベラ・コンティヌイタ』編集委員。71年より数年スイスで教鞭に就く。75年よりヴェネツィア建築大学教授。59年事務所開設。90年プリツカー賞受賞。97年不慮の事故により死去。

1　Bonnefanten Museum　1994 / Maastricht, The Netherlands
　ボンネファンテン美術館　photo: ©Synectics
2　Renovation & Extension of the School in Broni　1970 / Broni, Italy
　ブローニの学校増改築
3　Fagano Olona School　1972 / Varese, Italy
　ファニャーノ・オローナの小学校
4　Hotel il Palazzo　1989 / Fukuoka, Japan
　ホテル・イル・パラッツォ　photo: ©Synectics
5　San Cataldo Cemetery　1984 / Modena, Italy
　サンカタルド墓地　photo: ©Synectics

ALDO ROSSI

6   Teatro del Mondo   1980 / Venice
    世界劇場

7   Carlo Felice Theater   1990 / Genova, Italy
    カルロ・フェリーチェ劇場

8   Tower Shopping Center   1985 / Parma, Italy
    タワー・ショッピング・センター

9, 10   Casa Aurora   1987 / Turin, Italy
        カーザ・アウロラ

11   Ambiente Showroom   1991 / Tokyo
     アンビエンテ・ショールーム   photo: ©Synectics

12   Asaba Design Office   1991 / Tokyo
     浅葉克己デザイン室   photo: ©Synectics

13, 14   Mojiko Hotel   1998 / Fukuoka, Japan
         門司港ホテル

15, 16   Celebration Building   1995 / Orlando, Florida
         セレブレイション・ビル

217

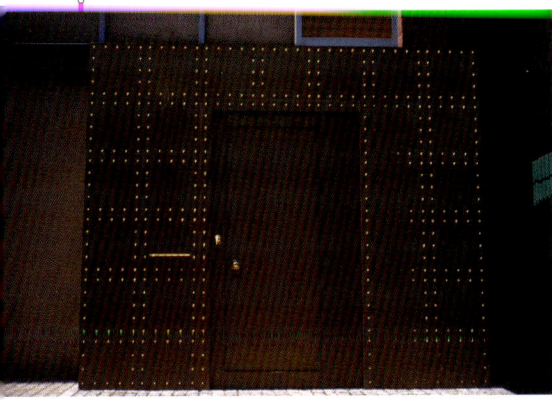

ALDO ROSSI

17, 18 Scholastic Building   2001 / New York
　　　スコラスティック・ビル
　19　ABC Building   2000 / Burbank, California
　　　ABCビル　photo: ©Synectics
　20　Gallaratese Housing   1970 / Milan, italy
　　　ガララテーゼ集合住宅
　21　Pocono Pine House   1989 / Mount Pocono, Pennsylvania
　　　ポコノ・パイン・ハウス

1989年11月28日、福岡に完成したアルド・ロッシの傑作「ホテル・イル・パラッツォ」のオープニング・レセプションが開催された。"眠れないホテル"という異名を掲げる「イル・パラッツォ」は、その豪奢なつくりが世界の耳目を引いた。ホテル内にはロッシをはじめ、倉俣史朗、ガエタノ・ペッシェ、エットーレ・ソットサスらがデザインしたバーがあり、眠れない理由も容易にわかる。

その夜、ロッシは自分のバーに陣取って、全国からきた建築関係者やジャーナリストに、自分の好きな日本酒をふるまっていた。私もご相伴にあずかった。その夜のロッシは特別の輝きに満ちていた。それもそのはず、「イル・パラッツォ」はそれまでの貧相な材料を用いたロッシ作品に比べて豪華な材料を用い、多くの一流デザイナーを投入した最高にデザイン密度の高い作品であったからだ。

赤色トラヴァーチンの丸柱と、緑青色の銅製リンテルで構成されたファサードは硬質で寡黙な表情。都市の憂鬱を表現したデ・キリコの形而上学絵画のように静寂だ。初期の「ブローニの学校増改築」や「ファニャーノ・オローナの小学校」などから続くロッシ作品独特の空々寂々たる佇まいは何処から来るのだろうか。

1971年の自動車事故がロッシの人生を変えた。死と体面した彼は、都市を生者の巨大な野営地として、墓地を死者の都市として考察。入院中に発想した「サンカタルド墓地」コンペの最優秀賞に輝く。このネクロポリスには、彼の死への不安や恐怖が投影されている。

1931年ミラノの自転車製造業の家に生まれたロッシは、ミラノ工科大学で建築と映画を学ぶ。映画への抑え難き欲望は、次第に建築へと転化されていったが、演劇への興味は募るばかり。「自分の建築の中で、私は常に演劇に魅せられてきた」と述懐するロッシは、1979年のヴェニス・ビエンナーレで「世界劇場」を設計する。

250席の木造小劇場は、ヴェニスの運河に浮くフローティング・シアター。ロッシはこれを評して、「建築が終焉を迎え、想像の世界が始まった場所」と位置付けている。その後代表作のひとつである「カルロ・フェリーチェ劇場」をジェノヴァに設計。都市の広場を演劇ホールのインテリアに応用した手法は、ロッ

22 Vassiviere Art Center 1991 / Bess-et-Saint-Anastasise, France
　ヴァシヴィエール・アート・センター　photo: ©Jaques Hoepffer / Courtesy of the Art Center
23 IBA Housing at Wilhelmstrasse 1984 / Berlin
　ヴィルヘルム通りのIBA集合住宅　photo: ©Synectics
24 IBA Housing at Thomas Dehler Strasse 1986 / Berlin
　トーマス・デーラー通りのIBA集合住宅　photo: ©Synectics
25 Sandro Pertini Monument 1988 / Milan
　サンドロ・ペルティーニ・モニュメント　photo: ©Synectics
26 IBA Housing at Schutzenstrasse 1999 / Berlin
　シュッツェン通りのIBA集合住宅　photo: ©Synectics
27 Wohnanlage La Villette 1991 / Paris
　ボーナンラーゲ・ラヴィレット　photo: ©Synectics
28 Fontivegge Directional & Commercial Center 1988 / Perugia, Italy
　フォンティヴェッジェ管理 & 商業センター

photos : Courtesy of Morris Adjmi except ©Synectics and ©Jaques Hoepffer

しらしい都市との連繋を密にした劇場空間の秀作であった。

ロッシの建築は類推的建築と評されてきた。彼は「パルマ美術館」にあるカナレット(18世紀のイタリアの画家)が描いたヴェニスの絵画を引用。そこに描かれたのはパラディオの「リアルト橋計画案」「バシリカ」「パラッツォ・キエリカーティ」の3作品。後者2作はヴィチェンツァにありヴェニスにない。だからこの絵画の内容はヴェニスに対する類推された都市であり、この類推的都市の概念から生まれたのが類推的建築だと説いている。

ロッシの類推的建築の基礎をなすのは、記憶の底に眠る古びた納屋、回廊、工場、サイロ、倉庫など。これら時間が静止したかのようなシュールで簡素な形態から類推されたのが「ガララテーゼ集合住宅」の合理主義建築だ。連立する壁柱と長い回廊が醸す素っ気ないメタフィジカルな雰囲気は格別である。ロッシは80年代に入ってからIBAベルリン国際建築展に参加して集合住宅を手掛け、国内でも「タワー・ショッピング・センター」や「カーザ・アウロラ」といった大きな作品が増えてくる。89年の「イル・パラッツォ」以降は日本での作品が急増。「アンビエンテ・ショールーム」「浅葉克己デザイン室」「門司港ホテル」など8件ほどある。これには日本を代表するインテリア・デザイナーの内田繁との協働が効を奏したようだ。

1990年ロッシは建築界のノーヴェル賞と言われるプリツカー賞を受賞。以後活動は世界的に拡散。特にアメリカでは「セレブレイション・ビル」「ポコノ・パイン・ハウス」「ABCビル」「スコラスティック・ビル」と多彩。その他オランダの「ボンネファンテン美術館」、フランスの「ヴァシヴィエール・アート・センター」など、ロッシ建築は華麗で美しくなってきた。

しかし1997年、ロッシは再度不慮の自動車事故に遭う。自動車事故で人生を変えた男が、自動車事故で人生を止めてしまった。合理主義建築の秀作を生み出しつつロンバルディアの天空をよぎって逝ったこの巨匠とは、「イル・パラッツォ」で日本酒を飲んだり、銀座の「ロッシ展」でいっしょにテレビに出演した懐かしい記憶がある。享年66歳の死はあまりにも早く、多くの人々に惜しまれた旅立ちであった。

Roto Architects

ロト・アーキテクツ
[アメリカ]

ロト・アーキテクツの主宰者であるマイケル・ロトンディは1949年カリフォルニア州ロサンゼルス生まれ。73年南カリフォルニア建築大学（SCI-Arc）を卒業し、76年以降同大学で教鞭を執る。75年にトム・メインと共にモーフォシスを設立し、91年まで共同主宰。91年独立してロト・アーキテクツを設立。SCI-Arcの創設者のひとりであるロトンディは、87年の創設以来10年間の97年まで学長を務める。

Roto Architects

1, 2 Architecture and Art Building at Prairie View A&M
      University 2005 / Prairie View, Texas
      プレイリー・ビューA&M大学美術・建築学部

3, 4 Oak Pass House
      オーク・パス・ハウス

  5   Warehouse C 1999 / Nagasaki, Japan
      ウェアハウスC

  6   Restaurant Nicola 1993 / Los Angeles
      レストラン・ニコラ

  7   Carlson Reges House 1998 / Los Angeles
      カールソン・リージス邸

8, 9 New Jersey House
      1996 / Barnerdsville, New Jersey
      ニュージャージー・ハウス

 10   Sinte Gleska University
      1999 / Antelope, South Dakota
      シント・グレスカ大学

11, 12 Dorland Mountain Arts Colony
      1994 / Temecula, California
      ドーランド・マウンテン・アーツ・コロニー

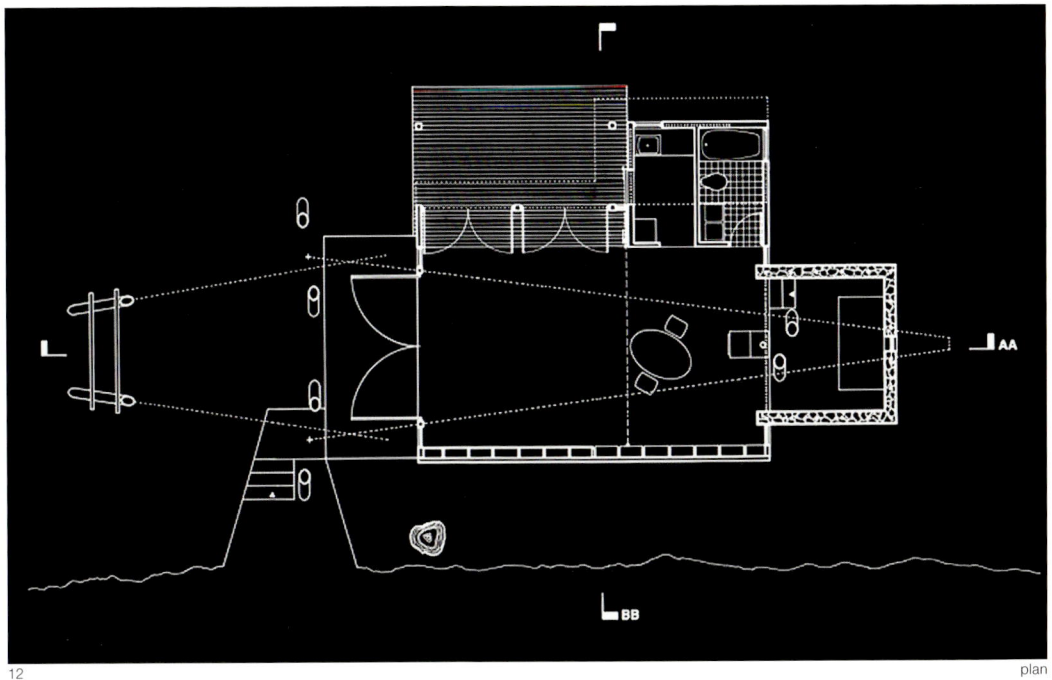

plan

Roto Architects

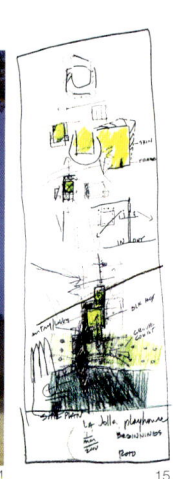

13	Cliffside House クリフサイド・ハウス
14, 15	La Jolla Playhouse at UCSD 2005 / La Jolla, California UCSDラホーヤ・プレイハウス
16	Miracle Manor Retreat 1998 / Desert Hot Springs, California ミラクル・マナー・リトリート
17	Pacoima Neighborhood City Hall / Pacoima, California パコイマ地区シティ・ホール
18	Forest Refuge 森の隠れ家
19	Hollywood Orange / Hollywood ハリウッド・オレンジ
20	Vogt Industrial Commons ヴォグト・インダストリアル・コモンズ
21	100,000 Stupas / Santa Cruz, California 10万塔の仏舎利
22	Stillpoints Exhibition (SCI-Arc) 2004 / Los Angels スティルポインツ展（南カリフォルニア建築大学）

photos : Courtesy of the Architect.

長崎港の三菱造船所倉庫。港湾施設の殺風景なアーバン・ランドスケープに、一石を投じてデザインの波紋を生じせしめたのが、マイケル・ロトンディの本邦処女作である「ウェアハウスC」と呼ばれる構築されたトポロジーだ。

倉庫の屋上にはパブリックで伝統的な庭が設えられ、スティール・フレームにテフロンを張った船の帆のような、長大かつ軽やかな日除けで覆われている。ダイナミックなその形態が重く沈んだ造船所界隈の景観に、晴れ晴れしい装いを与えている。特に度胆を抜く巨大なオレンジ色の球体が屋上に顔を出しているのは、その効果を補強している。街中からの視角に突如として巨大なオレンジ・ボールが登場すると、ディベイズマン的効果を発揮して面白い。球体の内部はイベント・ホールとして利用されている。

かつてはモーフォシスをトム・メインとパートナーシップを組んで共同していたロトンディは、1991年に自分のオフィスであるロト・アーキテクツを設立。モーフォシス時代は、メディアやマスコミ慣れしていた彼だが、現在は自分の最近作を発表するのをためらっているという。彼は環境問題とか、科学的パラダイムとか、利用者参加型の設計とか、そういったことに思いを巡らすことが好きらしい。ロトンディと彼のパートナーであるクラーク・スティーブンスの設計のプロセスは、分析と仮説、直観的な可能性の選別と連結、そしてある程度の試行錯誤からなっている。

彼らの事務所には、ごく普通のCADステーションがあり、分断され引き裂かれた模型が転がっているし、5m近い打合せテーブルが据えられ、その上に幅広の巻紙が広げられている。そこにはマネージメント・ダイヤグラムやら、敷地断面図やら、容積図やら、構造スケッチやら、電話メッセージなどが自由に書き込まれている。

この長いテーブルは事務所の日記であり、実験室であり、遊び場なのだ。ここから空間配置や構成が決定される。つまりロト・アーキテクツの設計手法は、念入りな調査・研究とこれらのグラフィックなスケッチ類によっているのである。

ロトンディがモーフォシスを去ってつくった「レストラン・ニコラ」は、インテリアにテントを張り巡らせ

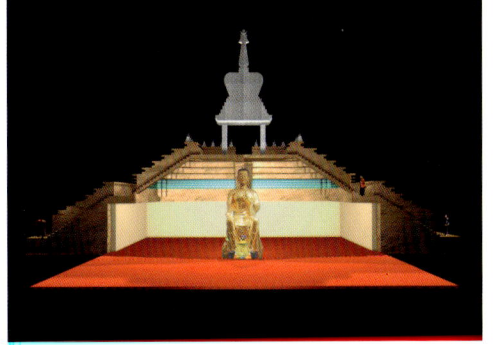

た瀟洒なつくりで話題になった。彼独特のデザイン手法を凝集したのが、「ニュージャージー・ハウス」だ。ニュージャージーのアルカディア（素朴な田園的理想郷）的な敷地に建設された大きなヴィラだが、ロトンディが得意とするフラグメンテーション（断片化）の手法が用いられている。

建物は自然石、プラスター、モミ材、鉛被覆の鋼板などの材料で細やかに手づくりされた半パビリオン的な部分で構成されている。そこには空間の切断と分割が仕組まれ、自然光が侵入して種々のヴォリュームと表層の違いを浮彫りにしている。

ロト・アーキテクツは改修した醸造所に入っているが、その地主の家である「カールソン・リージス邸」は、マッド・マックスがピエール・シャローの「ガラスの家」に登場するようなディペイズマン的効果を発揮している。目眩を誘発するような錯綜した空間におけるオブジェ・トゥルヴェ（手を加えないアート）のブリコラージュ的なデザイン手法が圧巻だ。

パームスプリングス西側の山中にできた「ドーランド・マウンテン・アーツ・コロニー」も同様、近隣から収集されオブジェ・トゥルヴェや自然の材料を、巧みなブリコラージュ的かつ、エリック・オーエン・モス的ラフ・テク調でまとめている。ロト・アーキテクツが設計・施工をしたクラフト的プリミティブ・ハット（原始の小屋）だ。その他にカリフォルニアでは、「オーク・パス・ハウス」「クリフサイド・ハウス」「UCSDラホーヤ・プレイハウス」が完成・進行している。

1993年以来ロト・アーキテクツはサウス・ダコタ州のトッド郡で、ネイティブ・アメリカンにとっては初めての大学である「シント・グレスカ大学」を、地元のラコダ族とのジョイント・デザインでやってきた。そこには"移動と休息のシステム——天と地の基本的な関係である万物の相互依存"という、ラコタ族先祖伝来の教訓が生かされている。ロトンディ得意の利用者参加型のプロジェクトだ。

ロト・アーキテクツは近年最大の代表作「プレイリー・ビューA&M大学美術・建築学部」が完成。その他にも完成作「ミラクル・マナー・リトリート」をはじめ、「ハリウッド・オレンジ」「パコイマ地区シティ・ホール」などが進行中である。

SAUERBRUCH HUTTON

ザウアーブルヒ・ハットン
[ドイツ]

1989年マティアス・ザウアーブルヒとルイーザ・ハットンによって設立。ザウアーブルヒは55年ドイツ生まれ。84年にベルリン芸術大学とAAスクールで学位取得。95年-2001年までベルリン工科大学教授。ハットンは57年イギリス生まれ。80年ブリストル大学卒業。85年にAAスクールの学位取得。

1　N House　1999 / London
　　Nハウス　photo: ©Bitter+Bredt
2　H House　1995 / London
　　Hハウス　photo: ©Bitter+Bredt
3　L House　1991 / London
　　Lハウス　photo: ©Charlie Stebbings
4　Photonikzentrum　1998 / Berlin
　　フォトニックツェントルム　photo: ©Bitter+Bredt
5, 6　GSW Headquarters　1999 / Berlin
　　GSW管理本社　photo: ©Annette Kisling

6

plan

7, 8　Federal Agency for the Environment　2005 / Dessau, Germany
　　　ドイツ連邦環境省ビル　　photo: ©Jan Bitter

9　Experimental Factory in Magdeburg　2001 / Magdeburg, Germany
　　マグデブルグ実験工場　　photo: ©Gerrit Engel

10　Hennigsdorf Town Hall　2003 / Hennigsdorf, Germany
　　ヘンニグスドルフ・タウンホール　　photo: ©Bitter+Bredt

11　Zumzobel Staff　1999 / Berlin
　　ツムトベル・スタッフ　　photo: ©Bitter+Bredt

12　Pharmacological Research Laboratories in Biberach　2002 / Biberach, Germany
　　ビバラフ薬学研究所　　photo: ©Jan Bitter

13　The British Council in Germany　2000 / Berlin
　　在独英国領事館　　photo: ©Bitter+Bredt

site plan

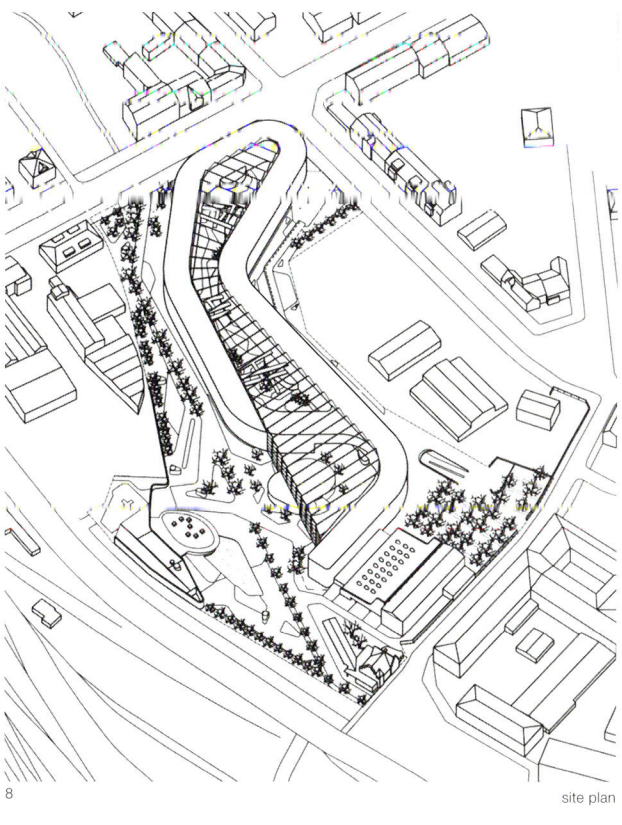

229

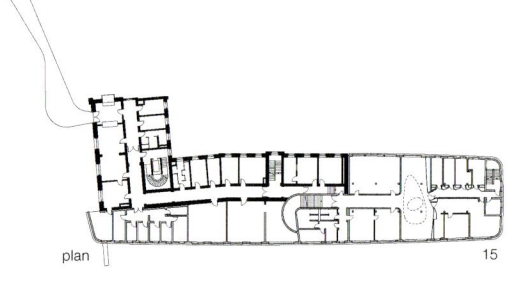

14, 15　Berlin Fire & Police Station for the Government District　2004 / Berlin
ベルリン消防＆警察署　photo: ©Bitter+Bredt
16　Offices for the KfW Banking Group / Frankfurt
KfW銀行グループ・オフィス　photo: ©Lepkowski Studios
17　Museum for the Brandhorst Collection / Munich, Germany
ブラントホルスト・コレクション美術館　photo: ©Lepkowski Studios
18　High-Bay Warehouse for Sedus　2003 / Dogern, Germany
セダス・ハイベイ・ウェアハウス　photo: ©Jan Bitter
19　Jessop West Building at Sheffield University / Sheffield, UK
シェフィールド大学ジェソップ・ウエスト・ビル　photo: ©Lepkowski Studios
20　ADAC Headquarters / Munich, Germany
ADAC本社　photo: ©Simone Rosenberg

photos : Courtesy of the Architect

　ベルリン北東部を南北に走るフリードリヒシュトラーセ。この通り沿いにはジャン・ヌーヴェル（仏）、I.M.ペイ（米）、オズワルト・マティアス・ウンガース（独）、ヨーゼフ・パウル・クライフス（独）、フィリップ・ジョンソン（米）、レム・コールハース（蘭）、ピーター・アイゼンマン（米）といった著名建築家たちの作品が櫛比している。
　またフリードリヒシュトラーセを東西に横切るコッホシュトラーセ界隈にも、ヴィットリオ・グレゴッティ（伊）、アルド・ロッシ（伊）、レイムンド・アブラハム（オーストリア）、ジョン・ヘイダック（米）といった著名建築家の作品が多い。この交差点から東方向を眺めると、次の交差点あたりにわずかに湾曲したファサードに、赤やオレンジ色をあしらった高層ビルが偉容を誇っている。ザウアーブルヒ・ハットンの代表作「GSW管理本社」だ。
　マティアス・ザウアーブルヒとルイーザ・ハットンはAAスクールに学び、そこで知り合った仲。卒業後5年間はAAスクールで教鞭をとり、ザウアーブルヒはエリア・ゼンゲリスに、ハットンはアリソン＆ピーター・スミッソンの元で働く。その後ベルリンへ移る。当時のベルリンこそは、未来へ向けてつち音高く疾走する都市であった。
　東西ドイツの融合で、ベルリン復興計画の建物はほとんどオープン・コンペで行われており、先述の建築家たちもそれぞれのコンペの勝者であった。ザウアーブルヒ・ハットンがベルリンへ来たのも、ひとつにはそのような建築のチャンスにあやかりたいという希望があったからだ。
　ロンドン時代の彼らは、「Nハウス」「Hハウス」「Lハウス」などの主に個人住宅の改修などをやっていたが、増改築の効果を出すために強い色彩を用いていた。彼らが色彩を利用するのは、それが実際の建物であろうとヴィジュアルなプレゼンテーションであろうと、所与の状況を変形させるポテンシャルと、物理的な次元を変えることなく空間を変貌させる力をもっているからだ。
　ベルリンは当時、アルド・ロッシの"都市の建築"による"クリティカル・リコンストラクション（批評的再構築）"の時代であった。そこでは建築の記憶を通して都市の文化をアイデンティファイする、つまりタイポロジカルな状況の連続性を通して、都市の伝統

に立脚した建築をつくることが支配的であった。ベルリンの処女作は「フォトニックツェントルム」。アメーバのような自由曲線プランの建物は、全周がガラス張りの2棟からなる。目につくのは内側のヴェネシアン・ブラインドがカラフルに彩色されて、低層ながらその存在を強く主張していることだ。ベルリン第2作目の「GSW管理本社」は、さらに強烈だ。増築計画であるこの建物は、既存棟を隠すかのように、西側向きに湾曲した広いファサードを広げている。全面ガラス張りのファサードは、幅1mの空気層をもつダブル・ウォール。しかもこの空気層スペースに縦形のルーバーを装備し、その表面を赤、ピンク、オレンジ、黄土色、白などに塗り分けているのだ。各部屋ごとにルーバーの開閉を調節するため、ファサードは毎日表情を変えるのでいやがうえにも目立つ存在なのだ。「色彩は空間を視覚的に拡大することができることを発見した」という彼らは、敷地の物理的な制約を変えられなくても、異なる色合いや色調を用いることで、空間の奥行きや動きを表現できるようだ。エル・リシツキーやヨーゼフ・アルバースといった色彩の達人たちと同様の考えをもつ彼らは、究極的には色彩によって音楽のように、ある種の情緒的な表現を目指している。それにはワシリー・カンディンスキーが参考になるという。

ザウアーブルヒ・ハットンの他の作品としては、建物の外壁から屋根まで連続したストライプ模様の色カーテンでくるんだような「マグデブルグ実験工場」、カラフルな天井パターンをもつベルリンの「在独英国領事館」、青味がかったインテリア空間に光が交錯するベルリンの「ツムトベル・スタッフ」、カラフルな外壁パターンをもつ「ビバラフ薬学研究所」や「ベルリン消防＆警察署」、円形プランの上階をもつ「ヘンニグスドルフ・タウンホール」、外壁に色モザイクを施したような「セダス・ハイベイ・ウェアハウス」、長く蛇のようにうねるデッソウの「ドイツ連邦環境省ビル」が完成している。
進行中のプロジェクトとしては、「ブラントホルスト・コレクション美術館」「KfW銀行グループ・オフィス」「シェフィールド大学ジェソップ・ウエスト・ビル」「ADAC本社」。いずれも完成後は話題の作品となること請合いだ。

Schmidt Hammer Lassen

シュミット・ハンマー・ラッセン
[デンマーク]

1986年事務所設立。メンバーはモルテン・シュミット(56年生まれ、82年アーフス大学建築学科卒業)、キム H.ヤンセン(64年生まれ、91年アーフス大学建築学科卒業)、ジョン F.ラッセン(53年生まれ、83年アーフス大学建築学科卒業)、ビャルン・ハンマー(55年生まれ、82年アーフス大学建築学科卒業)、モルテン・ホルム(68年生まれ、94年アーフス大学建築学科卒業)の5人。

1 Performers House / Sikleborg, Denmark
　パフォーマーズ・ハウス
2 Amazon Court / Prague, Czech
　アマゾン・コート
3 Thor Heyerdahl College / Larvik, Norway
　トーア・ヘイエルダル・カレッジ
4 Aberdeen University Library / Aberdeen, UK
　アバーディーン大学図書館
5, 6 Aarhus Museum of Modern Art (ARoS)　2004 / Aarhus, Denmark
　アーフス現代美術館

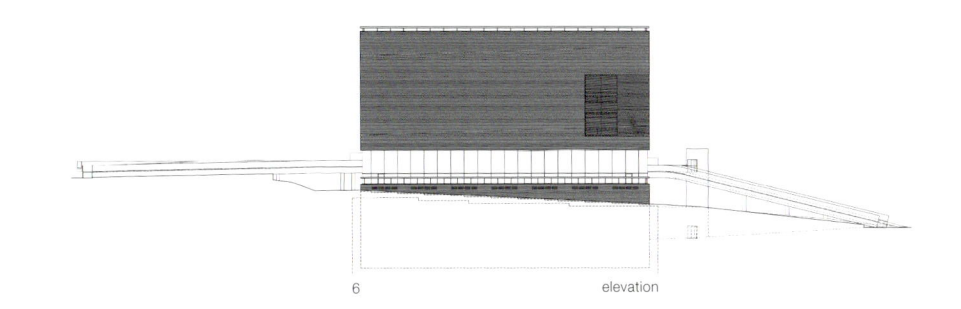

6　　　　　　　　　　　　　elevation

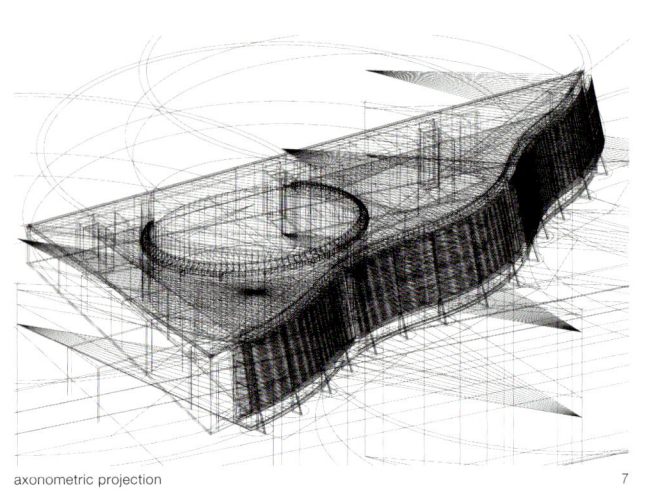

axonometric projection 7

7, 8	Culture Center 1997 / Nukk, Greenland 文化ハウス	12	Halmstad Library 2006 / Halmstad, Sweden ハルムステッド図書館　photo: ©Adam Mork
9, 10	The Danish Royal Library 1999 / Copenhagen デンマーク王立図書館	13	FLAKES フレイクス
11	Cathedral of Northern Lights / Alta, Norway カテドラル・オブ・ノーザン・ライツ		

10 axonometric projection

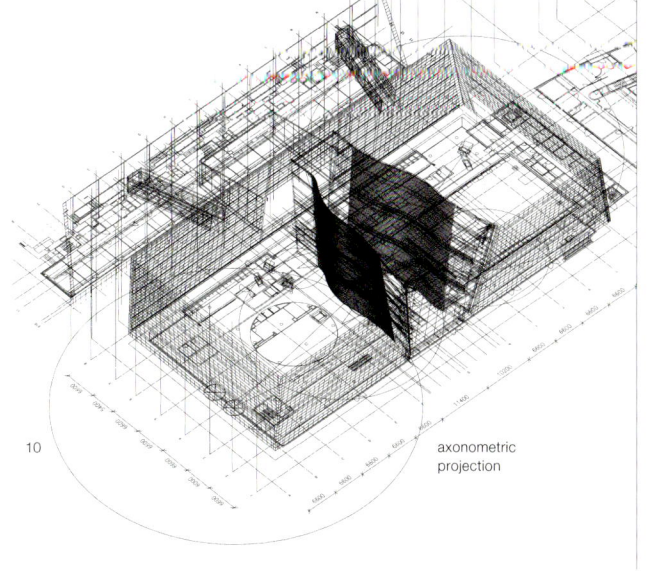

シュミット・ハンマー・ラッセン（以下SHL）が世界の建築シーンに登場したのは、20世紀も押し迫った1999年の代表作「デンマーク王立図書館」の完成であった。実はこの作品が世に出るまでSHLの存在は日本ではあまりよく知られていなかった。
実際彼らの作品はほとんどが自国デンマークにあるが、近年は1997年にグリーンランドの「文化ハウス」が完成。その後ノルウェーの「カテドラル・オブ・ノーザン・ライツ」、スウェーデンの「ハルムステッド図書館」、フランスの「ストラスブール図書館」といった海外プロジェクトをコンペで手中にして国際的になってきた。
またフィンランドではピイロイネン社のために「フレイクス」という透明やカラフルなグラスファイバー製のスタッキング・チェアを開発。日本やアメリカをもターゲットに活動している。そして2004年1月には、中国の「北京集合住宅」コンペで1等を取り、ついに東洋にまで足を延ばして来た。

彼らの存在を一躍世界的に知らしめた「デンマーク王立図書館」は、コペンハーゲンのスロッツホルメン地区のスューハウネン運河沿いに建つ黒く輝くマッス。"ブラック・ダイヤモンド"の異名をとる建物は、南アフリカ産の花崗岩ネロ・ジンバブエをまとったシャープな印象だ。だがSHLのデザイン的特徴を如実に反映させているのは内部空間である。建物中央部に切り開かれた巨大なアトリウムは、各階の曲面壁と長いトラベレータが醸すダイナミズムに溢れる空間。この手法は2004年に完成した「アーフス現代美術館（ARoS）」にも引き継がれている。
「ARoS」は緑の芝生の上に建った、白いインテリアをもつ赤いキューブ。赤レンガのヴォリュームは、ほぼ50m×50m×50mの立方体。シンプルな外観はSHLの特徴でもある。だが内部には「王立図書館」と同様、驚異的なスペースが待っている。大きな曲面を描く白亜の巨大アトリウム空間に、スパイラル・スロープが迫り出して、美しくもダイナミックな建築美を見せている。SHLのふたつ目の代表作だと言われる由縁だ。
彼らが目指す建築は、機能的・実用的・財政的問題を解決すると同時に、どこかしら大胆で挑戦的なデザインを兼ね添えた作品である。「王立図書

14 Nykredit New Headquarters   2001 / Copenhagen
ヌクレディット新本社ビル
15 Testrup Folk High School   1999 / Marslet, Denmark
テストラップ・フォーク高校
16 Culture Island in Middelfart   2005 / Middelfart, Denmark
ミッデルファート文化の島   photo: ©Thomas Molvig
17 Sparekassen Ostjylland   2005 / Hammel, Denmark
スパルカッセン・オスティランド   photo: ©Thomas Molvig
18 The Frigate Jylland   2005 / Ebeltoft, Denmark
フリゲート・イランド   photo: ©Frigate Erik
19 Residential Scheme in Jelling / Jelling, Denmark
イェリング集合住宅計画

photos : Countesy of the Architect

館」の曲面壁に挟まれたアトリウムや、「ARoS」のスパイラル・スロープがそれだ。また2001年に完成した「ヌクレディット新本社ビル」では、7層分吹抜けのアトリウム空間にサスペンション構造で浮遊するボックス形の会議室が、異例のデザインで人目を引く。

コンペに強いSHLは将来プロジェクトも多い。「パフォーマーズ・ハウス」が2007年、「アマゾン・コート」が2008年、「トーア・ヘイエルダル・カレッジ」が2009年、そして「アバーディーン大学図書館」が2011年の竣工を目指し、それぞれデンマーク、チェコ、ノルウェー、イギリスでの完成が予定されている。彼らの高品質なデザインはヨーロッパ全域で認められているのだ。

このようにSHLの作品を、クオリティ・デザインならしめているのは、彼らの卓越した組織構成にあるのかもしれない。SHLには建築デザイン部門の他に、それをサポートする独立した4つの部門があるのだ。特殊なプロダクト・デザイン部門、家具・備品部門、ランドスケープ・デザイン部門、グラフィック・デザイン（コミュニケーション）部門である。

1986年、モルテン・シュミット、ビャルン・ハンマー、ジョン・ラッセンによって創立したSHLは、約20年後の2005年現在、100名を超すスタッフを擁するデンマークの大手建築設計事務所へと成長した。後年キム・ホルス・ヤンセンを、さらに近年モルテン・ホルムをパートナーに加えた5人体制をとっているが、年長のラッセンでもまだ52歳という若さでチーム全体は活気がある。

彼らはアーフス大学建築学科を卒業し、アーフスに本社を置き、コペンハーゲンに支店をもっている。チームを組んでデザイン活動をすることをモットーにしている彼らは、「今日の建築は非常に複雑で、ひとりの建築家がデザイン、技術、マネージメントを取り仕切るのは難しい。クオリティ・アーキテクチュアは強い個人のチームを必要とする。大事なことは、これらの個人をいかにして堅固なコラボラティブ・ユニティ（協力体制）にもっていくかである」と結んでいる。それはレンゾ・ピアノがいみじくも言った、「建築の創造はひとりの努力の結果ではなく、チームワークの賜物である」に匹敵する至言である。

SNOHETTA

スノヘッタ
[ノルウェー]

1987年オスロにスノヘッタを設立。現在は、61年フランクフルト生まれのクレイグ・ダイカーズ（米国国籍）と、58年ノルウェー生まれのケティル・トールセン（ノルウェー国籍）のふたりが主宰。建築設計事務所であると同時に、ランドスケープ・アーキテクト事務所でもある。

1　KHIB-National Academy of the Arts in Bergen / Bergen, Norway
　　ベルゲン国立美術アカデミー

2, 3　Alexandria Library　2002 / Alexandria, Egypt
　　アレキサンドリア図書館　　photo: ©Gerald Zugman

plan

239

Snøhetta

4 New National Opera House / Oslo, Norway
   新国立オペラハウス
5 Hamar Town Hall   2001 / Hamar, Norway
   ハーマー・タウンホール   photo: ©Damian Heinisch
6 Institute for Neurobiologie in Marseilles   2003 / Marseilles, France
   マルセイユ神経生物学研究所

7 Olafia Urban Plaza   1998 / Oslo, Norway
   オラフィア・アーバン・プラザ
8 Karmoy Fishing Museum   1998 / Karmoy, Norway
   カルモイ漁業博物館   photo: ©Arfo
9 Lillehammer Olympic Art Museum   1993 / Lillehammer, Norway
   リレハンメル・オリンピック美術館   photo: ©Arfo
10, 11 The Royal Norwegian Embassy in Berlin   1999 / Berlin
   在独ノルウェー大使館   photo: ©Arfo

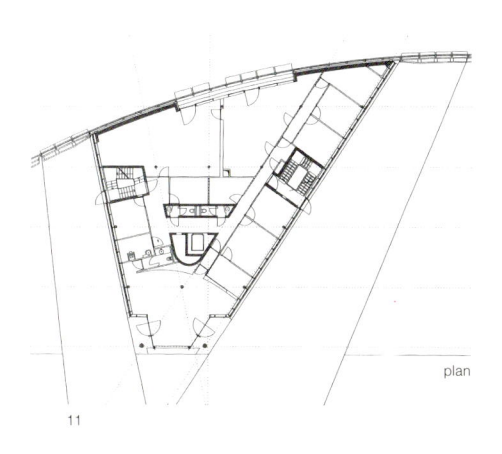

plan

1994年11月、真冬の凍てついたオスロのスノヘッタ事務所に立ち寄った。彼らが1989年にコンペで勝った「アレキサンドリア図書館」が、そろそろ完成かなと思ったからだ。期待はかなわず、これから工事が始まるという気が遠くなるような話だった。帰りしなに『Arkitektguiden Snohetta』という会社案内を1冊もらった。その表紙には、オリガミック・アーキテクチュアのような幾何学的な造形作品が、手の平に置かれた写真があった。優秀作品5点のひとつに入った「奈良コンベンション・ホール」コンペ案だ。敷地と同型の紙を元に、それを折り曲げてつくった建築フォルムは、敷地のランドスケープをベースに、知的操作から生まれたスノヘッタ流のデザイン。

彼らはまた、「国立国会図書館関西館」コンペにもチャレンジ。矩形平面を縦に6分割した明快な平面構成。ガラス・スリットをもちながら複雑なねじりを加えた屋根架構を、一体的に組み立てた独創的な空間は高く評価された。スノヘッタは、日本のコンペに2回も応募するという親日派。というのも彼らが1等を獲得した「アレキサンドリア図書館」コンペの審査員に、槇文彦が入っていたことと無縁ではないだろう。

スノヘッタは1987年に結成された多国籍なメンバーから成る建築集団で、現在はクレイグ・ダイカーズとクティル・トールセンが主宰。"スノヘッタ"という社名の由来は、雪を頂く神々しいノルウェーの山からの命名だ。スノヘッタは建築設計集団とはいえ、ランドスケープ・アーキテクトが多いのだ。数年前の記録だが、所員52名のうち、7名の事務職を除くと、建築家31名、ランドスケープ・アーキテクト9名、インテリア・デザイナー5名という構成だ。スノヘッタはランドスケープ・デザインにも力を入れている事務所なのだ。

その端的な作品が、オスロ中心部に完成した「ソニア・ヘニー・プラザ」だ。この広場は、交通広場的性格をもっており、雑多なビル群の間にあって、ひとつの独立した建築エレメントを構成している。傾斜路の擁壁にカラフルなモザイクをはめ込んだような仕上げを施し、華やいだ雰囲気を放つランドスケープ・デザインの冴えを見せている。その他にも「トイエン文化公園」「ビヨルソンズ・ガーデ

12 Arnes Street Rehabilitation 2001 / Arnes, Norway
アーネス・ストリート・リハビリテイション
13 Sonja Henie Plaza 1989 / Oslo, Norway
ソニア・ヘニー・プラザ photo: ©Synectics
14 Turner Center 2005 / Margate, UK
ターナー・センター
15 Toyen Culture Park 1994 / Oslo, Norway
トイエン文化公園
16 Bjornson's Garden 1996 / Oslo, Norway
ビヨルソンズ・ガーデン photo: ©Snohetta

17 Nara Convention Hall / Competition
奈良コンベンション・ホール
18 WTC Cultural Center / New York
WTC文化センター
19 Artesia 2002 / Oslo, Norway
アルテジア photo: ©Damian Heinisch
20 Morild Lighting Design 2002 / Skien, Norway
モリルド・ライティング・デザイン

photos : Courtesy of the Architect except ©Synectics

ン」「アーネス・ストリート・リハビリテイション」「オラフィア・アーバン・プラザ」などのランドスケープ・デザインがある。

また「新オスロ市立病院」では、医師と患者、治療、病院、コミュニティの統合を目指すというプログラムが、ランドスケープへの全体的なインテグレーションによって可能になった。ここではランドスケープが建物になり、建物がランドスケープになったという面白い現象が起きている。

スノヘッタの名前を世界に知らしめた代表作「アレキサンドリア図書館」は、世界の強豪を抑えて勝ち取った国際コンペ。コンペから足掛け14年を費やした「アレキサンドリア図書館」は、建築・歴史・文化・ランドスケープを統合する中近東における最大規模の図書館。紀元前295年頃プトレマイオス1世が建設した当時世界最大の図書館には、ギリシャ・ローマ文明の英知を集めた蔵書が50万冊。地中海文明の拠点であり、ユークリッドやアルキメデスもここに学んだという由緒ある図書館であった。

建物は斜めにカットされた直径160mのシリンダーが地上高32mの位置から地下12mまで、第5のファサード（天井）が下降する。それは古代の地層から抜け出し、現代を照射し、未来へと橋渡しする知のシンボルだ。傾斜したガラス天井はグリッド・パターンで覆われたトップライトと窓の機能をもち、アレキサンドリアの海の青さを視覚的に取り込んでいる。

スノヘッタは図書館に14年もかかっている間に、「リレハンメル・オリンピック美術館」「カルモイ漁業博物館」「在独ノルウェー大使館」「ハーマー・タウンホール」「マルセイユ神経生物学研究所」などを完成させた。続いて2005年には英国のマーゲイトに「ターナー・センター」を完成。歴史的な桟橋という水景ランドスケープの中に、ユニークな姿を出現させた。

そして2008年には、オスロの海浜風景の中に海に浮かんだような人工台地をもつ美しい「新国立オペラハウス」が建ち上がる予定だ。またほとんど時同じくしてニューヨークのグラウンド・ゼロの「WTC文化センター」が、そして2009年には「ベルゲン国立美術アカデミー」も完成するはずだ。

Paolo Soleri

パオロ・ソレリ
[イタリア／アメリカ]

1919年イタリア、トリノ生まれ。46年トリノ工科大学大学院で博士号取得。47年フランク・ロイド・ライト事務所勤務。56年非営利的教育組織コサンティ財団を設立。63年AIAクラフトマンシップ・メダル受賞。81年世界建築ビエンナーレ・ゴールドメダル受賞。2000年ヴェニス・ビエンナーレ金獅子賞受賞。

1, 2, 3　Arcosanti　1970– / Cordes Junction, Arizona
アーコサンティ

2　photo: ©Ivan Pintar

3　photo: ©Jeffrey Manta

photo: ©Cosanti Foundation

245

PAOLO SOLERI

4 Dome House   1949 / Cave Creek, Arizona
  ドーム・ハウス   photo: ©Cosanti Foundation

5 Solimene Ceramics Factory   1953 / Vietri sul Mare, Italy
  ソリメネ陶磁器工場   photo: ©Robert Vignoli

6 Paolo Soleri Theater   1966 / Santa Fe, New Mexico
  パオロ・ソレリ劇場   photo: ©Cosanti Foundation

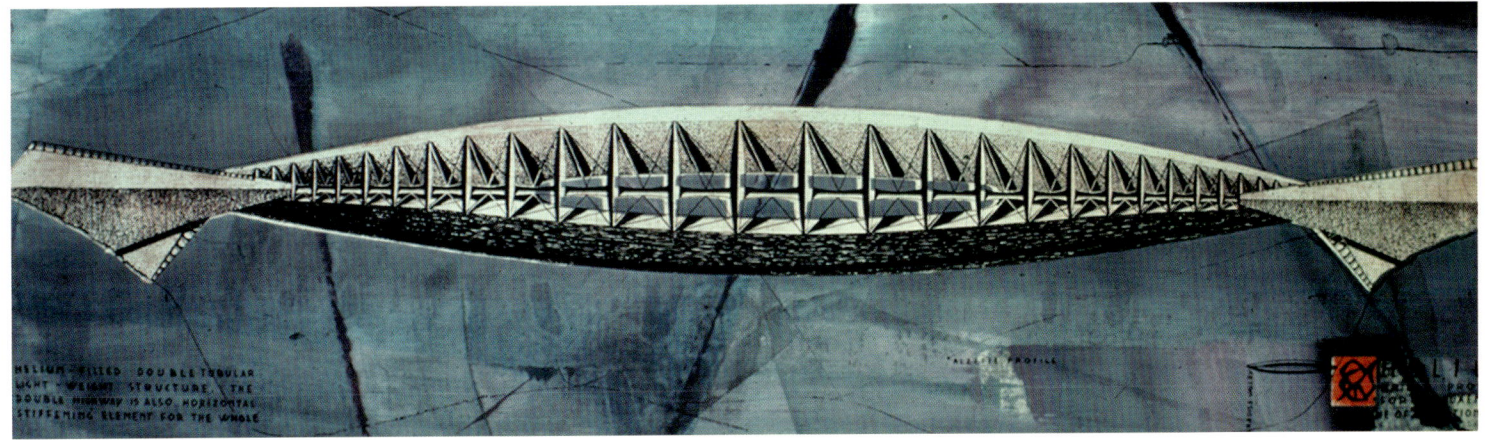

7 Double Tubular Bridge
   ダブル・チューブ・ブリッジ   photo: ©Ivan Pintar

8 Levitation Bridge
   レビテイション・ブリッジ   photo: ©Ivan Pintar

9 Interior Design for Arizona University Cancer Center Chapel
   1986 / Tucson, Arizona
   アリゾナ大学ガン・センター・チャペルのインテリア・デザイン
   photo: ©Cosanti Foundation

10 Beast Bridge
   ビースト・ブリッジ   photo: ©Ivan Pintar

11 Pumpkin Apse & Barrel Vault(Cosanti) 1971 / Cordes Junction, Arizona
   パンプキン・アプス & バレル・ヴォールト(コサンティ財団)   photo: ©Jeffrey Manta

12, 13 Ceramics Studio(Cosanti) 1958 / Pradaise Valley, Arizona
   セラミック・スタジオ(コサンティ財団)

   photo: ©Jeffrey Manta   photo: ©Cosanti Foundation

PAOLO SOLERI

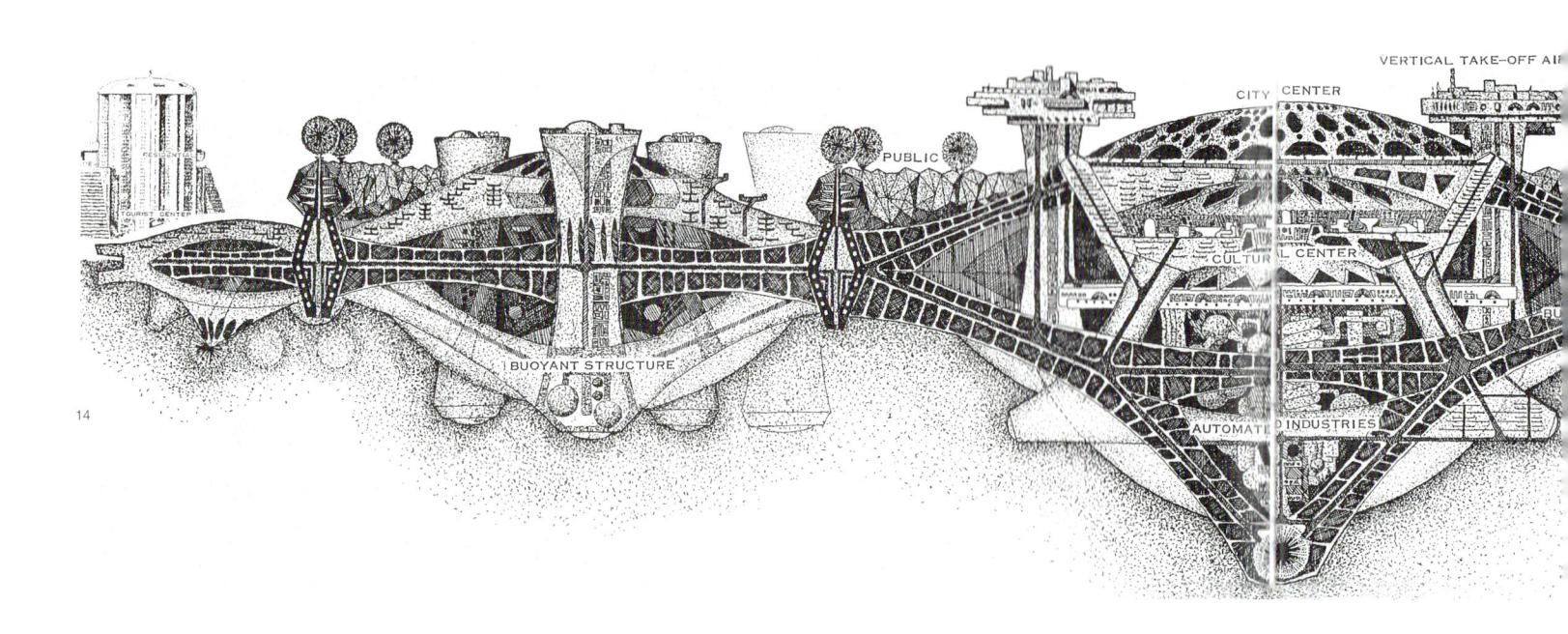

1994年10月中旬、アメリカのフェニックス空港に降り立った私は、そこから郊外に広がる荒涼たる砂漠の中を車で2時間ほど突っ走った。やがて大きな崖っぷち沿いに建つ「アーコサンティ」が姿を現わした。パオロ・ソレリが砂漠の理想都市を目指し、1970年にスタートした都市づくりは、早くも30年が過ぎいまだに建設中だ。ガウディの「サグラダ・ファミリア教会」と同様、遅々とした進行ぶりだ。建設資金の窮乏やソレリ自身の高齢化も気になるところだ。

5,000人の居住人口を目指したこのユートピアの発想は、ソレリの幼少の頃の体験に基づいているという。彼の父親はイタリアのアルピニストであった。休日になると父親はチビのソレリを連れてアルプスへ。ソレリは小さいながらも、日常住む都市の猥雑さとアルプスの美しさとの差を感じたという。その結果、彼は誰もが街のすぐ外側に、そのような美しい自然をエンジョイできる都市がほしいと思ったという。

ソレリが考え出した"アーコロジー(Arcology)"は、建築(Architecture)とエコロジー(Ecology)を融合したコンパクト・シティの概念だ。都市周辺の直近の土地は集中的に耕作用に使用し、その他の大部分の土地は自然のままにしておくのだ。"アーコロジー"は非常に小さな都市のためのコンセプトだ。住人は数分も歩けば大自然に分け入ることができるという。

ソレリのこうした考えは、技術によって開発された人工的なハビタ(居住空間)であり、明らかに自然に対置される有機体と定義できる。ソレリはそれを、環境に適切に挿入される特殊な地形——"ネオ・ネイチュア(新自然)"——と呼んでいる。

ソレリのデザイン手法は、師フランク・ロイド・ライトから直接学んだアメリカ・ヒューマニズムの形態、すなわちホレース・グリーンノフからバックミンスター・フラーに至る環境学の伝統と軌を一にしている。建築とエコロジーは、歩調を合わせて進歩しなければならないという信念は、ソレリをして「アーコサンティ」という都市づくりに踏み切らせたが、すでに処女作「ドーム・ハウス」でもその萌芽は十分看取される。

アリゾナ州ケイブ・クリーク。砂漠のド真中に建設された「ドーム・ハウス」は、地上には最小限度の

14	Novanoah I	
	ノヴァノア-1	
15, 16	Space for Peace	
	スペース・フォー・ピース photo: ©Scott Riley	
17	Asteromo	
	アステロモ photo: ©Cosanti Foundation	
18, 19	Hexahedron	
	ヘキサヒードロン photo: ©Ivan Pintar	
20, 21	SOLARE: Lean Linear City / China	
	ソラレ:リーン・リニア・シティ photo: ©Cosanti Foundation	
22	Sundial Bridge for Scottsdale Canal / Scottsdale, Arizona	
	サンダイアル・ブリッジ photo: ©Cosanti Foundation	

photos : Courtesy of the Architect

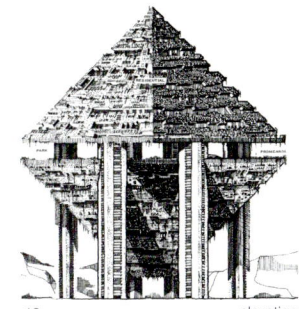

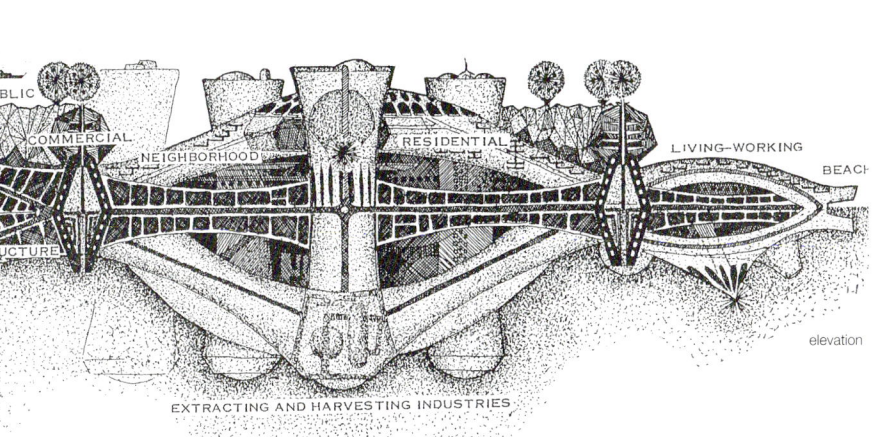

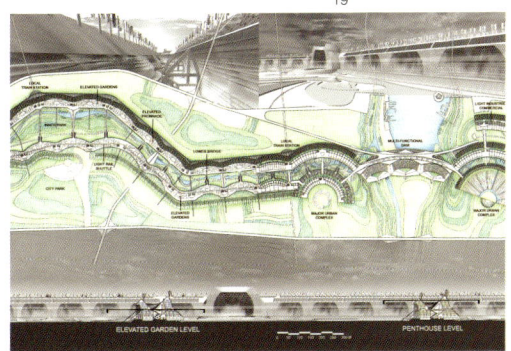

形態しか表出させていない。環境を思いやったバイオクライマティック(生態気候学的)なデザインをもつこの住宅は、わずかに居間部分の円形ガラス・ドームだけが地上に見えるが、他はすべて地中に埋設されている。

プエブロ・インディアンが、宗教儀式などに使用する"キーヴァ"という地下の大広間を参照した「ドーム・ハウス」は、さらにライト晩年の公共建築に展開された円形プランからの影響も見逃せない。

1950年代初頭にイタリアに戻ったソレリは、サレルノに自邸兼スタジオを建設。1954年に洪水で破壊されたものの、近隣に「ソリメネ陶磁器工場」を完成させた。無数の陶磁器の花瓶を外壁にあしらったその表情は、アルマジロの皮膚のように見える。

ヴォイドとなった内部の中央空間や内外部空間の境界域に配置された連続する動線は、"アーコロジー"の基本的なレイアウトだ。

1956年アリゾナ州スコッツデイルに、ソレリは「コサンティ財団」を設立し、財団の各種の建物を建設しはじめる。パラダイス・ヴァーレイの敷地には、アリゾナ・ソルト川の河床から運んだシルト(沈泥)とコンクリートをミックスした実験的なアース建築がつくられた。1966年サンタフェに完成した「パオロ・ソレリ劇場」も、地中に直接コンクリートを流し込む同じ手法で建設された。

パオロ・ソレリは「アーコサンティ」にかかりっきりのため寡作である。だが「ダブル・チューブ・ブリッジ」「レビテイション・ブリッジ」「ビースト・ブリッジ」など、橋の未完プロジェクトの他に、「セラミック・スタジオ」や「パンプキン・アプス&バレル・ヴォールト」が完成。ツーソンにも「アリゾナ大学ガン・センター・チャペル」のインテリア・デザインが完成している。

またメガロマニアックなフローティング・シティの「ノヴァノア-1」をはじめ、「スペース・フォー・ピース」、人口17万人を想定した垂直アーコロジーである「ヘキサヒードロン」、人口7万人を想定した地球を周回する宇宙コロニー「アステロモ」、小惑星の周囲に構築される5,000〜10,000人の都市、そして中国の「ソラレ:リーン・リニア・シティ」など、都市的スケールのプロジェクト案がある。その唯一の実作「アーコサンティ」が、アリゾナの砂漠にいつ完成するともなく延々と建設中だ。

SOM/Skidmore, Owings & Merrill

SOM／スキッドモア・オウイングス＆メリル
［アメリカ］

1936年ルイス・スッキドモア、ナサニエル・オウイングスにより設立。39年SOM（スキッドモア・オウイングス＆メリル）に改称。シカゴ、ニューヨーク、ワシントンD.C.、サンフランシスコ、ロサンゼルス、ロンドン、香港、上海などに事務所を構える。過去900以上の賞を受賞。組織設計事務所とはいえ、ゴードン・バンシャフト、ウォルター・ネッチ、デイヴィッド・チャイルズなどのスター・アーキテクトを生み出している。

1

1, 2　Freedom Tower / New York
　　　フリーダム・タワー

SOM

3 Sears Tower 1974 / Chicago, Illinois
 シアーズ・タワー   photo: ©Timothy Hursley

4 John Hancock Center 1970 / Chicago, Illinois
 ジョン・ハンコック・センター   photo: ©Timothy Hursley

5, 6 Jin Mao Tower 1999 / Shanghai
 ジン・マオ・タワー   photo: ©Hedrich-Blessing

7, 8 Burj Dobai Tower / Dobai, United Arab Emirates
 バージ・ドバイ・タワー

7 site plan

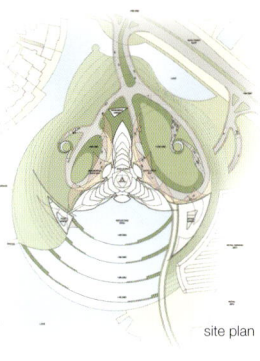

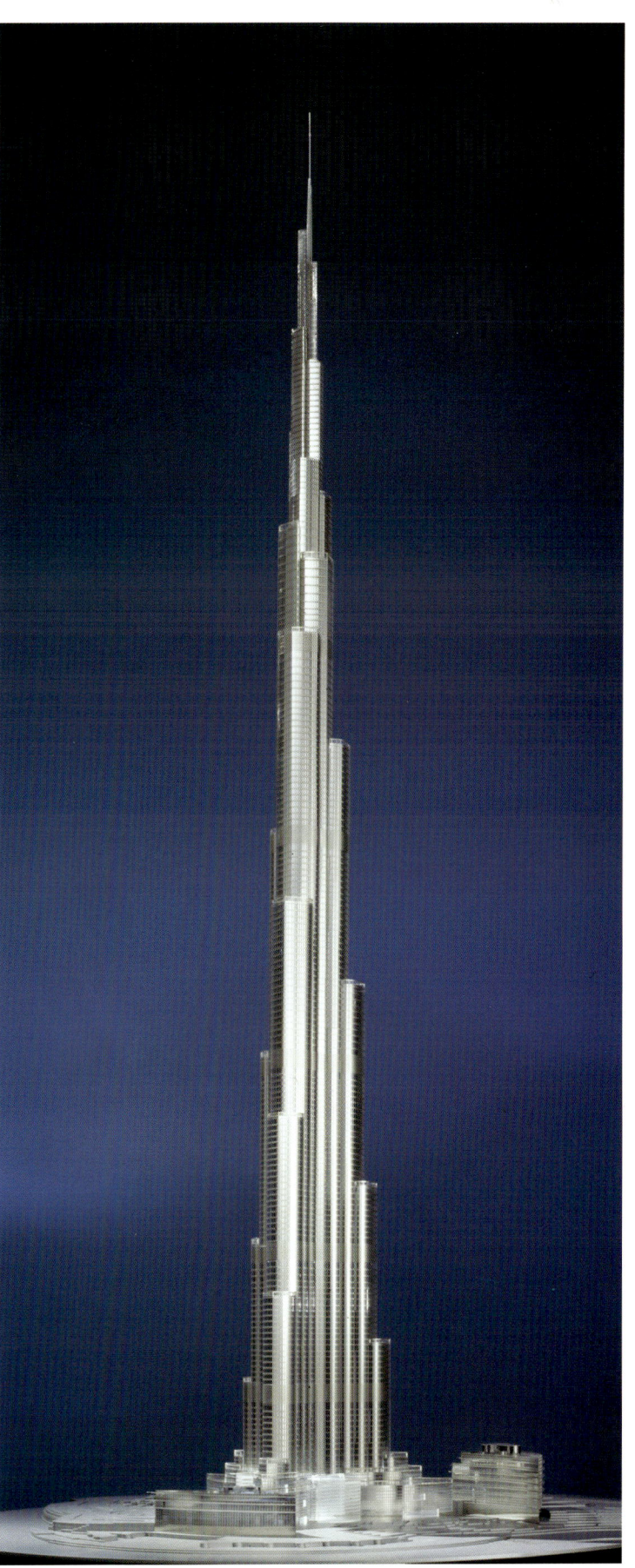

9, 10	US Air Force Academy Chapel　1963 / Colorado Spring, Colorado		15	Washington Mall　1976 / Washington D.C.
	米国空軍アカデミー・チャペル　photo: ©Hedrich-Blessing			ワシントン・モール
11	Beinecke Rare Book & Manuscript Library　1963 / New Heaven, Connecticut		16	Greenwich Academy Upper School　2002 / Greenwich, Connecticut
	バインネック希覯本＆資料図書館　photo: ©Synectics			グリニッチ・アカデミー上級スクール　photo: ©Robert Polidori
12	Hirshhorn Museum & Sculpture Garden　1974 / Washington D.C.		17	Skyscraper Museum　2004 / New York
	ハーシュホーン美術館＆彫刻ガーデン　photo: ©Synectics			スカイスクレーパー・ミュージアム　photo: ©Robert Polidori
13	Lever House　1952 / New York		18	Oakland Cathedral / Oakland, California
	レバー・ハウス　photo: ©Florian Holzherr			オークランド・カテドラル
14	Jeddah Airport　1982 / Jeddah, Saudi Arabia		19	Broadgate Development　1992 / London
	ジェッダ空港　photo: ©Jay Langlois			ブロードゲイト開発　photo: ©Hedrich-Blessing
			20	Chase Manhattan Bank Tower & Plaza　1960 / New York
				チェース・マンハッタン銀行タワー＆プラザ　photo: ©Synectics

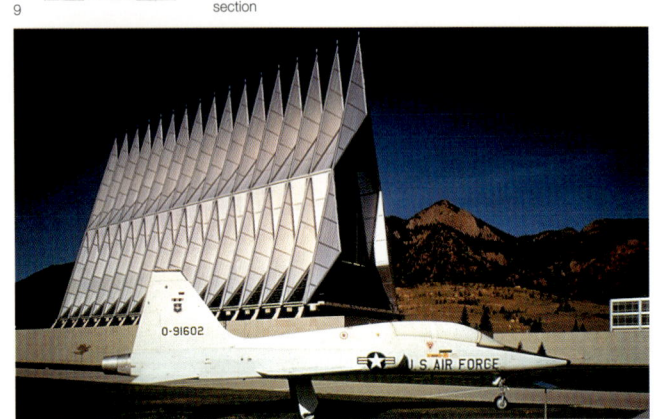

著名なアメリカの大手設計事務所SOMは、現在ニューヨーク、シカゴ、ワシントンD.C.、サンフランシスコ、ロサンゼルス、ロンドン、香港、上海などに事務所を構える世界企業。今では担当設計者（パートナー）の名前などはなかなか見えにくい。しかしかつては、SOMというと多数の名作を生み出したニューヨーク事務所のゴードン・バンシャフトをはじめ、シカゴ事務所のウォルター・ネッチ、マイロン・ゴールドスミス、ブルース・グレアム、サンフランシスコ事務所のエドワード・バセットなど、SOMの顔として数々の代表作を生み出したスター建築家が思い出される。

だがそういったスター・アーキテクトのSOMではなく、SOMという大きな樹幹からいろいろな枝が伸び、それが各事務所の個性的な建築家としてのパートナーなのだというSOM創設メンバーのひとり、ナサニエルA.オウイングスの理論が、今日のSOM組織のベースになっている。

1936年創立のSOMは、かつては世界最大の設計組織であったが、現在はわが国の日建設計よりも規模は小さくなったものの、そのソフィスティケートされたデザインとテクノロジーの質は、数ある世界の巨大設計事務所の中でも超一流と言える。それが証拠に、20世紀および21世紀の名作建築におけるSOM作品の比率は高い。

今ではアメリカ随一の高さを誇る「シアーズ・タワー」を初め、20世紀オフィス・ビルのプロトタイプ「レバー・ハウス」、オニックスのフィルターを通した自然光の美学「バインネック希覯本＆資料図書館」、イサム・ノグチの赤い彫刻との相性で知られる「マリン・ミッドランド銀行」、シャープな幾何学的宗教建築として名高い「米国空軍アカデミー・チャペル」、スリムな超高層美学の結晶「ジョン・ハンコック・センター」など、SOMの古典的名作群は建築的ノスタルジーを刺激して止まない。

創立以来、SOMは建築・インテリア・都市計画などを含めて、世界50カ国以上に10,000件を超える作品を完成させている。AIA(アメリカ建築家協会)が企業に授与するもっとも名誉ある賞として知られる、第1回目の"ファーム・アワード（企業賞）"を1961年に受賞。さらに2回目(1996)も同賞を受賞した唯一の設計会社となった。その他の受

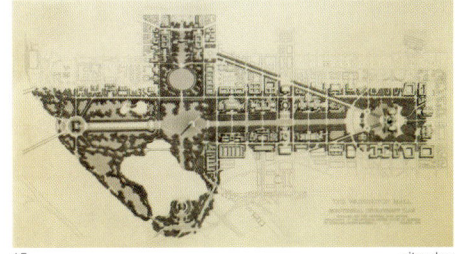

21	Marin Midland Bank 1967 / New York
	マリン・ミッドランド銀行 photo: ©Synectics
22	Worldwide Plaza 1989 / New York
	ワールド・ワイド・プラザ photo: ©Synectics
23	Time Warner Center 2003 / New York
	タイム・ワーナー・センター photo: ©Synectics
24	Former Pepsi Cola Building 1960 / New York
	旧ペプシコーラ・ビル photo: ©Synectics
25	San Francisco International Airport 2001 / San Francisco
	サンフランシスコ国際空港ターミナル photo: ©Timothy Hursley

photos : Courtesy of the Architect except ©Synectics

賞も900回を超え、アメリカのデザイン・オフィスとしてはナンバーワンの実績だ。

ニューヨークのウォール街に本社を置くSOMは、ニューヨーク・ダウンタウンの再開発計画では中核的な役目を担っている。話題のグラウンド・ゼロにおいて、会長のデイヴィッド・チャイルズは、「フリーダム・タワー」として知られる「ワールド・トレード・センター・タワー1」を担当。完成時には世界最高レベルの建築となり、ニューヨークのスカイラインを一新する役目を担っている。SOMは「セブン・ワールド・トレード・センター」も設計。現在工事中のこのビルは、サスティナブル・デザインで米国のLEED (エネルギー環境設計リーダーシップ) のシルバー・レベルを受賞することが期待されている。

さらに近くのバッテリー・パーク・シティには「スカイスクレーパー・ミュージアム」を設計。小規模ながら、ロウアー・マンハッタン開発に寄与する重要な作品だ。それはSOM作品の中でも著名アーティストを意義ある方法で起用した作品のひとつである。「セブン・ワールド・トレード・センター」にもコンセプチュアル・アーティストとして名高いジェニー・ホルザーの大規模アートを採用するし、「フリーダム・タワー」の最上階にもアートをインテグレートさせることを考慮中である。

SOMの近作で話題の代表作は、「ジン・マオ・タワー」「サンフランシスコ国際空港ターミナル」「グリニッチ・アカデミー上級スクール」「タイム・ワーナー・センター」など、世界の建築雑誌を賑わせた作品が多い。中でもコロンバス・サークルにできた「タイム・ワーナー」は、SOMが21世紀のニューヨーク・スカイラインを征する橋頭堡として重要だ。そしてさらに重要なのが、世界中に展開中の将来プロジェクトだ。ドバイの「バージ・ドバイ・タワー」、ニューヨークの「フリーダム・タワー」、カリフォルニアの「オークランド・カテドラル」など。特に「フリーダム・タワー」は、マレーシアの「ペトロナス・タワー」(452m)や、「上海世界金融センター」(492m)、台北の「タイペイ101ビル」(508m)を抜いて世界最高になるのだ。だがそれをまた、SOM自身の「バージ・ドバイ・タワー」(800m以上)がいずれ抜くという具合に、昨今のSOMは世界の超高層レースをひとりじめした観がある。

Studio Granda

スタジオ・グランダ
[アイスランド]

1959年レイキャヴィク生まれのマーガレット・ハーサルドッティールと、60年イギリス生まれのスティーヴ・クリスターが、87年にスタジオ・グランダを設立。「アイスランド最高裁判所」や「レイキャヴィク市庁舎」などでコンペに勝ち、国際的な存在となる。

1

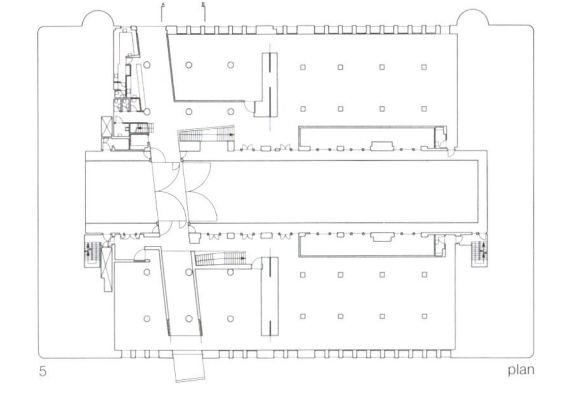

1 Reykjavik City Hall   1992 / Reykjavik, Iceland
   レイキャヴィク市庁舎   photo: ©Synectics
2 Hrolfsskalavor Residence   2006 / Reykjavik, Iceland
   ロルフスカラヴォール邸   photo: ©Sigurgeir Sigurjonsson
3 Lindakirkja Church, Chapel and Congregational Hall / Competition
   リンダキルキャ教会チャペル & 集会室
4, 5 Reykjavik Art Museum   2000 / Reykjavik, Iceland
   レイキャヴィク美術館   photo: ©Sigurgeir Sigurjonsson

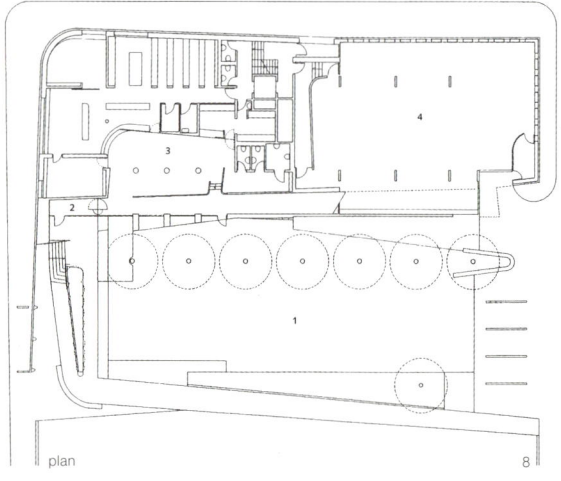

Studio Granda

plan

258

6, 7, 8	Supreme Court of Iceland 1996 / Reykjavik, Iceland アイスランド最高裁判所　photo: ©Sigurgeir Sigurjonsson
9	Student and Research Center for the University of Iceland / Competition アイスランド大学学生研究センター
10	Hofdabakka Highway Interchange 1995 / Reykjavik, Iceland ホフザールバッカ高速インターチェンジ　photo: ©Sigurgeir Sigurjonsson
11	Kringlumyra Footbridge 1995 / Reykjavik, Iceland クリングルミラー歩道橋　photo: ©Sigurgeir Sigurjonsson

STUDIO GRANDA

12 Coastal Apartments in Stokkseyri / Stokkseyri, Iceland
ストックセイリ海浜アパートメント

13 Kringlan Shopping Mall Car Park
2004 / Reykjavik, Iceland
クリングラン・ショッピング・モール駐車場
photo: ©Sigurgeir Sigurjonsson

14, 15 Aktion Poliphile 1992 / Wiesbaden, Germany
アクション・ポリファイル

16 Stekkjarbakki Highway Interchange 2004 / Reykjavik, Iceland
ステックキャルバッキ高速インターチェンジ
photo: ©Sigurgeir Sigurjonsson

17 Three Footbridges over Hringbraut & Njardagata
2006 / Reykjavik, Iceland
リングブラウト＆ニャルサールガタの3歩道橋
photo: ©Sigurgeir Sigurjonsson

18 Skeidarvogs Highway Interchange 1999 / Reykjavik, Iceland
スケイザールヴォグス高速インターチェンジ
photo: ©Sigurgeir Sigurjonsson

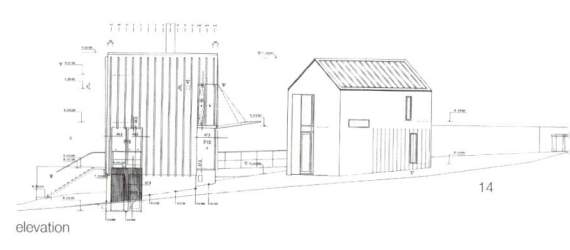

アイスランドのランドスケープは、氷河の荒涼たる広がりから溶岩原や低地の耕作地まで、信じがたいほどの変化を見せる。しかも北アメリカ・プレートとヨーロッパ・プレートとの接合点の上部に位置し、地震や火山爆発が頻繁し、常に変化し続けているのだ。そんな峻烈な環境でも、建築活動にとっては非常に挑戦的だと、アイスランドきっての国際派建築家、スタジオ・グランダを主宰するマーガレット・ハーサルドッティールとスティーヴ・クリスターは言う。ふたりはロンドンのAAスクールで出会い、共に1984年に卒業した夫婦(めおと)建築家だ。

彼らは処女作である車1台用のガレージの後、1987年に「レイキャヴィク市庁舎」コンペに勝ち、このコミッションによって同年事務所を開設。代表作となった「レイキャヴィク市庁舎」は、彼らを一躍世界的な存在へと至らしめた。彼らを知ったのは、雑誌に発表された「市庁舎」の記事だった。遠い最果ての異国に建つ建物は、寂寥感漂う北国の湖面に弧影を宿して秀逸の美学を見せている。

数年後アイスランドを訪れた私は驚いた。「市庁舎」は見かけの美しさに加えて、数々の斬新なデザインが凝縮されていたのだ。そのひとつは、建物の一部が苔に覆われているというデザイン。建物の50%が湖水の中に位置すること。そのルーフスケープが、幾何学的なコップレックスを成していることなどであった。

これらのコンペ案に盛り込まれた難題をクリアするのが並大抵でなかったことは、その後の彼らの言葉に表れている。「4年半の歳月を要したこの類いの建物の工事期間は、長いようで短いものであった。学校では可能な、自分たちのアイディアを分類・整理する時間は皆無であった。やったことと言えば、不必要なアイディアを削除し、スキームを煮詰めて本質的な要素を残すことであった」。

1984年にAAスクールを卒業して、3年後に「レイキャヴィク市庁舎」というビッグ・プロジェクトを手中にしてしまったのだから、無理も出てこよう。だが幸運の女神は依然としてスタジオ・グランダに微笑み続ける。1993年には「アイスランド最高裁判所」コンペに勝利してしまう。1国にひとつしかない建築タイポロジーに出会うのは若い建築家にとっては至難の経験だろう。

19	Bifrost Business School Extension, Cafe and Quadrangle 2002 / Nordurdalur, Iceland		24	Valhalla Summer Residence 2003 / Reykjavik, Iceland
	ビフロスト・ビジネス・スクール増築, カフェ & クゥアドラングル photo: ©Sigurgeir Sigurjonsson			ヴァルハラ邸夏の家 photo: ©Sigurgeir Sigurjonsson
20	Student Accommodation & Research Wing at Bifrost Business School 2005 / Nordurdalur, Iceland		25	Vogaskoli Secondary School Extension / Competition
	ビフロスト・ビジネス・スクール学生宿舎 & 研究棟 photo: ©Sigurgeir Sigurjonsson			ヴォガスコリ中学校増築
21	Laugalaekjarskoli Secondary School Extension 2004 / Reykjavik, Iceland		26	Gufunes Churchyard Service Building / Competition
	ラウガラエキャールスコリ中学校増築 photo: ©Sigurgeir Sigurjonsson			ガフューンズ教会墓地サービス・ビル
22	Skefjar Office 2003 / Reykjavik, Iceland		27	Bookcover Design by Studio Granda
	スケフィアー・オフィス photo: ©Sigurgeir Sigurjonsson			スタジオ・グランダのブックカバー・デザイン
23	Skrudas Residence 2004 / Gardabaer, Iceland			
	スクルサールス邸 photo: ©Sigurgeir Sigurjonsson			photos : Courtesy of the Architect except ©Synectics

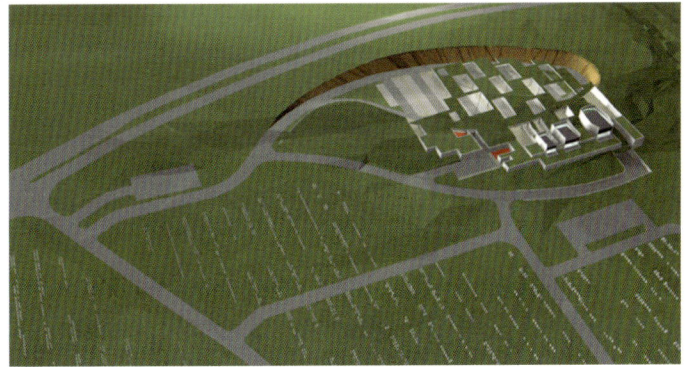

レイキャヴィク中心部の丘の上に建つ「最高裁」は、事前に緑青を吹かせた銅板と火山玄武岩をまとった渋い装いだ。丘の下の大通りから見上げると、外壁の緑青部分が見えてシンボリックな佇まい。エントランス部分はお国柄を反映してか、決してモニュメンタルでなく小さな入口だ。内部はいきなりサロン風のロビー空間。実際案内されて行った時、私は「最高裁」を見学するというので幾分緊張気味で行ったのだが、ロビーにいたスタッフのひと言、「上のほうも自由に見て下さい！」。ずいぶん開放的な「最高裁」であった。

その後も幸運の女神は微笑み続ける。1997年彼らは「レイキャヴィク美術館」コンペを射止める。古い港湾ビルの改修だが、中庭も展示スペースに取り込んだユニークなデザイン。内壁にメタル・シートを貼ったクールなインテリアはスリッキーで何やら未来的な印象。外観はエントラス・キャノピーを上向きにし、かつての桟橋にあった跳上げ橋の記憶を残しただけの静かな改修である。

3つの大きな公共建築を完成させた今、スタジオ・グランダは建築をこう定義する。「建築は私たちが住む世界を表現する方法を見い出す作業に他ならない。これを完遂するために、私たちは自分の感情や態度を——それがいかに退屈で、不合理で、直観的で、理知的であろうとも、物理的形態の中へと注ぎ込むしかない。これは人間存在の真実を、建築創造へと反映させる本質的なことなのだ」。

彼らはこれら3大プロジェクトの他に、「ロルフスカラヴォール邸」「リンダキルキャ教会チャペル & 集会室」「ストックセイリ海浜アパートメント」「アイスランド大学学生研究センター」などが進行中であるが、完成作品にはなぜかインフラ・土木的な仕事が多い。「ホフサールバッカ高速インターチェンジ」「クリングルミラー歩道橋」「クリグラン・ショッピング・モール駐車場」「スケイサールヴォグス高速インターチェンジ」「ステックキャルバッキ高速インターチェンジ」「リングブラウト & ニャルサールガタの3歩道橋」と6件もあるのだ。

スティーヴ・クリスターは、ベルギーのブック・カバー・コンペで拙著『ヨーロッパ建築案内』（TOTO出版）をモデルにしてくれたのだ。北国らしい手袋のついたウィットにとんだ作品で、私のお気に入りだ。

SZYSZKOWITZ – KOWALSKI

シスコヴィッツ―コワルスキー
[オーストリア]

ミヒャエル・シスコヴィッツは1944年オーストリア、グラーツ生まれ。71年グラーツ工科大学卒業。カルラ・コワルスキーは41年ポーランド、ボイテン生まれ。68年ダルムシュタット工科大学卒業。68-69年AAスクールに学ぶ。88年よりシュトゥットガルト大学教授。ドイツのギュンター・ベーニッシュ事務所で、シスコヴィッツは70年より、コワルスキーは69年より、共に71年まで「ミュンヘン・オリンピック・パーク」の設計に参加。73年共に設計活動を開始。78年グラーツ事務所設立。

1 Institute for Biochemistry and Biotechnology, Technical University of Graz   2000 / Graz, Austria
  グラーツ工科大学生化学・生物工学部
2,3 House H   1993 / Bad Mergentheim, Germany
  ハウスH
4 IBA Emscher Park Housing Estate   1997 / Gelsenkirchen, Germany
  IBAエムシャー・パーク住宅団地

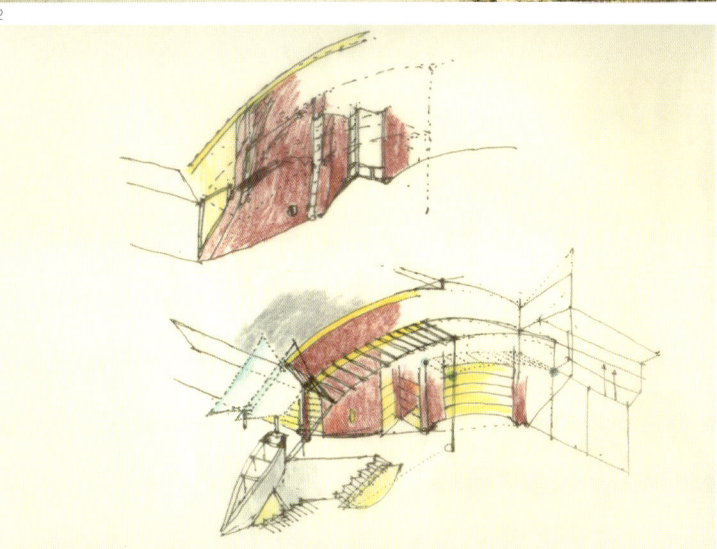

Szyszkowitz - Kowalski

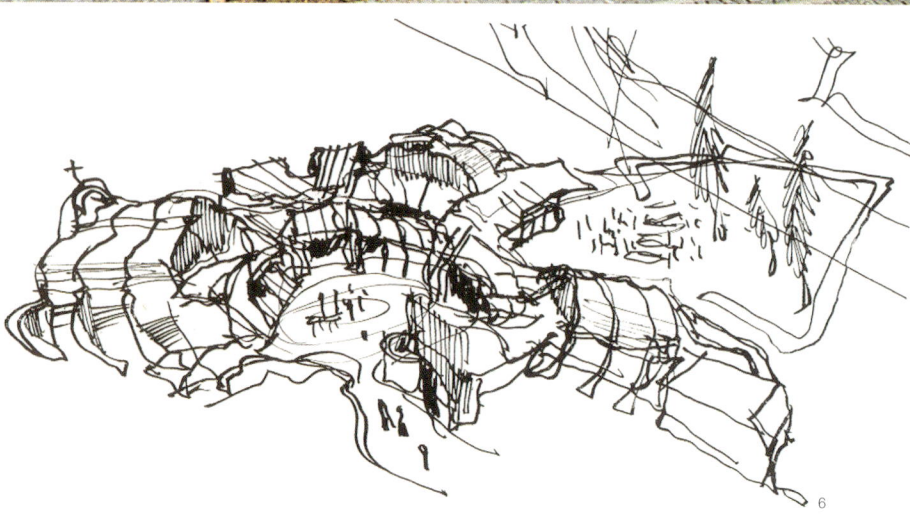

5, 6　Catholic Parish Center Graz-Ragnitz　1987 / Graz-Ragnitz, Austria
　　　ラグニッツ教区センター

　7　Kastner+Ohler Department Store Extension　1994 / Graz, Austria
　　　カストナー＋エーラー・デパート増築

　8　Primary School+Day-Nursery Langobardenstrasse / Vienna
　　　ランゴバルデン通りの小学校 & 保育所

　9　House W　1974 / Graz, Austria
　　　ハウスW

10　St. Ulrich Cultural Center　2000 / Greith, Austria
　　　セント・ウルリヒ文化センター

11, 12　Schiessstatte Housing Estate　1999 / Graz, Austria
　　　シースステッテ住宅団地

13　Kastner+Ohler Underground Parking　2003 / Graz, Austria
　　　カストナー＋エーラー・デパート地下駐車場　photo: ©Angelo Kaunat

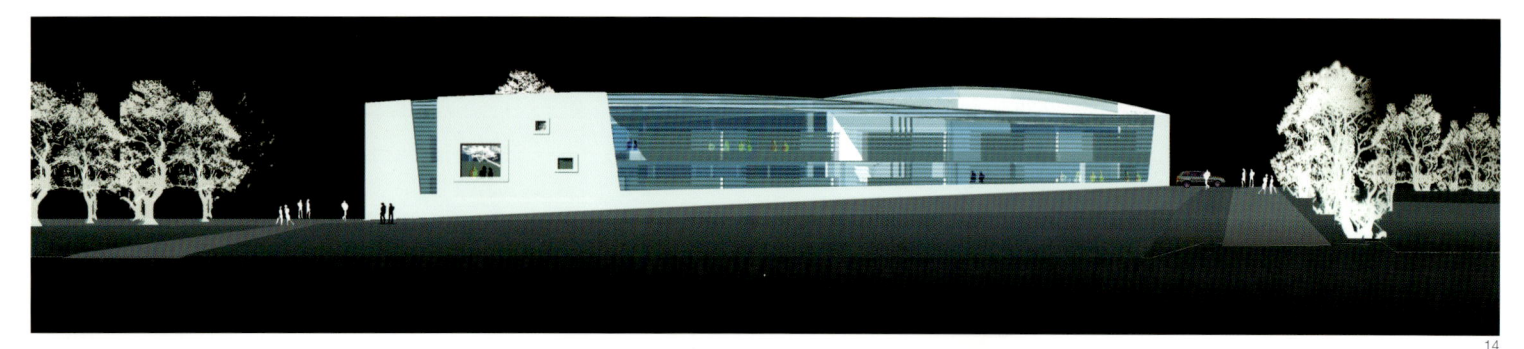

SZYSZKOWITZ - KOWALSKI

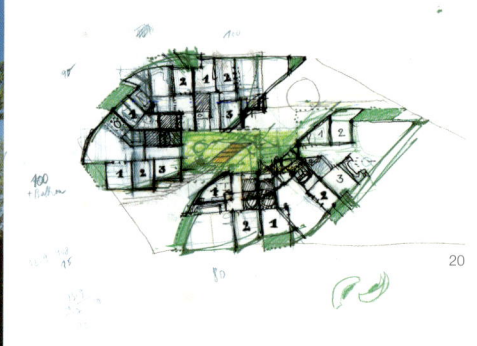

ミヒャエル・シスコヴィッツとカルラ・コワルスキーは、ギュンター・ドメニクと並んでオーストリア建築界のグラーツ派を代表する建築家だ。グラーツが州都をなすオーストリア南東部のシュタイアーマルク州では、昔からオーストリア建築界の慣例に同調しない反骨の気風があったという。彼らの作風はまさにその証左である。

シスコヴィッツーコワルスキーの作品は、一見してそれとわかるくらい特異な表情をしている。バイオモルフィック（生物表現的）なデザインとして知られる彼らの作品は、何かを暗示しているかのように見える。確かに有機的に見えるし、アンソロポモルフィック（擬人的）で、アンソロポゾフィカル（人智学的）な様相を呈しているとも言われてきた。

「グラーツ工科大学生化学・生物工学部」や「ラグニッツ教区センター」などは、その傾向が顕著だ。また戸建住宅の「ハウスW」「ハウスH」「ハウスK」などは、昆虫に似たプランをもつバイオモルフィック建築と言える。

「空間と時間の解釈は建築表現に欠かせない」と言う彼らは、歴史的パースペクティブの中で現在を捉えようとする。そこに彼ら自身の個人的な視点を封じ込める。個人の領域こそが、あらゆる創造活動の根源だからだ。その意味で彼らの建築は歴史的・伝統的なローカリズムに負うところが大きい。それが先のグラーツ派の特徴でもあるのだ。

彼らの作品は、高度に純粋な形で建築の構築性を具有し、表現していると言われている。しかしその作品形態は複雑で、言語によって伝えるにはかなりの難しさが伴う。つまりシスコヴィッツーコワルスキーの建築には、言葉では伝達できないものが潜んでいる。オーガニックで表現主義的で人智学的な作品は、今風に言えば、かつてのポスト構造主義の概念から生まれたディコンストラクションの範疇に入りそうだ。しかしそれ以前に、彼らの作品はしばしばバイオモルフィックな様相を呈しているが、形態、材料、色彩については、シュタイアーマルク地方の豊饒なバロック建築に範をとっているからのようだ。

近年の彼らの作品に見られる目立った傾向は環境への積極的な関与だ。ドイツのゲルセンキルヒェンに完成した「IBAエムシャー・パーク住宅団地」のメイン・テーマは、周辺ランドスケープとオープン・ス

14	High School Project Wolkersdorf ヴォルカースドルフの高等学校プロジェクト
15	Center of Studies, Technical University of Graz　2000 / Graz, Austria グラーツ工科大学研究センター
16, 17	Project Ruhr GmbH / Competition ルアー社プロジェクト
18, 19, 20	Office and Health Center by the City Park　2006 / Nuremberg, Germany 市立公園脇のオフィス＆ヘルス・センター
21	House K　1996 / Graz, Austria ハウス K
22	The Headquarters of the Steiermärkische Sparkasse Bank　2006 / Graz, Austria シュタイアーメルクリッシュ・スパルカッセ銀行本社　　photo: ©Angelo Kaunat

ペース。これは住居に近接した庭園（広場）と各住戸のオープン・スペースを意味している。
前者は"外部住居"として利用される環境広場で、パブリックな通路や広場からなり遊び場ともなる。後者のオープン・スペースは、いわゆる"アース・リビング（地上の居間）"と呼称されるもので、多目的に使用できるプライベートな庭である。
「グラーツ工科大学研究センター」も環境指向だ。西側に開かれたコの字形の中庭は、特別な雰囲気をもっている。芝生が植え込まれた中庭の上空には、向い合う2棟間にロープが張られている。これは地上から伸び上がってくるツタ類の植物を、空中にまで延ばして中庭を覆い、"グリーン・ルーフ"をつくろうという計画。緑に囲まれた空間に、学生が集うことを願った作戦だ。

シスコヴィッツ―コワルスキーが、近年環境を意識した作風に傾斜してきた反面、彼らのバイオモルフィックな形態指向が減少してきたような気がする。先の「IBAエムシャー・パーク住宅団地」や「グラーツ工科大学研究センター」は言うまでもなく、「シースステッテ住宅団地」「セント・ウルリヒ文化センター」「カストナー＋エーラー・デパート増築」なども同断である。ただしバイオモルフィック・デザインの基底を成していた、細かく分節されて複雑に輻輳するファサード造形は健在だ。これはシスコヴィッツ―コワルスキー・デザインを見極めるてっとり早い特徴である。またかつては奔放なデザインゆえに、ディコンストラヴィスティックな色合いも濃かったが、「ヴォルカースドルフの高等学校プロジェクト」などでは、目も覚めるようなスッキリしたファサード・デザインで、かつてを知る人を驚かせる。

シスコヴィッツ―コワルスキーは夫婦(めおと)建築家。夫君のシスコヴィッツはグラーツ工科大学出身だが、コワルスキーはダルムシュタット工科大学を卒業している。ふたりはともにドイツのギュンター・ベーニッシュ事務所に勤務し、「ミュンヘン・オリンピック・パーク」の設計に参加している。ベーニッシュ譲りの自在な形態操作テクニックは、彼らの作品に十分反映されているようだ。
1978年グラーツにオフィスを構え、以後ともに大学で教えながらのプロフェッサー・アーキテクト。今や世界的に知られたグラーツ建築界の顔である。

TEN Arquitectos

テン・アルキテクトス
[メキシコ]

1985年エンリケ・ノルテンとベルナルド・ゴメス=ピミエンタによってメキシコ・シティに設立したが、ピミエンタは現在独立して活動し、ノルテンがテン・アルキテクトスを主宰。エンリケ・ノルテンは54年メキシコ・シティ生まれ。イベロアメリカナ大学に学び、その後80年コーネル大学でMA取得。テン・アルキテクトスは、98年ラテン・アメリカ初のミース・ファン・デル・ローエ賞を受賞。

1 Hotel Habita   2000 / Mexico City
　ホテル・ハビタ　　photo: ©Luis Gordoa

2 Televisa Mixed Use Building   1995 / Colonia Doctores, Mexico
　テレビザ・ビル　　photo: ©Luis Gordoa, Armando Hashimoto

3 National School of Theater   1994 / Tlalpan, Mexico
　国立演劇学校　　photo: ©Luis Gordoa

4 JVC Convention and Exhibition Center / Jalisco, Mexico
　JVCコンヴェンション & 展示センター

5, 6 Educare Sports Facilities   2001 / Jalisco, Mexico
　エデュケア・スポーツ施設　　photo: ©Jaime Navarro

7 Lincoln East / Miami, Florida
　リンカーン・イースト

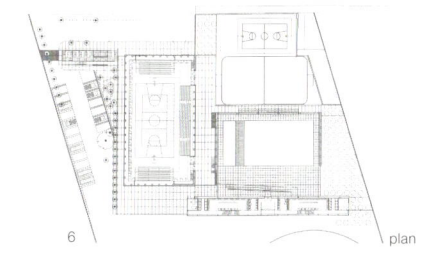

270

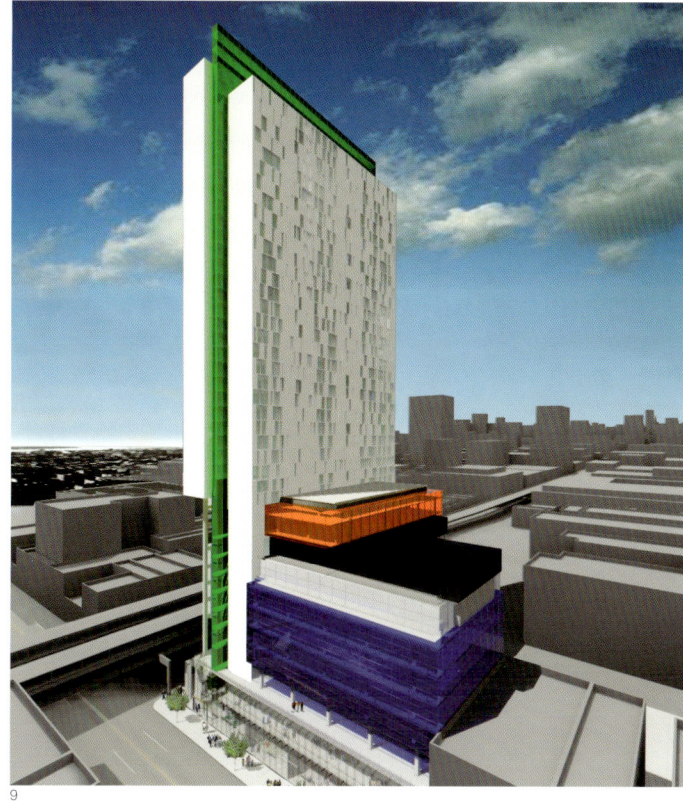

8   Visual and Performing Arts Library in Brooklin / New York
    ブルックリン視覚 & 舞台芸術図書館
9   Harlem Park / New York
    ハーレム・パーク
10 Brickell Plaza / Miami, Florida
    ブリッケル・プラザ
11 Moda in Casa   1993 / Mexico City
    モダ・イン・カサ   photo: ©Luis Gordoa
12 Princeton Parking Garage   2000 / Princeton, New Jersey
    プリンストン駐車場   photo: ©Paul Warchol
13 Espana Park Residential Building   2001 / Mexico City
    エスパーニャ公園集合住宅

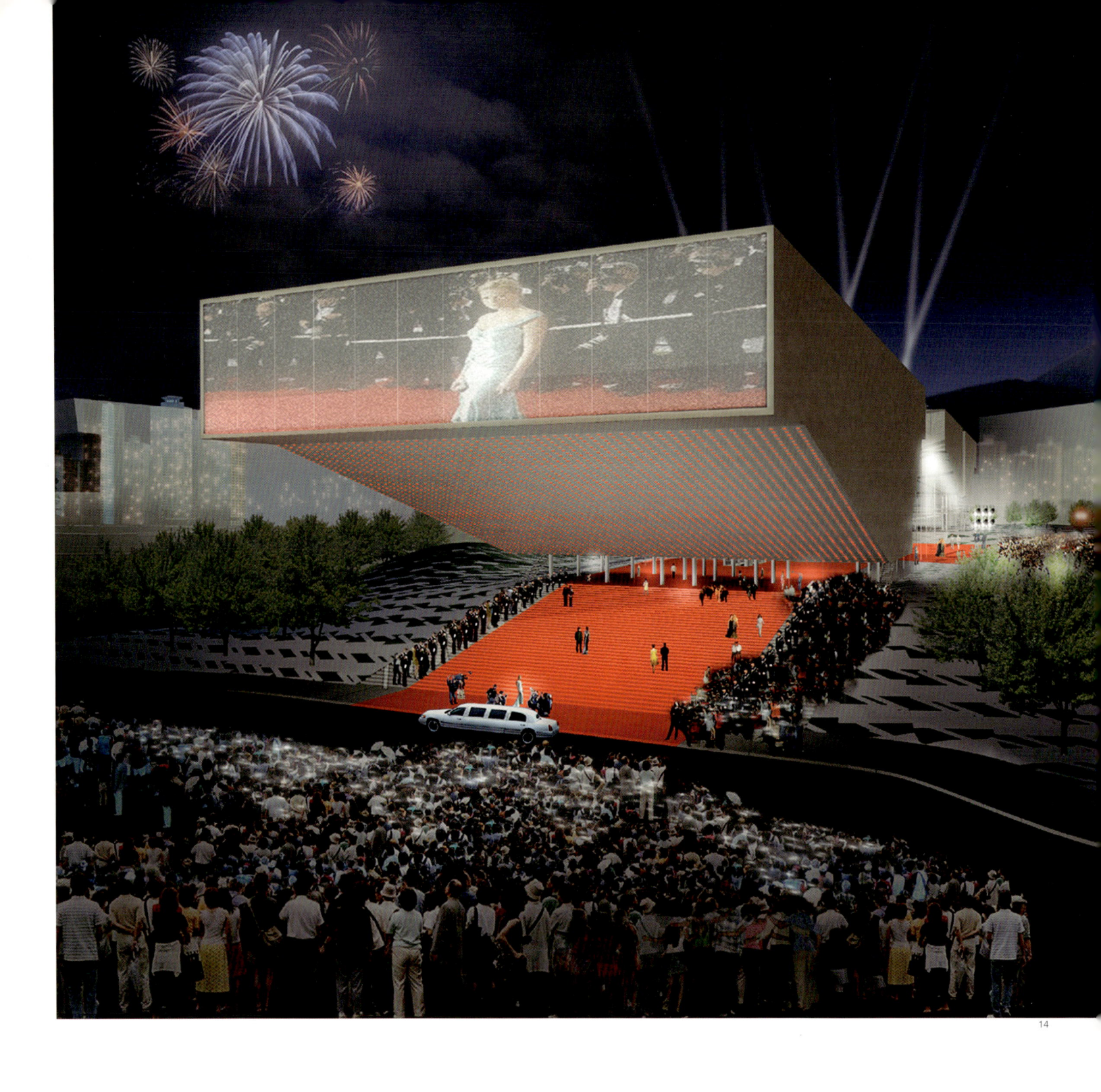

私が初めてメキシコを訪れた1991年頃、日本で知られたメキシコの現代建築家と言えば、ルイス・バラガンの影響を受けたリカルド・レゴレッタくらいであった。1995年再度メキシコを訪れたとき、レゴレッタの「アート・シティ」を見学した。その敷地の一角にあったのがテン・アルキテクトスの「国立演劇学校」であった。一見レンゾ・ピアノの「関西国際新空港」のターミナルを彷彿とさせる楕円形断面をもつシリンダーだ。シルバーに輝くメタリックな外装を見て、メキシコ・モダニズムを越えるような作品が、この国にも存在するのを初めて知ったのであった。

テン・アルキテクトスを率いるエンリケ・ノルテンは、相棒パートナーのベルナルド・ゴメス＝ピミエンタと組んでデザイン活動を展開してきたが、彼らのコンテンポラリー・モダニスト的な建築言語はラテン風土の中で意外な展開を見せていく。

「国立演劇学校」のシリンダーは、「テレビザ・ビル」へと発展し、これによってテン・アルキテクトスは、ラテン・アメリカでは初めてミース・ファン・デル・ローエ賞を1998年に受賞。「複雑な問題への包括的解決、都市計画への配慮、革新的な技術的・形態的な取り組み、特殊な都市の現状をユニーク提案で解決している」が受賞理由であった。

テン・アルキテクトスは、モダニズムの建築ヴォキャブラリーをメキシコ固有の伝統的な文化と環境に融合させつつ、メキシコ・モダニズムの理念を再構築する。彼らは、未解決であるがゆえに歴史的記憶へと葬るのではなく、進歩するメキシコ・モダニティの複雑な生成プロセスに潜む矛盾を探究しているのだ。

彼らの代表作のひとつ「ホテル・ハビタ」は、近年テンが設計した屈指のコンテンポラリー・モダンだ。メキシコ・シティの商業地区に立つ建物は、古いビルを改修したホテルだが、その外装は半透明なガラス・スキンで被われた瀟洒でスーパー・フラットな仕上げ。当節流行りの半透明ガラスで全面を張り巡らせた処理は、至極アーバニスティックな表情で、街並を引き立てている。

同じようにグアダラハラに完成した「エデュケア・スポーツ施設」も、フロスト・ガラスを壁面上部に張り巡らせた体育館のプリズムがいかにも都市的

14　Pusan Cinema Complex / Competition
　　プサン・シネマ・コンプレックス
15　Guadalajara Guggenheim Museum / Guadalajara, Mexico
　　グアダラハラ・グッゲンハイム美術館
16　HOUSE RR　1997 / Mexico City
　　ハウスRR　photo: ©Luis Gordoa

17　HOUSE LE　1995 / Colonia Condesa, Mexico
　　ハウスLE　photo: ©Luis Gordoa, Armando Hashimoto
18　Chopo Museum Renovation / Mexico City
　　チョポ・ミュージアム改修
19　HOUSE C　2004 / Mexico City
　　ハウスC　photo: ©Luis Gordoa

photos : Courtesy of the Architect

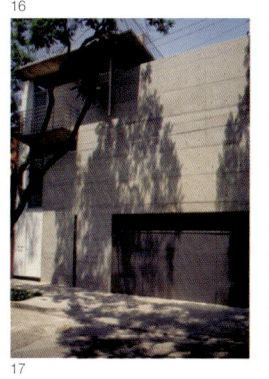

だ。しかも壁面下部は、太陽、気温、雨、風などの気候条件の変化に対応して自動的に開閉するメタリック・パネル張りのハイテク仕様。さらに横に付随した長いプール棟は、南面すべてがガラス・ブロックとなっている。夜間、内部からの光が、脇にあるサッカー場の照明にもなるという。
「演劇学校」「テレビザ」「ハビタ」「エデュケア」といったテンの代表作は、見事なまでにアーバンでメキシコ色が稀薄に見える。彼らの美学の源泉は、メキシコ建築の巨匠ルイス・バラガンではないし、メキシコ・ヴァナキュラリズムでもない。ノルテンはイベロアメリカナ大学を卒業し、ピミエンタはアナワク大学を卒業した後、それぞれコーネル大学とコロンビア大学でマスターを取得。アメリカへの留学体験が培った都市的感性が、テンの代表作に色濃く投影されているのだ。現在ピミエンタはテンから独立して活躍中だ。
しかし表層的にはメキシコ色を払拭したかのように見えるテンの作品には、北米大陸最大の人口をもつ都市メキシコ・シティの特殊状況が反映されている。「エスパーニャ公園集合住宅」「モダ・イン・カサ」「ホテル・シティ・エクスプレス・インスルヘンテス」「JVCコンヴェンション＆展示センター」などメキシコでの作品は、圧倒的な都市の複雑性に対応し、他方アーバン・ファブリックに対しては、連続的な洗練を与え続けている。
テン・アルキテクトスは、現今の変化と闘争の風土の中で、国際的な境界域同士や、都市的・建築的・ランドスケープ的デザイン間に橋渡しをし、差異を統合するクリティカル（批評的）な活動をしてきた。
今テン・アルキテクトスの国際的活動は、以前にも増して活発化している。アメリカに「プリンストン駐車場」などの完成した作品に加えて、「リンカーン・イースト」「ブリッケル・プラザ」「ジェイムズ・ホテル」「ホテル・ブダペスト」「ハーレム・パーク」「ブルックリン視覚＆舞台芸術図書館」などが進行。さらにコンペも「ウエストン舞台芸術センター」「グアダラハラ・グッゲンハイム美術館」「プサン・シネマ・コンプレックス」「フィラデルフィア自由図書館」などに取り組み、その活動はますます国際的になっていく。

UN Studio

UNスタジオ
（オランダ）

ベン・ファン・ベルケルは1957年ユトレヒト生まれ。82年にアムステルダム・リートフェルト・アカデミー卒業。87年にロンドンのAAスクール卒業。87-88年チューリヒのサンティアゴ・カラトラヴァ事務所勤務。88年アムステルダムにキャロライン・ボスとファン・ベルケル&ボス建築事務所設立。98年にはふたりでUNスタジオを別途設立。キャロライン・ボスは59年ロッテルダム生まれ。ロンドン大学バークベック・カレッジで美術史を専攻。

1　Karbouw Office　1992 / Amersfoort, The Netherlands
　　カルボウ・オフィス
2　Moebius House　1998 / Het Gooi, The Netherlands
　　メビウス・ハウス
3　Piet Hein Tunnel　1997 / Amsterdam
　　ピエトハイン・トンネル・ビル　photo: ©Synectics
4　Arnhem Central / Arnhem, The Netherlands
　　アルンヘム・セントラル
5, 6　Mercedes-Benz Museum　2006 / Stuttgart, Germany
　　メルセデス・ベンツ・ミュージアム　photo: ©Christian Richters

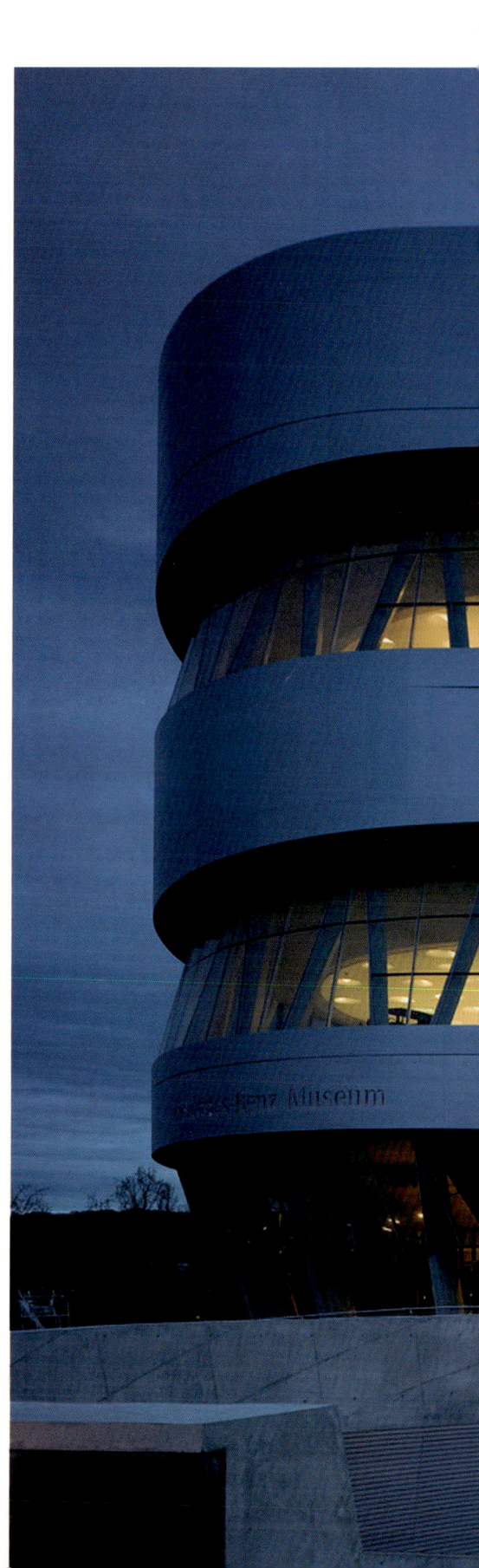

plan

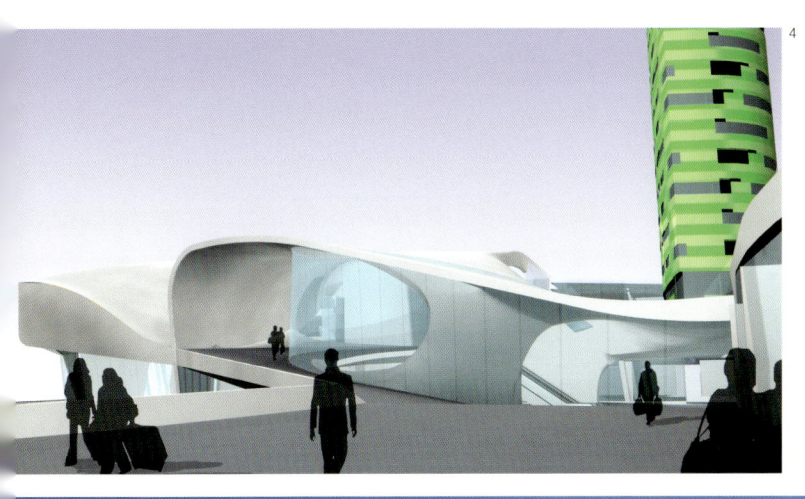

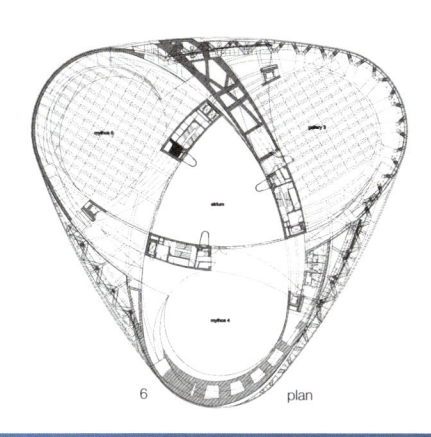

UN Studio

7 Electrical Substation 2002 / Innsbruck, Austria
エレクトリカル・サブステーション

8 Erasmus Bridge 1996 / Rotterdam
エラスムス・ブリッジ

9 Prince Claus Bridge 2003 / Utrecht, The Netherlands
プリンス・クラウス・ブリッジ

10 Townhall and Theater Ijsselstein 2000 / Ijsselstein, The Netherlands
イッセルシュタイン市庁舎・劇場   photo: ©Synectics

11 Het Valkhof Museum 1999 / Nijmegen, The Netherlands
ヘットファルコフ美術館   photo: ©Synectics

12 Akron Art Museum / Akron, Ohio
アクロン美術館

13 Living Tomorrow 2003 / Amsterdam
リビング・トゥモロウ   photo: ©Synectics

14 NMR Facility 2000 / Utrecht, The Netherlands
ニュートロン磁気共振施設   photo: ©Synectics

15 REMU Electricity Substation 1993 / Amersfoort, The Netherlands
REMU変電所　photo: ©Synectics

16 Carnegie Science Center
カーネギー科学センター

17, 18 Office "La Defense" 2004 / Almere, The Netherlands
オフィス・ラデファンス　photo: ©Christian Richters

19 Galleria Hall West 2004 / Seoul
ガレリア・ホール・ウエスト　photo: ©Christian Richters

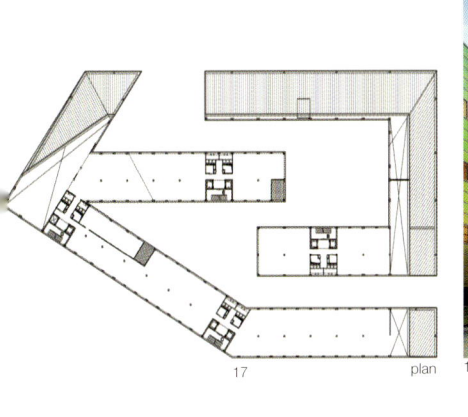

UNスタジオのベン・ファン・ベルケルは1957年生まれだから、まだ50歳になったばかりの建築家である。アムステルダムのリートフェルト・アカデミーに学び、続いてロンドンのAAスクールに移って87年にディプロマを取得。AAスクール時代にはザハ・ハディドに教えを受け、卒業してからはサンティアゴ・カラトラヴァの事務所で実践を学んでいる超国際派。
「カルボウ・オフィス」や「メビウス・ハウス」の流れるような形態ライン、あるいは「REMU変電所」や「橋管理人の家」の"ずれ"や"歪み"などはハディド譲りのデザインだし、「エラスムス・ブリッジ」や「プリンス・クラウス・ブリッジ」の構造的エンジニアリングのダイナミズムにはカラトラヴァの影響が見受けられる。

ふたりのスーパー・アーキテクトの教えを受けたエリートだ。
ファン・ベルケルは、流麗な曲線美をもつハディドのデコン的な部分と、カラトラヴァのテクニカルかつ構造表現主義的な要素を合わせもち、それらを巧みに使い分ける特殊人間だが、それだけではない。彼はすでに、21世紀以降の建築家の在りうべき未来像を予見しているのだ。
それによれば、建築家は未来をデザインするファッション・デザイナーになるという。建築家の職場は、限界のないヴァーチャル・スタジオのような組織になるであろう。ネットワーク的な仕事は、クライアント、投資家、ユーザー、技術コンサルタントとの協同という従来の形から、デザイン・エンジニア、金融

家、経営者、プロセス・スペシャリスト、デザイナー、スタイリストをも包含するようになる。新しい建築ネットワーク・スタジオは、クラブ、アトリエ、実験室、自動車工場などをミックスしたハイブリッドな混合体となり、プラグイン・プロフェッショナリズムを奨励する。さらにUNスタジオ独自の"ディープ・プランニング"の戦略が応用される。
彼の作品は今までは自国オランダ国内に限られていたが、近年は海外への飛躍も増えてきた。彼はオランダ建築界の大多数の建築家が染まっているオランダ・ナショナル・スタイルから独立し、インターナショナルな観点からユニークな作品を生み出している。それは彼自身の修業時代が海外であったために、作品のデザイン・インスピレーションの多く

20 Newer Orleans Mediatheque
   ニューアー・オーリンズ・メディアテーク
21 Theater Agora / Lelystad, The Netherlands
   シアター・アゴラ
22 Te Papa Museum Extension / Wellington, New Zealand
   テ・パパ・ミュージアム増築
23 Mahler 4 Office Towers
   マーラー4・オフィス・タワー
24 Battersea Weave Offfice Building / London
   バターシー・ウィーブ・オフィス・ビル
25 Exhibition for "Summer of LOVE" 2005 / Frankfurt
   展示会デザイン"サマー・オブ・ラブ"
26 Park and Rijn Towers 2005 / Arnhem, The Netherlands
   パーク＆ライン・タワーズ
27 Hotel Castell 2004 / Zuoz, The Netherlands
   カステル・ホテル

photos : Courtesy of the Architect except ©Synectics

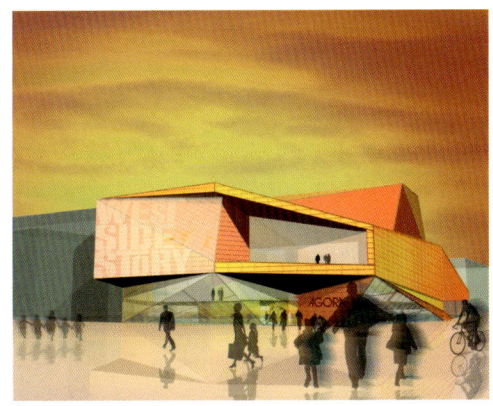

を外国から依存しているからだ。

それともうひとつ。彼はオランダの若手建築家のほとんどがそうであるように、国家主導型の集合住宅の設計からスタートしたわけではない。彼は一般の建築家が気をとめない土木技術的かつインフラ的公共建築物を最初に手掛けたのだ。それが影響して、彼の作品はエンジニアやアーバン・プランナーの技術的かつプラグマティックな感覚を踏襲しているわけなのだ。

彼はこれらのプロジェクトに、モニュメントというよりはむしろ、インフラストラクチュアの倫理学をもってアプローチしてきた。先述の「REMU」を手始めに、「エラスムス・ブリッジ」「ピエトハイン・トンネル・ビル」「アルンヘム・セントラル」「ニュートロン磁気共振施設」「エレクトリカル・サブステーション」「プリンス・クラウス・ブリッジ」などがその類いの作品だ。つまり彼は、形態的空間的アイデンティティを、ともすれば陳腐な技術オブジェになりかねない橋、発電所、製造プラントに与えることができる才能の持主なのである。

そしてさらに、スタティック（静的）なモニュメントよりもむしろ、ネットワーク、輸送、モーション、エネルギー、フローを指向するファン・ベルケルのデザイン形式は、従来の建築タイプを手掛けてきた建築家に大きな影響を与えたようだ。このように動的要素を含んだデザイン手法を、彼は"モバイル・フォース"と呼んで自家薬籠中のものとしている。

ファン・ベルケルは、これ以外のジャンルを越えた文化的施設では、「ヘットファルコフ美術館」「イッセルシュタイン市庁舎・劇場」「リビング・トゥモロウ」「オフィス・ラデファンス」「ガレリア・ホール・ウエスト」「メルセデス・ベンツ・ミュージアム」が完成している。また未完プロジェクトとしては「カーネギー科学センター」「シアター・アゴラ」「アクロン美術館」「ニューアー・オリンズ・メディアテーク」「テ・パパ・ミュージアム増築」「マーラ4・オフィス・タワー」「バターシー・ウィーブ・オフィス・ビル」が、世界各地で控えている。教職歴としては、コロンビア大学客員教授、ハーヴァード大学ゲスト・クリティック、AAスクール・ユニットマスターを歴任し、論客としても知られる彼は、レム・コールハスに次ぐオランダ国際派と言っても過言ではないだろう。

Erick van Egeraat

エリック・ファン・エゲラート
[オランダ]

1956年オランダ、アムステルダム生まれ。84年デルフト工科大学卒業。84年にメカノー設立に参加。95年メカノーから独立し、ロッテルダムで事務所を設立。現在、ブダペスト、ロンドン、プラハなどにも事務所を拡大。

1 ING Head Office 2004 / Budapest
  ING本社ビル
2, 3 Capital City / Moscow
  キャピタル・シティ

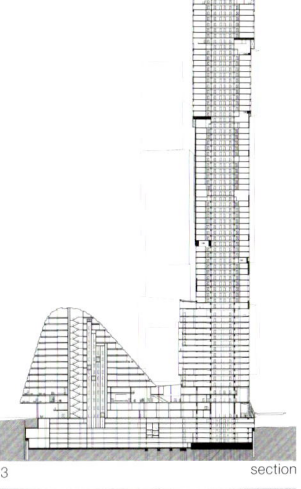

section

Erick van Egeraat

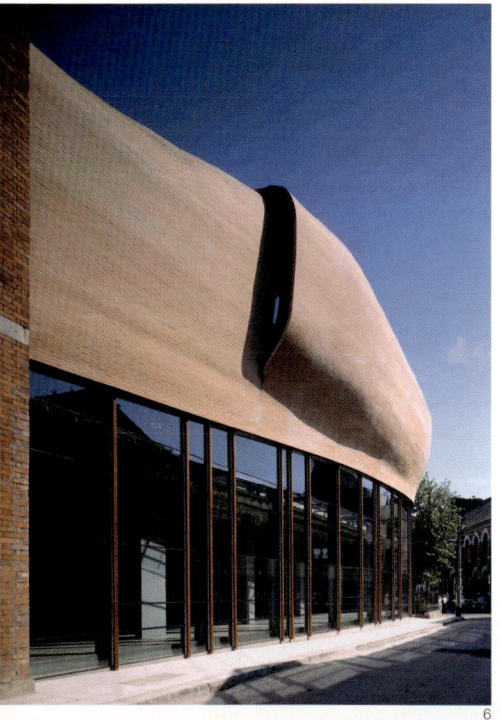

4	Inholland University 2000 / Rotterdam インホランド大学	9	Main Building and Auditorium, University of Leipzig / Augustusplatz, Germany ライプツィヒ大学メイン・ビル & オーディトリアム
5	Alphen aan den Rijn City Hall 2002 / Alphen aan den Rijn, The Netherlands アルフェン・シティ・ホール	10	Russian Avant-Garde Residential Complex / Moscow ロシア・アヴァンギャルド集合住宅
6	Crawford Municipal Art Gallery 2000 / Cork, Ireland クロフォード市立アート・ギャラリー	11	Mahler 4 Office Tower / Amsterdam マーラー4・オフィス・タワー
7	Royal Netherlands Embassy in Poland 2004 / Warsaw 在ポーランド王立オランダ大使館	12	Natural History Museum Rotterdam 1996 / Rotterdam ロッテルダム自然史博物館　photo: ©Synectics
8	Luxury Housing Mauritskade 2002 / Amsterdam モーリツカーデ・アパートメント	13, 14	Kroyers Plads Housing Complex / Copenhagen クロイヤーズ・プラッズ集合住宅

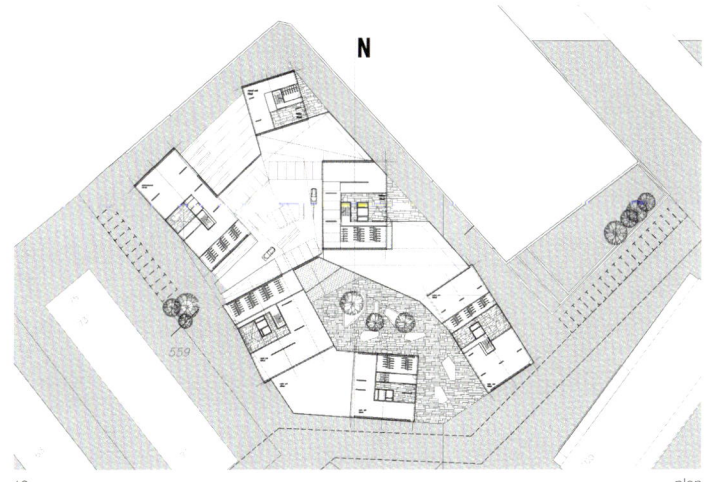

section

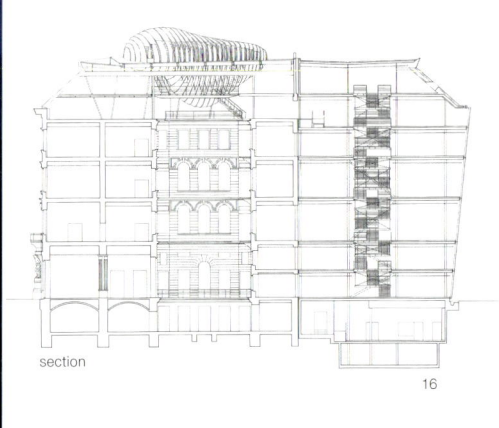

15
16
17
18

　エリック・ファン・エゲラートは、オランダの若手建築家集団メカノーの創設メンバーのひとりであった。1995年メカノーから独立した彼は、ロッテルダムにErick van Egeraat Associated Architects（EEA）を設立。以後快調に進んで10年後の2005年現在、ロンドン、プラハ、ブダペストにも事務所をもち、総勢100名のスタッフを抱える大事務所に成長した。特に東欧に強いのが特徴だ。
　「キャピタル・シティ」はモスクワに計画されたオフィス、集合住宅、商業施設の巨大プロジェクト。建物は49階建てと61階建ての超高層と、低層のコーン形ドーム棟で構成されている。
　低層部には商業・娯楽施設を、中層部には商業施設、高層レベルにはオフィスと集合住宅を組み込んでいる。もっとも驚かされるのは、3つの建物がもつ先進的な建築表現だ。2棟の超高層は、視覚上のマッシブな印象を軽減させるために、ダイヤゴナルな軸線配置をはずして、少し振った位置関係をとっている。またファサードも、上部に種々のオーバーハングや変位レベルをもち、水平・垂直・正方の開口部形状が交錯し、動きを含んだ迫力あるファサード表現を生み出した。彼の建築は、このように建築に動きを取り入れた表現が多い。
　ファン・エゲラートは、ハンガリーのブダペストに「ING銀行＆NNハンガリー・オフィス」と「ING本社ビル」をつくった。前者は19世紀の古いビルの改修・増築で、中庭をガラス屋根で覆い、そこに鯨の胴体のようなボードルーム（役員室）が浮かんでモッタリした動きを孕んで面白い。
　後者はファサードが無数の縦ストライプ状に分節されて、それらがうねってダイナミズムを孕んでいるため、"ムービング・ファサード"と呼ばれている。同じように、オランダの「アルフェン・シティ・ホール」は、キャンティレバーで浮き上がった建物端部が頭をもたげた動物のような動きを見せている。さらにブレダの「ポップステージ・メッツ」は、見る位置によってはメタリック・シートをまとったアザラシのような剽軽な風貌が愉快だ。
　ファン・エゲラートは、事務所が巨大化してきたにもかかわらず、すべてのプロジェクトに自分の手を染めないと気がすまない性格。EEAのすべてのプロジェクトは彼のアイディアに立脚しており、彼

15, 16   ING Bank and NN Hungary Offices
         1994 / Budapest
         ING銀行 & NNハンガリー・オフィス
17, 18   Brewinc College / Doetinchem, The Netherlands
         ブルーウィンク・カレッジ
19, 20   Popstage Mezz
         2002 / Breda, The Netherlands
         ポップステージ・メッツ
21   School for Fashion and Graphic Industry Utrecht
         1997 / Utrecht, The Netherlands
         ユトレヒト・ファッション & グラフィック専門学校
         photo: ©Synectics
22   Deak Palace Renovation   2004 / Budapest
         ディーク・パレス改修   photo: ©Christian Richters

photos : Courtesy of the Architect except ©Synectics and ©Christian Richters

のスケッチから生まれるのだ。彼は常に建物の性格を決定するデザインを模索している。それゆえ彼のイニシャル・スケッチは、すぐに最終結果に結びつく明解なアイディアとして具現化される。
その好例がコペンハーゲンの「クロイヤーズ・プラッズ集合住宅」だ。運河に面する敷地周辺の既存の建物は、すべて大屋根のマッシブな切妻。そこで彼は、6階+屋根という規制から6階+10階分の屋根を考案した。急傾斜の塔のような屋根が連立する16階建ての6棟が、メルヘンティックな水辺の小都市を形成して魅力的だ。
彼は自分の建築を"センシャル・アーキテクチュア（感覚建築）"と呼ぶ。自分の建築が、単に合理的・機能的なコンセプトのみによって成立しているのではなく、その対極にある感覚的なものからの発想が多いからだ。彼のデザインは、与条件や環境に対しては鋭く対応するが、そのソースは個人的でエモーショナルな観点から出てくるのだ。
彼は、現今のシンメトリーやオーダー（秩序）から乖離して、代わりに明らかにネガティブなコノテーション（暗示的意味）とは無関係な非対称や不調和を、意図的に導入する。それが作品の表情を豊かにする。「クロフォード市立アート・ギャラリー」「在ポーランド王立オランダ大使館」「モーリツカーデ・アパートメント」「マーラー4・オフィス・タワー」「ロシア・アヴァンギャルド集合住宅」「ライプツィヒ大学メイン・ビル & オーディトリアム」「ブルーウィンク・カレッジ」などだ。逆にシンプルな装いをしている作品には「インホランド大学」「ユトレヒト・ファッション & グラフィック専門学校」「ロッテルダム自然史博物館」「ディーク・パレス改修」などだ。
また彼が意図的に開発したカウンター・ポジション（対置法）は、マニエリスムやバロックにおける倒置・反転を想起させる。これは、歴史家のノスタルジアやリヴァイヴァリズムの手を借りることなく、人間の感性がソフトで抽象的な形態を通して建築へ再導入される個人的な表現システムへと発展した。かくして多くのEEAの作品には、感覚的な魅力の溶融プロセスを経た力強い現代的な建築センスを発揮しているものが多いのである。東欧のアーバンスケープを変える男、それは建築家エリック・ファン・エゲラートに他ならない。

VSBA / Robert Venturi and Denise Scott Brown

VSBA／ロバート・ヴェンチューリ＆
デニス・スコット・ブラウン
[アメリカ]

1967年ロバート・ヴェンチューリとデニス・スコット・ブラウンによって設立。ヴェンチューリは25年フィラデルフィア生まれ。プリンストン大学大学院修了。エーロ・サーリネン事務所勤務。91年プリツカー賞受賞。スコット・ブラウンは31年ザンビア、ンカナ生まれ。ペンシルヴァニア大学で都市計画修士号、建築博士号取得。2007年ヴィルセック財団賞受賞。

1 The Biomedical & Biological Sciences Research Building at the University of Kentucky   2005 / Lexington, Kentucky
  ケンタッキー大学生物医科学 & 生物科学研究棟   photo: ©Matt Wargo
2 Seattle Art Museum   1991 / Seattle, Washington
  シアトル美術館   photo: ©Synectics
3, 4 National Gallery Sainsbury Wing   1991 / London
  ナショナル・ギャラリー・センズベリー棟   photo: ©Synectics

perspective drawing

VSBA

5 Vanna Venturi House 1964 / Chestnut Hill, Pennsylvania
　ヴァンナ・ヴェンチューリ邸

6 Guild House 1966 / Philadelphia, Pennsylvania
　ギルド・ハウス　　photo: ©William Watkins

7, 8 Gordon Wu Hall, Princeton University 1983 / Princeton, New Jersey
　プリンストン大学ゴードン・ウー・ホール　photo: ©Synectics

9 Lewis Thomas Laboratory, Princeton University 1983 / Princeton, New Jersey
　プリンストン大学ルイス・トーマス研究所　photo: ©Synectics

10 Fisher and Bendheim Hall, Princeton University 1989 / Princeton, New Jersey
　プリンストン大学フィッシャー＆ベンドハイム・ホール

11 Frist Campus Center, Princeton University 2000 / Princeton, New Jersey
　プリンストン大学フリスト・キャンパス・センター　photo: ©Matt Wargo

12 Clinical Research Building, Pennsylvania University 1991 / Philadelphia, Pennsylvania
　ペンシルヴァニア大学医学部クリニカル・リサーチ・ビル

13 Parelman Quadrangle, Pennsylvania University 2000 / Philadelphia, Pennsylvania
　ペンシルヴァニア大学パールマン・クアドラングル

14 UCLA Gonda Neuroscience and Genetics Research Center 1998 / Los Angels
　UCLAゴンダ神経科学＆遺伝子学研究所センター　photo: ©Matt Wargo

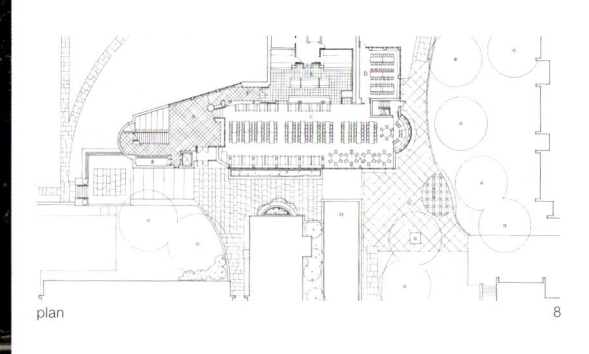

11

12

13

14

289

VSBA

15 Allen Memorial Art Museum   1976 / Oberlin, Ohio
アレン記念美術館
16 San Diego Museum of Contemporary Art La Jolla Wing   1996 / La Jolla, California
サンディエゴ現代美術館ラホーヤ館
17 Institute for Scientific Information Corporate Headquarters   1979 / Philadelphia, Pennsylvania
科学情報研究所本部
18 Franklin Court   1976 / Philadelphia, Pennsylvania
フランクリン・コート
19 Freedom Plaza   1980 / Washington D.C.
フリーダム・プラザ
20 Dixwell Fire Station   1974 / New Heaven, Connecticut
ディクスウェル消防署

1966年の名著『建築の複合と対立』の出版から半世紀、ロバート・ヴェンチューリはこの初著によって、旗幟鮮明な反モダニズム的立場を表明。モダニズムが志向する単純化には"複合と対立"を、純粋化には"混合"というポストモダン・デザインの手法で対向した。それまでのモダニズムに対するアンチテーゼとして18カ国語に訳された本書は、世界の建築家に強烈な衝撃を与えた。
1960年代初頭、「ヴァンナ・ヴェンチューリ邸」でデビューしたヴェンチューリは、既成の文化やデザインを歪めた設計を施し、対立を主題とした家を1964年に完成させた。1966年には「ギルド・ハウス」を発表。この頃ヴェンチューリは、同時並行して『建築の複合と対立』の草稿を練っており、特に「ヴァンナ・ヴェンチューリ邸」は同書のモデルとなった。

ヴェンチューリはフィラデルフィア生まれで、プリンストン大学と大学院を共に優等で卒業。ローマ賞を受賞した逸材で、エーロ・サーリネンに師事し、ペンシルヴァニア大学やイエール大学の教授となった。またデラウェア大学、ハーヴァード大学、ヴァージニア大学、オバーソン大学、ライス大学、UCLA、UCSB、アメリカン・アカデミーなどで客員教授、講師、クリティック、コミッティー、トラスティーなどを歴任。これにより、VSBA（事務所）には多くの大学キャンパスのコミッションが増えた。例えば母校プリンストン大学だけでも8つのプロジェクトを完成させているという多作ぶり。ポストモダニズム隆盛の証しとなる「ゴードン・ウー・ホール」「ルイス・トーマス研究所」「フィッシャー＆ベンドハイム・ホール」に加えて、近年完成した「フリスト・キャンパス・センター」だ。このセンターの南面にある"ウィンドウ・ウォール（窓壁）"と呼ばれる開放的で機能的なファサードは、ポストモダニズムの残滓さえ見せない近年の傑作である。
その他の大学でも、ペンシルヴァニア大学の「医学部クリニカル・リサーチ・ビル」や「パールマン・クアドラングル」をはじめ、「ハーヴァード大学メモリアル・ホール改修」、UCLAの「ゴンダ神経科学＆遺伝子学研究センター」「マクドナルド医療研究所」など、キャンパス・ポストモダンの秀作が勢揃いしている感じだ。

21 The Anlyan Center Medical for Research and Education at Yale University   2003 / New Haven, Connecticut
イエール大学医学部アンライアン・センター   photo: ©Matt Wargo
22 Palmer Drive Development at the University of Michigan   2005 / Ann Arbor, Michigan
ミシガン大学パルマー・ドライブ開発   photo: ©Matt Wargo
23 Lehigh Valley Hospital   2005 / Bethlehem, Pennsylvania
リーハイ・ヴァーレイ病院   photo: ©Lehigh Valley Health System
24 Toulouse Provincial Capitol Building   1999 / Toulouse, France
トゥールーズ県庁舎   photo: ©Matt Wargo
25 Dalian Road Development / Competition
ダリアン・ロード開発

photos : Courtesy of the Architect except ©Synectics

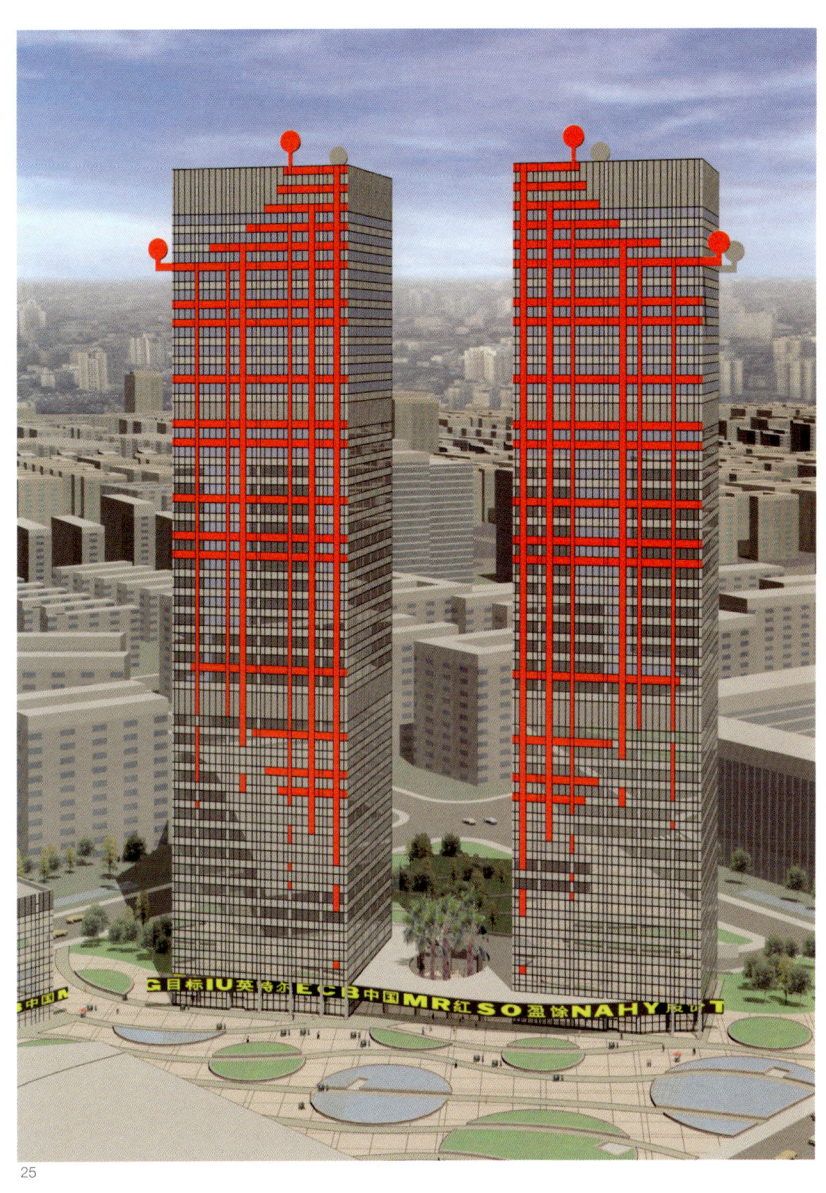

VSBAには美術館の傑作も多い。ロンドンの「ナショナル・ギャラリー・センズベリー棟」や「シアトル美術館」はポストモダンの代表作。"デコレイテッド・シェッド（装飾された小屋）"としての「アレン記念美術館」は"ミッキー・マウス・コラム"がポストモダンの象徴として有名だ。白亜の「サンディエゴ現代美術館ラホーヤ館」も過去の美術館の改修で、南国の海浜に優雅な姿を現わしている。それ以外では"デコレイテッド・シェッド"の最右翼「科学情報研究所本部」、過去の記憶に拘った「フランクリン・コート」や「フリーダム・プラザ」、文字サインに象徴性をもたせた「ディクスウェル消防署」などすべてが世界的に知られた作品だ。

1990年ヴェンチューリは都市計画家の夫人デニス・スコット・ブラウンを伴って来日。インタビューで、「日本の建築家はポストモダニズムと言えば、60年代の作品や著作から、必ずあなたのことを思い出します」と切り出した私は、思いがけぬヴェンチューリの反論をくらってたじろいだ。「私たちは今のポストモダニズムに関係づけられるのは心外です。今流行のポストモダンは、私たちの進路から大きく逸脱したポストモダンだからです」。真正のポストモダンを愛し、その拡散を意図してきたポストモダンの巨匠は東京を捉えて、「…豊饒の美学は、整然とした秩序立った美学に勝ります。成長過程の有機体は、必ずや"複合と対立"に見舞われます。対立は成長の一部であり、成長は命ある有機体の証しです。統一性のあるパリは確かに美しいが東京ほど私たちをエキサイトさせてくれません。東京はまさに今日の都市なのです」。それはまた、かつてのポストモダンの源流に今なお浸っているヴェンチューリの一徹な謹厳居士振りを伝えて、私にとっては嬉しい会話であった。東京を有機体と見立てた彼は、"複合と対立"の視座を崩さず、「Learning from Tokyo」と言い残して日本を去った。

21世紀に入っても、「イエール大学医学部アンライアン・センター」「ケンタッキー大学生物医科学＆生物科学研究棟」「ミシガン大学パルマー・ドライブ開発」「リーハイ・ヴァーレイ病院」「ダリアン・ロード開発」など、巨匠の快進撃は延々として続いている。

RAFAEL VINOLY

ラファエル・ヴィニョリ
[アメリカ]

1944年ウルグアイ生まれ。20歳の時には中南米で最大の建築設計事務所のひとつの創設メンバーになる。78年米国へ移住し、短期ハーヴァード大学大学院客員講師を務める。79年ニューヨークに移り、83年に事務所を設立。現在ロンドンにもオフィスを開設し、所員170名を擁している。

plan

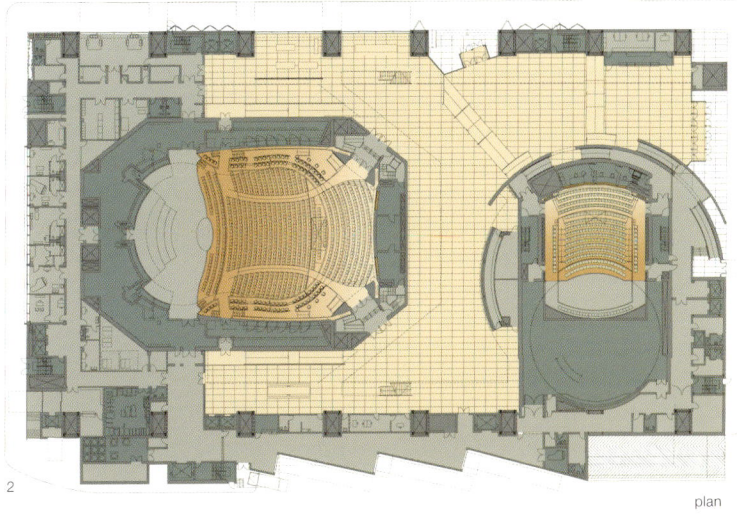

1,2,3 Kimmel Center for the Performing Arts 2001 / Philadelphia, Pennsylvania
キンメル舞台芸術センター photo: ©Roman Vinoly

Rafael Vinoly

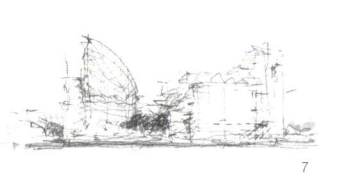

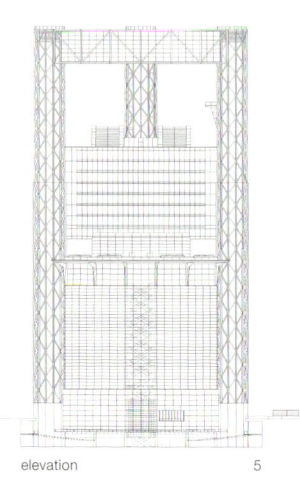

4, 5 Samsung Jong-ro Tower   1999 / Seoul
サムスン・タワー   photo: ©Kim Jung Oh

6, 7 Tokyo International Forum   1996 / Tokyo
東京国際フォーラム

8 Lehman College Physical Education Facility
1994 / Bronx, New York
レーマン・カレッジ体育施設   photo: ©Peter Margonelli

9, 10 Princeton University Stadium
1998 / Princeton, New Jersey
プリンストン大学スタジアム   photo: ©Michael Moran

11 Boston Convention & Exhibition Center
2004 / Boston, Massachusetts
ボストン・コンヴェンション & 展示センター
photo: ©Brad Feinknopf

12, 13	David L. Lawrence Convention Center　2003 / Pittsburgh, Pennsylvania デイヴィッド L. ローレンス・コンヴェンション・センター　photo: ©Roman Vinoly	17	Carl Icahn Lab of the Lewis - Sigler Institute for Integrative Genomics at Princeton University 2003 / Princeton, New Jersey プリンストン大学ルイス-スィグラー統合ゲノム研究所カール・アイカーン実験棟　photo: ©Synectics
14	Jazz at Lincoln Center　2004 / New York ジャズ・アット・リンカーン・センター　photo: ©Brad Feinknopf	18	Nasher Museum of Art, Duke University 2004 / Durham, North Carolina デューク大学ナッシャー美術館 photo: ©Brad Feinknopf
15	Penn State University, School of Information Sciences & Technology 2003 / University Park, Pennsylvania ペンシルヴァニア州立大学情報科学 & 技術学部　photo: ©Joseph David		
16	University of Chicago, Graduate School of Business　2004 / Chicago, Illinois シカゴ大学ビジネス・スクール　photo: ©Brad Feinknopf		

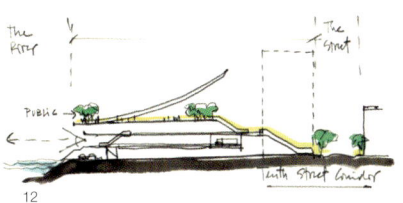

RAFAEL VIÑOLY

19 Residential Building at Casares & Gelly　2002 / Buenos Aires, Argentina
　カサレス＆ゲリィ集合住宅
20 Bard College, Center for Science & Computation / Annandale-on-Hudson, New York
　バード・カレッジ科学＆コンピュータ・センター
21 Leicester Theater and Performing Art Center / Leicester City, UK
　レスター劇場＆舞台芸術センター
22 Tampa Museum of Art / Competition
　タンパ美術館

ラファエル・ヴィニョリは時代の寵児だ。何しろ日本でほとんど無名の建築家が、日本で初めてのUIA(国際建築家連合)の承認を得た「東京国際フォーラム」コンペに優勝したのだから。完成した巨大スケールの「フォーラム」はヴィニョリの代表作となったばかりでなく。その後の彼の豊富な作品歴の強力な牽引力になった。

1944年ウルグアイに生まれたヴィニョリは、すでに20歳の時にエストゥディオ・デ・アルキテクトゥラという、ラテン・アメリカでは有数な大規模設計事務所の創設メンバーであった。アルゼンチン・ベースのこの事務所で活躍したヴィニョリは、34歳の時にアメリカへ移住。ハーヴァード大学GSDで短期の客員講師を務めた後、1979年ニューヨークへ移り、1983年には自分の設計事務所を設立する。

ヴィニョリの作品は「東京国際フォーラム」をはじめ、「キンメル舞台芸術センター」「デイヴィッドL.ローレンス・コンヴェンション・センター」「レーマン・カレッジ体育施設」「プリンストン大学スタジアム」「プリンストン大学ルイス-スィグラー統合ゲノム研究所カール・アイカーン実験棟」などを見学したが、いずれも大規模作品で、形態や構造がユニークなものばかりであった。

この体験から判断すると、ヴィニョリ・デザインの魅力は構造のダイナミズムにあると思う。「東京フォーラム」の長さ208m、高さ57.5mの大屋根構造は特に圧巻だ。連続する船底形の鋳鉄製リブが支持する大屋根全体を、最大直径4.5mもある2本の巨大なスピンドルが支える豪快な構造システムは息を呑む迫力だ。それはその後の彼の巨大作品を暗示している。フィラデルフィアの「キンメル」も度胆を抜く構造システムだ。1ブロックを占める建物全体を覆う巨大なガラス張りバレル・ヴォールトは、蛇腹形のフィーレンデール・トラスが構成する大空間。その中にふたつのコンサートホールが別個の建物形態で存在する。透明なヴォールト建築の中に都市を取り込んだ"建築の中の都市"。

ピッツバーグの「ローレンス・コンヴェンション・センター」は、橋の多いこの街からヒントを得たサスペンション・ブリッジ・タイプの大屋根をもつ。布を張ったような長く流れるルーフ・エレメントは、ユニークな景観を見せて河岸のランドマークとなっている。

23 Edificio Acqua / Punta del Este, Uruguay
アクア・ビルディング
24 UCLA, Nanosystems Institute / Los Angeles
UCLAナノシステム研究所
25 Beijing National Swimming Center / Competition
北京国立水泳センター
26 Visual & Performing Arts Library in Brooklyn / Competition
ブルックリン視覚＆舞台美術図書館
27 Zuidoost - Kavel 17 Office Tower / Amsterdam
ズィドースト・カフェル17オフィス・タワー
28 World Trade Center / Competition
ワールド・トレード・センター

photos : Courtesy of the Architect except ©Synectics

ソウルの「サムスン・タワー」も、目を見張る驚異的なストラクチュアだ。交差ブレースが入った3本のシリンダーが、上空高く"アーバン・キャノピィ"を浮遊させている。都市の交差点に立つハイテク・マシーンは、サムスン社のエレクトロニクス技術の先進性を象徴した強烈なヴィジュアル・インパクトを見せて好印象だ。

このようにヴィニョリの作品は、プロジェクトごとに斬新な構造形式をとるのが特徴だ。その他にも「ボストン・コンヴェンション＆展示センター」「デューク大学ナッシャー美術館」「フォータバット・コレクション」「ヴァン・アンデル研究所」「国立健康研究所ジョン・エドワード・ポーター神経科学研究センター」「プリンストン大学スタジアム」「プリンストン大学アイカーン実験棟」など、いずれも独特の構造・形態をもっていることは写真からでもわかる。

ヴィニョリは大型コンペに強いが、そのデザイン手法はどのようなものなのか。「建築プロジェクトは、常に多くの制限事項を伴って現れる。だがそれらを設計上の制約や障害と見なさず、むしろそれこそが設計の対象であり、創造性が生まれてくる根源なのだ」とは彼の常套句。事務所では過去20年以上に渡って、プロジェクトの制限事項に対応し、それを超えるデザイン手法を開発してきた。グッド・デザインに対するコンセンサスは、プロジェクトの異なる局面に取り組み、それを強調する代案デザインの、システィマティックな開発・評価によって達成されるという考え方だ。

実際ヴィニョリ事務所では、ひとつのプロジェクトに対し、3〜12案のデザインをスタディするという。それらのデザインは3次元モデルがつくられ、機能性、オペレーション、施工費、都市的重要性、公共的融和性などのパラメーターによって評価される。

1990年4月、私は雑誌の取材で「東京フォーラム」コンペに勝利したヴィニョリにインタビューをした。彼は設計者としてあの大空間に最大の魅力を込めたと言っていたが、その後の作品が証明するように、ユニークな構造で魅惑の大空間を生み出すのが彼の十八番だ。だがもっと魅力的なのは、私のような無名のジャーナリストにも、絶えずにこやかでユーモアのあるソフトな対応をしてくれた好漢ラファエル・ヴィニョリその人であった。

West 8

ウエスト 8
[オランダ]

ロッテルダムを拠点に活動するランドスケープ・アーキテクツをはじめ、建築家、都市計画家、デザイナーなどのグループ。メンバー代表はエイドリアン・グーズで、1960年オランダ、ドルドレヒト生まれ。87年ワーハニンゲン農業大学大学院修了。87年ウエスト8を設立。建築雑誌『Archis』の編集、スキポール空港ランドスケープのスーパーバイザーなどを務める。デルフト工科大学、ハーヴァード大学教授。

1 Interpolis Garden 1998 / Tilburg, The Netherlands
インターポリス・ガーデン photo: ©Synectics

2 One North Park 2006 / Singapore
ワン・ノース・パーク

3 Jubilee Garden / London
ジュビリー・ガーデン

300

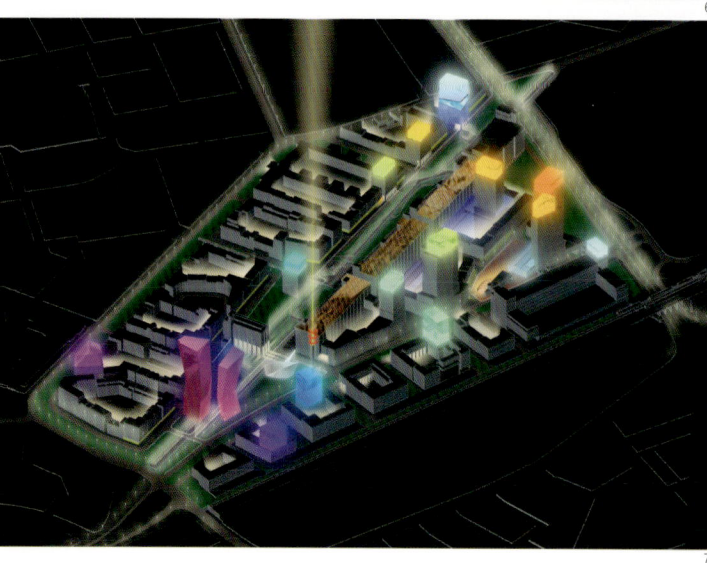

site plan

4,5 Borneo Sporenburg 1997 / Amsterdam
     ボルネオ・スポールンブルグ   photo: ©Jeroen Musch
6   Sund Garden 2001 / Malmo, Sweden
     ズンド・ガーデン
7   Park Strijp / Eindhoven, The Netherlands
     パーク・ストリップ
8   Lensvelt Garden 1999 / Breda, The Netherlands
     レンズフェルト社ガーデン
9   Courtyard Garden at Utrecht University Library 2005 / Utrecht, The Netherlands
     ユトレヒト大学図書館中庭
10   Chiswick Park 2000 / London
     チズウィック公園
11   Manzanares Linear Park / Madrid
     マンザナレス線状公園
12   Swiss National EXPO'02 2002 / Yverdon-les-Bains, Switzerland
     スイス・ナショナル・エクスポ 2002

13　Tokyo Canal Project / Tokyo　design: West 8 + tele-design
　　東京キャナル・プロジェクト　　CG: ©Hajime Ishikawa with Kashmir 3D
14　Luxury Village　2006 / Moscow
　　ラグジュアリー・ヴィレッジ
15　City Theater Plaza　1996 / Rotterdam
　　シティ・シアター・プラザ　　photo: ©Jeroen Musch
16, 17　Ypenburg de Singels　2002 / Ypenburg, The Netherlands
　　イペンブルフ・シンゲルス

18　High Botanic Bridge
　　ハイ・ボタニック・ブリッジ
19　Porta Nuova / Milan
　　ポルタ・ヌオヴァ
20　Kanaaleiland　2002 / Bruges, Belgium
　　カナールエイランド　　photo: ©Jeroen Musch

photos : Courtesy of the Architect except ©Synectics and ©Hajime Ishikawa with Kashmir 3D

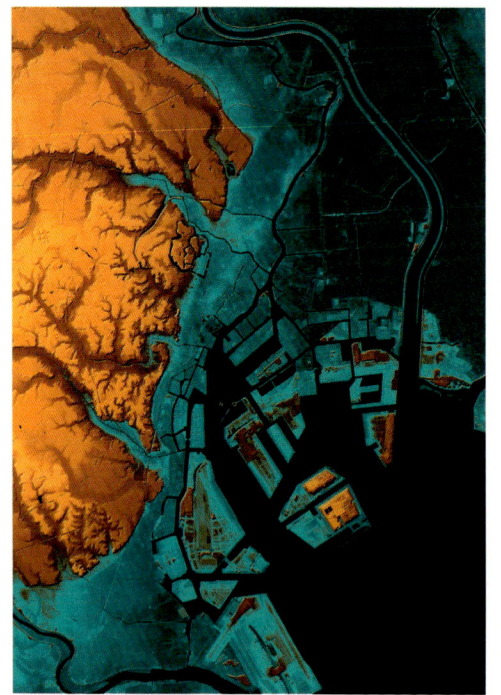

「アムステルダム東部港湾地区再開発計画」は、アムステルダム市が80年代に開始した都市開発の切札。KNSM島、ジャワ島、ボルネオ・スポールンブルク島などを含むこの開発は、単に都市居住者の住まいを増産するという都市の本質的な目標に加えて、多くの若手建築家を登用し、多くの設計機会を与えることも画策された。
ウエスト8を率いるエイドリアン・グーズは、「ボルネオ・スポールンブルグ」のマスタープランという大役を任された。彼は1ヘクタールに3層住宅100戸という低層高密度な住宅ブロックの難題を、各住戸に中庭を配して至極プライバシーの高いヒューマンな空間づくりで解決。この頃からウエスト8の名は知れ渡ってきた。

1987年に創立されたウエスト8は、実は単なるランドスケープ・デザインの会社ではない。建築家をはじめ、都市計画家、デザイナー、ランドスケープ・アーキテクトといったマルチ・ディシプリナリーなメンバー構成で、コンテンポラリー・カルチュア、アーバン・アイデンティティ、建築、パブリック・スペースといった、都市全般に関わるデザインや開発を行ってきた。
彼らのアプローチ手法は、常にハイブリッドでマルチ・ディシプリナリーな姿勢で都市コンテクストに対処する。その真摯でオプティミスティックな対応から、通常では想像もできないような解決が生まれるのだ。先述の「ボルネオ・スポールンブルク」のマスタープランでは、港湾風景の広く大きな都市的スケールに対し、非常に私的で個人のアイデンティティを尊重し

た空間を生み出した。大小の都市的スケールの共存を成立させた巧みな演出だ。
ウエスト8はヨーロッパにおける一流のアーバン・デザインの担い手として活躍しているが、その実力のほどを示すのが著名建築家との協働だ。エンリック・ミラーレス、リチャード・ロジャース、スティーヴン・ホール、ドミニク・ペロー、ノーマン・フォスター、レム・コールハース、ヘルツォーク＆ド・ムーロン、UNスタジオ、マッシミリアーノ・フクサスなどの面々である。
だがもっとも強烈な印象を受けたのは、オランダのティルブルクにある「インターポリス・ガーデン」だ。ランダムな形をした大きなスレート板が、魚のうろこのように敷き詰められて異様な迫力。ウエスト8のデザインは、草木や樹木を多用するデザインとは

19
20

異なるかなりドライなガーデンが多いのだ。それはローレンス・ハルプリンをはじめ、ピーター・ウォーカー、マーサ・シュワルツといった著名なランドスケープ・アーキテクトにも共通する。しかしウエスト8のそれは極めて前衛的だ。例えばロッテルダムの街中にある「シティ・シアター・プラザ」。ダウンタウンのど真ん中だから、緑をたくさん配せば市民にとって憩いのオアシスになるだろうと思うのは素人。彼らは緑を一切使用しないのだ。彼らのアーバンな手法は広場全体を板張りとし、その地下にパーキング場を配置。板張りプラザの上には、数台の高いスティール製の可動照明マシーンを装備させるという驚くべき仕掛けだ。

彼らにとって、都市開発にユニークなアイデンティティを付与するためには、強烈かつわかりやすいコンセプトが必要なのだ。それは既成のものではなく、時の経過とともに豊饒さと美しさを蓄積していく。そのために彼らは常にローカルなコンテクスト、その歴史、ランドスケープ、生態系を参照する。さらに市場のクライテリアや政治的現実をも利用する。こうしたアプローチでは、デザインそのものはさほど重要な要素とはならない。

むしろ調査、開発パラメーター、社会的・政治的手段がデザインを豊かにし、マルチ・レベルの品質を保証する。それが強固なアイデンティティを生み、商業投資を促す精神を育む。アーバン・デザインを創造することは、文化遺産に寄与すると、彼らは信じている。

ウエスト8の代表作は多岐に渡る傑作が多いが、中でもスウェーデンの「ズンド・ガーデン」、イギリスの「チズウィック公園」、スイスの「スイス・ナショナル・エクスポ2002」。またオランダでは先の「ボルネオ」「インターポリス」「シティ・シアター」に加えて、「レンズフェルト社ガーデン」「パーク・ストリップ」「ユトレヒト大学図書館中庭」など、正に目からうろこ的な作品だ。

近年彼らは富に海外プロジェクトが多い。ベルギーの「カナールエイランド」、モスクワの「ラグジュアリー・ヴィレッジ」、シンガポールの「ワン・ノース・パーク」が完成し、ロンドンの「ジュビリー・ガーデン」やマドリードの「マンザナレス線状公園」などが進行している。日本でも数年前に「東京キャナル・プロジェクト」をテレ・デザインと協働した。

TOD WILLIAMS BILLIE TSIEN

トッド・ウィリアムズ＋ビリー・ツィーン
[アメリカ]

トッド・ウィリアムズは1943年デトロイト生まれ。65年、プリンストン大学卒業。67年、同大学より美術修士を取得。現在、プリンストン大学建築学部の顧問委員を勤める。ビリー・ツィンは49年ニューヨーク生まれ。71年、イェール大学より美術学士を取得。77年、UCLAにおいて建築修士を取得。現在、アーキテクチュラル・リーグ、パブリック・アート基金、ローマ・アメリカン・アカデミー、ローワー・マンハッタン開発会社の委員を勤める。

1 American Folk Art Museum 2001 / New York
アメリカ民俗美術館　photo: ©Michael Moran
2, 3 Mattin Center at Johns Hopkins University 2001 / Baltimore, Maryland
ジョンズ・ホプキンス大学マッティン・センター　photo: ©Michael Moran

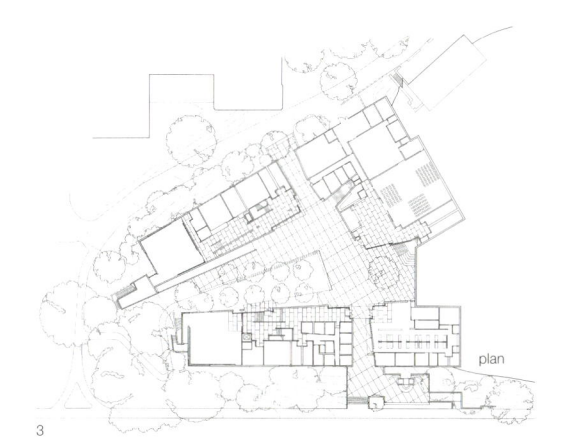

plan

4 Neurosciences Institute 1996 / La Jolla, California
ニューロサイエンス研究所 photo: ©Synectics

5 The New College at the University of Virginia 1992 / Charlottesville, Virginia
ヴァージニア大学新校舎

6 Phoenix Art Museum & Little Theater 1996 / Phoenix, Arizona
フェニックス美術館&小劇場 photo: ©Synectics

7 Feinberg Hall at Prinston University 1986 / Princeton, New Jersey
プリンストン大学ファインバーグ・ホール

8 BEA Associates Citicorp Office 1979 / New York
BEAアソシエイツ・シティコープ社オフィス

9 The Downtown Branch of the Whitney Museum 1988 / New York
ホイットニー美術館ダウンタウン別館 photo: ©Michael Moran

10 Cranbrook Natatorium 1999 / Bloomsfield Hills, Michigan
クランブルック・ナタトリウム photo: ©Michael Moran

TOD WILLIAMS BILLIE TSIEN

11 House on Long Island 1998 / Long Island, New York
ロングアイランドの家　photo: ©Michael Moran

12 House on Shelter Island 2003 / Shelter Island, New York
シェルター島の家　photo: ©Michael Moran

13 Asia Society Hong Kong Center / Hong Kong
アジア・ソサエティ香港センター

14 The Quandt Rosenblat Loft 1991 / New York
クワント・ローゼンブラット・ロフト

15 Spiegel House Indoor Pool 1988 / Long Island, New York
スピーゲル邸屋内プール

16 Architecture Tomorrow 1989-1991 / Whitney Museum, New York, etc.
アーキテクチュア・トゥモロウ巡回展／ニューヨーク, ホイットニー美術館他

17 New York City House 1996 / New York
ニューヨーク・シティ・ハウス

18 The Amphitheater in Guadalajara / Guadalajara, Mexico
グアダラハラの円形劇場

「MoMA」こと「ニューヨーク近代美術館」。その正面左隣に完成した「アメリカ民俗美術館」。ファサードの大部分を、メタリックな材料で表情をつけた一見不思議な印象が伝わってくる建物だ。2001年末の完成以来、アメリカ建築界はおろか世界の建築雑誌で大好評なのが、トッド・ウィリアムズ＋ビリー・ツィーン設計の手になるこの美術館だ。

「MoMA」に比べると間口12mというかなり小さな建物だが、「MoMA」のフラットなファサードに対し、こちらは造形的なデザインが施されている。民俗芸術を生み出す「手」を抽象化した形態は、トンバジルというスクリューや銃身に用いられる特殊な白銅を用いている。

建物はファサードの評判もさることながら、内部の緻密なデザインも人気が高い。ウィリアムズ＆ツィーン流デザインの妙諦は、空間の質に見合った適切な材料の選択と、その配材の巧みさである。これについてウィリアムズは、「私たちの建築の特徴は、建築を見るという行為にあるのではなく、それを経験することにあると思います。したがって材料やディテールの選択はもとより、建設工法や建物の利用のされ方も非常に重要になってきます」と説明する。

同様にカリフォルニアのラホーヤにある「ニューロサイエンス研究所」も、種々の素晴らしい材料をまとったオフィス棟、実験棟、オーディトリアム棟が、中庭を囲んで有機的に配されている。傾斜地のため、アプローチが実験棟の上部に通じ、ユニークなフロスト・ガラスの手摺越しに、中庭を含む建物全体の相貌を把握できるのは心憎い演出だ。特にコンサート用に近隣住民用に開放されるオーディトリアム棟は、カナダ産のレッドウッドを内部に張り巡らせ、テキサス産のライムストーンとイタリア産大理石を、床や壁にふんだんに使用している豪華なしつらえだ。

ウィリアムズはデトロイト近郊の出身で、プリンストン、ケンブリッジ、プリンストン大学院へと進んだが、小さい頃から建築家への夢を自覚していたものの、それを決定づけたのはこの大学であった。対するツィーンはニューヨーク州出身。当初はグラフィック専攻で、絵画やアートに興味があり、建築についての興味や知識は皆無。友達の進言で

19　The World Upside Down　1991 / Amsterdam
　　ワールド・アップサイド・ダウン展
20, 21　Reva and David Logan Center for Creative and Performing Arts /
　　Chicago, Illinois
　　レヴァ&デイヴィッド・ローガン創作アート&舞台芸術センター
22　Skirkanich Hall at the University of Pennsylvania
　　2006 / Pennsylvania, Philadelphia
　　ペンシルヴァニア大学スカーカニック・ホール　photo: ©Michael Moran

photos : Courtesy of the Architect except ©Synectics

UCLA建築学科に入学してから徐々に建築に興味を覚えるようになったという。

ウィリアムズは大学卒業後リチャード・マイヤー事務所に入所し、6年間の在職中アソシエイトになる。1973年独立し、1986年にツィーンと組んだ現事務所を設立。クーパー・ユニオン、コロンビア大学、ハーヴァード大学、SCI-Arcなどで教職。

ツィーンもブラウン大学、イェール大学、UCLAに学び、両者は共にハイ・エジュケーションを受けたエリート。その上彼女もテキサス大学、SCI-Arc、ハーヴァード大学GSDで教鞭をとり、ふたりでアメリカの主な著名建築系の大学で教えた経歴をもっている。

彼らを一躍知らしめたのは先述の「ニューロサイエンス研究所」だ。それまで「BEAアソシエイツ・シティコープ社オフィス」「プリンストン大学ファインバーグ・ホール」「ホイットニー美術館ダウンタウン別館」「スピーゲル邸屋内プール」「クワント・ローゼンブラット・ロフト」といった小品をこなしてきた。1992年に「ヴァージニア大学新校舎」を、1996年に「ニューロサイエンス」を完成させ、以後順風満帆である。

アメリカ建築界でステータスを築いた彼らは、「フェニックス美術館&小劇場」「クランブルック・ナトリウム」「ジョンズ・ホプキンス大学マッティン・センター」「アメリカ民俗美術館」と急成長してきた。そして現在は、初めての海外作品として、香港に予定されている「アジア・ソサエティ香港センター」と「グアダラハラの円形劇場」に取り組んでいる。

「建築は深遠なオプティミズムの行為です。その根底には、建築こそが人生に優雅なセンスを付与することができる場所をこの地上につくれると信じています。私たちはコンセプトではなく、実際の建築から醸成され育まれた思考の断片から設計をスタートさせます」。実に真摯な建築家デュオなのである。

彼らのオフィスは、ニューヨークの59番街を挟んでセントラル・パーク南端に面するクラシカルなエントランスのビル1階にある。建物の奥にあるアトリエの明るいトップライトの下で、長身のトッドと小柄なビリーは、「経験する建築」をモットーに、日々丁寧な建築づくりにいそしんでいる。

PETER ZUMTHOR

ペーター・ズントー
[スイス]

1943年スイス、バーゼル生まれ。58年父の元で収納家具制作の徒弟として技術習得。63年バーゼルの造形学校で学ぶ。66年ニューヨーク、プラット・インスティテュートで学ぶ。68年グラウビュンデン州の歴史的建造物保存局の建築家を勤める。79年グラウビュンデン州のハルデンシュタインに建築事務所を開設。89年ミュンヘン工科大学の客員教授を勤める。94年ベルリン芸術アカデミー特別会員。99年ハーヴァード大学GSD建築学部客員教授を務める。

1, 2, 3, 4   Thermal Vals   1996 / Graubunden, Switzerland
テルメ・ヴァルス   photo: ©Synectics

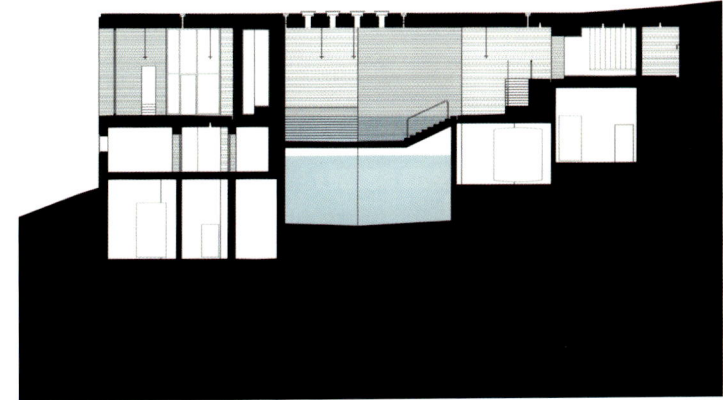

section

PETER ZUMTHOR

5, 6, 7 Art Museum Bregenz   1997 / Vorarlberg, Austria
ブレゲンツ美術館   photo: ©Synectics

8 Atelier Zumthor   1986 / Graubunden, Switzerland
アトリエ・ズントー   photo: ©Synectics

9 Hannover Expo 2000 Switzerland Pavilion   2000 / Hannover, Germany
ハノーバー博 2000スイス館   photo: ©Synectics

10 Connecting Corridor at Art Museum Chur   1990 / Chur, Switzerland
クール美術館の連絡ブリッジ   photo: ©Synectics

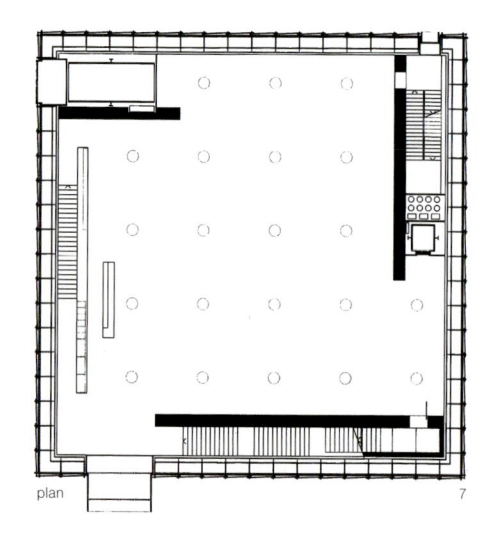

11, 12　Shelters for the Roman Archaeological Site　1986 / Graubunden, Switzerland
　　　　ローマ時代遺跡のためのシェルター　　photo: ©Synectics

13　Elementary School Churwalden　1983 / Graubunden, Switzerland
　　　クールヴァルデンの公立小学校　　photo: ©Hiroshi Kai

14　Renovation of Cafe du Mont　1970 / Graubunden, Switzerland
　　　カフェ・デュ・モン改修　　photo: ©Hiroshi Kai

15　Renovation of Tower House　1970 / Graubunden, Switzerland
　　　塔の家改修　　photo: ©Hiroshi Kai

16　Renovation of Casa Communala　1970 / Graubunden, Switzerland
　　　コミュニティ・センター改修　　photo: ©Hiroshi Kai

17, 18　Residential Home for the Elderly in Masans　1993 / Graubunden, Switzerland
　　　　マサンス老人ホーム　　photo: ©Synectics

19, 20, 21　Saint Benedict Chapel　1989 / Graubunden, Switzerland
聖ベネディクト教会　photo: ©Synectics

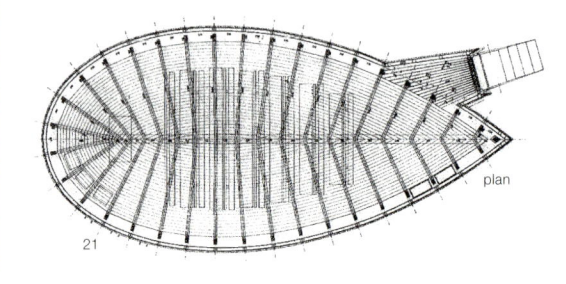

20

21　plan

19

スイス東部のヴァルス。奥深い山間のこの小村は、100年以上も前に温泉が涌き出した。そしてホテルができ、湯治客が集まり、有名になった。しかしそれをはるかに越えてヴァルスの名を高らしめたのは、ペーター・ズントー設計の温泉施設「テルメ・ヴァルス」だ。

背後に急峻な山々が迫っているスイス特有の景観の中、敷地の西斜面に埋め込まれた「テルメ・ヴァルス」は、山側の緑の斜面がそのまま下って建物の屋根となっている。半分地中に埋もれた建物は、ヴァルス産の片磨岩を薄く切り出して積層化した内・外壁。青灰色の見るからに緻密なテクスチュアは、世界の建築家を震撼させた。

素材の扱い方でこれほどの魅力を出せるとは、さすがズントーだ。私もそれに魅せられて3回も訪れ宿泊し、建築・湯浴み・バー・ズントーの部屋・ランドスケープなどを味わった。しかし「テルメ」の魅力は、「3日間のテルメ滞在は、3週間のイタリア・リゾートに匹敵する癒し効果がある」という、ここでディレクターを勤めるズントー夫人の言葉もさることながら、私には湯浴みそのものより、あのクールで寡黙な内・外壁と、テラスから見たフレーミングされた残雪を頂く雄大な景観にしくものはないというのが実感であった。

ペーター・ズントーは、家具職人であった父親の元で家具職人の教育を受けた。その後バーゼルの造形学校、ニューヨークのプラット・インスティテュートを卒業して建築家になった。だから素材に対する豊富な知識と繊細な表現感覚をもつ建築家であるのは言うまでもない。その才能が表出した結果が「テルメ・ヴァルス」であり、次なる傑作「聖ベネディクト教会」だ。

木の葉形の平面形をもつ小さな教会は、シングル葺きの外壁。「素材は建築という場所を得て、詩的な存在になる」とは、ズントーの名言。風雨で変色したウッド・シングルの素朴な外壁は、ひなびた田舎の教会に相応しい。「テルメ」と「ベネディクト」では、彼が得意とする石や木といった自然素材をポエティックに表現したが、次なる代表作「ブレゲンツ美術館」では、ガラスとコンクリートという人工材に対し、巧みな取組み方を呈示した。

ドイツ・スイス・オーストリア3国の国境が湖上で会

22 Topography of Terror
トポグラフィ・オブ・テラー

23 Rath House 1983 / Graubunden, Switzerland
ラース・ハウス　photo: ©Ludwig Abache

24 Gugalun House 1994 / Graubunden, Switzerland
グガルン・ハウス　photo: ©Henry Pierre Schultz

25 Spittelhof Housing 1996 / Basel, Switzerland
シュピッテルホフ集合住宅　photo: ©Noriko Sato

するボーデン湖。そのオーストリア側の湖岸に建つ「ブレゲンツ美術館」は、同一サイズのフロストガラス・ユニットに包まれたセミ・スケルトンの外壁。夜ともなれば夜光虫のように輝くライト・ボックスへと変容する。フロストガラスの内側にクリアガラスの内壁をもつダブル・スキンは、両ガラス間に外気が流れるサステイナブル・デザインである。
4階建ての建物は、各階上部に"光の部屋"をもち、側面から入った自然光をガラス張りの床（下階の展示室の天井）を通して展示空間に落し込む巧妙な仕掛けだ。構造も独立して建物の内側に立つ3枚の厚いRC耐力壁が、各階の床スラブを支持するという、ミース・ファン・デル・ローエの「バルセロナ・パビリオン」に似た構造だ。

これらの代表3部作以外で、「アトリエ・ズントー」があるグラウビュンデン州には、彼の初期の作品も含めた佳品の数々が点在している。州都クールには「ハノーバー博2000スイス館」のベースになったような巧みな木材の扱いを見せた「ローマ時代遺跡のためのシェルター」がある。細木を横材として用いたこの作品に対し、縦材として用いたのが「クール美術館の連絡ブリッジ」である。
マサンスにはトゥファ石、カラ松、コンクリートを使用した「マサンス老人ホーム」がある。豪華な石材と温かみのある木材のデザインが老人に喜ばれているという。クールからさらに南下した山間にあるルムネツィアには、建築家としてスタートした若きズントーの初期の作品が散在している。

1970年の「コミュニティ・センター」「カフェ・デュ・モン」「塔の家」は、当地に古くからある伝統的ヴァナキュラー建築の改修だ。伝統的なディテールや旧来の調度品を尊重しつつ、新しいデザイン・エレメントを組み込み、全体としての統一性を図るのがズントー的クラフトマンシップの冴えだ。また斜面にできた「クールヴァルデンの公立小学校」は、常に場所との対話を心掛けるズントーの哲学が貫かれている。
近年進行していたベルリンの「トポグラフィ・オブ・テラー」はストップしたものの、「聖コロンバン教会博物館」（ドイツ）、「チュリン・ホテル」（スイス）、「農家のための私設チャペル」（スイス）などが進行しており、やがて静謐感に満ちた職人的技巧の逸品が紡ぎ出されてこよう。

Works Index

国・都市のアルファベット順　＊印：博覧会等の作品

Argentina

Torre Bank Boston　2000 / Buenos Aires　*Cesar Pelli*　**pp.194-16**
トーレ・バンク・ボストン

Residential Building at Casares & Gelly　2002 / Buenos Aires　*Rafael Vinoly*　**pp.296-19**
カサレス&ゲリィ集合住宅

Renovation for Corrientes Street　2006 / Buenos Aires　*Miguel Angel Roca*　**pp.212-16**
コリエンテス通り改修

Spain Plaza　1969 / Cordoba　*Miguel Angel Roca*　**pp.213-17**
スペイン広場

Santo Domingo Housing Complex　1975 / Cordoba　*Miguel Angel Roca*　**pp.208-1,2**
サント・ドミンゴ集合住宅

Paseo De Las Artes Cultural Center　1979 / Cordoba　*Miguel Angel Roca*　**pp.212-12**
パセオ・デ・ロス・アルテス文化センター

Italia Plaza　1980 / Cordoba　*Miguel Angel Roca*　**pp.212-13**
イタリア広場

Plaza de Armas　1981 / Cordoba　*Miguel Angel Roca*　**pp.209-3**
アルマス広場

Cordoba Office Center　1993 / Cordoba　*Miguel Angel Roca*　**pp.212-10**
コルドバ・オフィス・センター

Claustrorum at the National University of Cordoba
1998 / Cordoba　*Miguel Angel Roca*　**pp.212-14**
コルドバ大学クラウストロルム

CPC Route 20　1999 / Cordoba　*Miguel Angel Roca*　**pp.209-5**
CPCルート20

CPC Monsenor Pablo Cabrera　1999 / Cordoba　*Miguel Angel Roca*　**pp.213-18**
CPCモンセニョール・パブロ・カブレラ

School of Arts at the National University of Cordoba
2001 / Cordoba　*Miguel Angel Roca*　**pp.209-6**
コルドバ大学芸術学部

Faculty of Law at the National University of Cordoba
2001 / Cordoba　*Miguel Angel Roca*　**pp.210-9**
コルドバ大学法学部第2期工事

Post-graduate School of Economics at the National University of Cordoba
2001 / Cordoba　*Miguel Angel Roca*　**pp.212-11**
コルドバ大学大学院経済学部

House at Calamuchita　2004 / Cordoba　*Miguel Angel Roca*　**pp.212-15**
カラムチタの家

Underground Passage between Two Museums in Cordoba
2006 / Cordoba　*Miguel Angel Roca*　**pp.213-19**
コルドバの博物館地下連絡通路

Austria

House W　1974 / Graz　*Szyszkowitz-Kowalski*　**pp.265-9**
ハウスW

Kastner+Ohler Department Store Extension　1994 / Graz　*Szyszkowitz-Kowalski*　**pp.265-7**
カストナー＋エーラー・デパート増築

House K　1996 / Graz　*Szyszkowitz-Kowalski*　**pp.267-21**
ハウス K

Schiessstatte Housing Estate　1999 / Graz　*Szyszkowitz-Kowalski*　**pp.265-11, 12**
シースステッテ住宅団地

Institute for Biochemistry and Biotechnology, Technical University of Graz
2000 / Graz　*Szyszkowitz-Kowalski*　**pp.262-1**
グラーツ工科大学生化学・生物工学部

Center of Studies, Technical University of Graz
2000 / Graz　*Szyszkowitz-Kowalski*　**pp.266-15**
グラーツ工科大学研究センター

Kastner+Ohler Underground Parking　2003 / Graz　*Szyszkowitz-Kowalski*　**pp.265-13**
カストナー＋エーラー・デパート地下駐車場

The Headquarters of the Steiermarkische Sparkasse Bank
2006 / Graz　*Szyszkowitz-Kowalski*　**pp.267-22**
シュタイアーメルクリッシュ・スパルカッセ銀行本社

Catholic Parish Center Graz-Ragnitz
1987 / Graz-Ragnitz　*Szyszkowitz-Kowalski*　**pp.264-5,6**
ラグニッツ教区センター

St. Ulrich Cultural Center　2000 / Greith　*Szyszkowitz-Kowalski*　**pp.265-10**
セント・ウルリヒ文化センター

Innsbruck Town Hall　2002 / Innsbruck　*Dominique Perrault*　**pp.199-9**
インスブルック市庁舎

Electrical Substation　2002 / Innsbruck　*UN Studio*　**pp.276-7**
エレクトリカル・サブステーション

Karikatur Museum　2001 / Krems　*Gustav Peichl*　**pp.186-4**
カリカチュア・ミュージアム

EVN Forum　1993 / Maria Enzersdolf　*Gustav Peichl*　**pp.186-8**
EVNフォーラム

Europark　1997 / Salzburg　*Massimiliano Fuksas*　**pp.54-15**
ユーロパーク

ORF Station in St. Polten　1994 / St. Polten　*Gustav Peichl*　**pp.186-7**
オーストリア放送セント・ベルテン・ステーション

Exhibition Hall and Museum in St. Polten　2002 / St.Polten　*Hans Hollein*　**pp.97-13**
ザンクト・ベルテン展示ホール&博物館

Retti Candle Shop　1965 / Vienna　*Hans Hollein*　**pp.94-1**
レッティ・キャンドル・ショップ

Schullin Jeweller I　1974 / Vienna　*Hans Hollein*　**pp.97-14**
シューリン宝石店1

Haas Haus　1990 / Vienna　*Hans Hollein*　**pp.95-4**
ハース・ハウス

Rehearsal Stage of the Burgtheater　1993 / Vienna　*Gustav Peichl*　**pp.189-21**
ブルグ・シアター・リハーサル・ステージ

Alte Donau Tower　1998 / Vienna　*Gustav Peichl*　**pp.188-13**
アルテ・ドナウ集合住宅タワー

Public School in Donau City　1999 / Vienna　*Hans Hollein*　**pp.99-22**
ドナウ市立学校

Millennium Tower　1999 / Vienna　*Gustav Peichl*　**pp.185-3**
ミレニアム・タワー

Erzherzog Karl Stadt Apartment　1999 / Vienna　*Gustav Peichl*　**pp.189-20**
エルツァツォーク・カール・シュタット・アパートメント

Generali / Media-Tower　2001 / Vienna　*Hans Hollein*　**pp.97-15**
ジェネラリ・タワー

Vienna Twin Towers　2001 / Vienna　*Massimiliano Fuksas*　**pp.56-21**
ウィーン・ツイン・タワーズ

Messe Wien　2003 / Vienna　*Gustav Peichl*　**pp.186-6**
メッセ・ウィーン

Albertina Museum　2004 / Vienna　*Hans Hollein*　**pp.97-17**
アルベルティーナ美術館

Saturn Tower　2004 / Vienna　*Hans Hollein*　**pp.99-23**
サターン・タワー

Toscanahof　2004 / Vienna　*Gustav Peichl*　**pp.189-18,19**
トスカーナホフ

Art Museum Bregenz　1997 / Vorarlberg　*Peter Zumthor*　**pp.312-5,6,7**
ブレゲンツ美術館

Belgium

Kanaaleiland　2002 / Bruges　*WEST 8*　**pp.303-20**
カナールエイランド

European Union Headquarters　1998 / Brussels　*Helmut Jahn*　**pp.105-22**
ヨーロッパ連合本部

Bolivia

La Florida Park　1990 / La Paz, Bolivia　*Miguel Angel Roca*　**pp.210-7,8**
ラ・フロリダ公園

Uruguay Central District Council　1991 / La Paz, Bolivia　*Miguel Angel Roca*　**pp.209-4**
ウルグアイ中央地区市議会ビル

Canada

St. Mary's Roman Catholic Church　1968 / Alberta　*Douglas Cardinal*　**pp.40-1**
セント・メリー・ローマ・カトリック教会

Fairview Elementary School　1975 / Alberta　*Douglas Cardinal*　**pp.45-22**
フェアビュー小学校

St. Albert Place　1976 / Alberta　*Douglas Cardinal*　**pp.41-3**
セント・アルバート・プレイス

Grande Prairie Regional College　1976 / Alberta　*Douglas Cardinal*　**pp.41-4,5**
グランド・プレーリー地区カレッジ

Alberta Government Services Building　1976 / Alberta　*Douglas Cardinal*　**pp.45-24**
アルベルタ市サービス・ビル

Cardinal Studio & Residence　1982 / Alberta　*Douglas Cardinal*　**pp.43-10,11,12**
カーディナル・スタジオ&レジデンス

Edonton Space Sciences Center　1983 / Alberta　*Douglas Cardinal*　**pp.41-6,7**
エドモントン宇宙科学センター

Neeganin Round House & Park　2000 / Manitoba　*Douglas Cardinal*　**pp.45-19**
ニーガニン・ラウンド・ハウス&パーク

Grand Traverse Band of Ottawa & Chippewa Indian Civic Center
2001 / Michigan *Douglas Cardinal* pp.41-8
オタワ&チペワ・インディアン・グランドトラヴァース市庁舎

York Regional Headquarters 1992 / New Market *Douglas Cardinal* pp.45-17
ヨーク地区本部ビル

Center for Cellular and Biomolecular Research University of Toronto
2005 / Ontario *Gunther Behnisch(B,B&P)* pp.30-5
トロント大学細胞&生体分子研究センター

Iskotew Healing Lodge 2002 / Ottawa *Douglas Cardinal* pp.45-18
イスコトュー・ヒーリング・ロッジ

Canadian Museum of Civilization 1989 / Quebec *Douglas Cardinal* pp.42-9
カナダ文明博物館

First Nations University of Canada 2003 / Saskatchewan *Douglas Cardinal* pp.45-23
ファースト・ネイションズ・カナダ大学

Ontario College of Art & Design 2004 / Toronto *William Alsop* pp.12-6
OCAD (オンタリオ・アート&デザイン・カレッジ)

China

Hong Kong Stadium 1983 / Hong Kong *HOK* pp.93-21
香港スタジアム

Emporio Armani 2003 / Hong Kong *Massimiliano Fuksas* pp.55-20
エンポリオ・アルマーニ

International Finace Center 2004 / Hong Kong *Cesar Pelli* pp.190-1,2
国際金融センター

Jin Mao Tower 1999 / Shanghai *SOM* pp.253-5,6
ジン・マオ・タワー

Shanghai International Expo Center 2001 / Shanghai *Helmut Jahn* pp.104-10
上海国際博覧会センター

Plaza 66 2002 / Shanghai *KPF* pp.126-3
プラザ66

Fangyuan Mansion 2001 / Shenyang *C.Y.Lee* pp.132-6
方圓大厦

Cuba

Villa Armenteros 1950 / Havana *Ricardo Porro* pp.204-4
ヴィラ・アルメンテロス

School of Plastic Arts 1964 / Havana *Ricardo Porro* pp.202,203-1,2,3
造形美術学校

School of Modern Dance 1964 / Havana *Ricardo Porro* pp.204-7,8,9
モダン・ダンス学校

Czech

Kafka Memorial 1966 / Praha *Future Systems* pp.59-5
カフカ・メモリアル

Denmark

Aarhus Museum of Modern Art(ARoS)
2004 / Aarhus *Schmidt Hammer Lassen* pp.232-5,6
アーフス現代美術館

The Danish Royal Library
1999 / Copenhagen *Schmidt Hammer Lassen* pp.234,235-9,10
デンマーク王立図書館

Nykredit New Headquarters
2001 / Copenhagen *Schmidt Hammer Lassen* pp.236-14
ヌクレディット新本社ビル

Frosilos Housing 2005 / Copenhagen *MVRDV* pp.165-19
フロサイロス集合住宅

European Film College 1993 / Ebeltoft *Heikkinen-Komonen* pp.72-4
ヨーロッパ・フィルム・カレッジ

The Frigate Jylland 2005 / Ebeltoft *Schmidt Hammer Lassen* pp.237-18
フリゲート・イランド

Sparekassen Ostjylland 2005 / Hammel *Schmidt Hammer Lassen* pp.237-17
スパルカッセン・オスティランド

Testrup Folk High School 1999 / Marslet *Schmidt Hammer Lassen* pp.237-15
テストラップ・フォーク高校

Culture Island in Middelfart 2005 / Middelfart *Schmidt Hammer Lassen* pp.237-16
ミッデルファート文化の島

Egypt

Alexandria Library 2002 / Alexandria *Snohetta* pp.239-2,3
アレキサンドリア図書館

Finland

McDonald's Finnish Headquarters 1997 / Helsinki *Heikkinen-Komonen* pp.75-11
マクドナルド・フィンランド本社

Vuotalo Cultural Center 2000 / Helsinki *Heikkinen-Komonen* pp.73-5
ヴォタロ文化センター

Lume Mediacenter 2000 / Helsinki *eikkinen-Komonen* pp.73-6
リューム・メディア・センター

Stakes and Senate Properties Office Building
2002 / Helsinki *Heikkinen-Komonen* pp.75-12
ステイクス&セナト・プロパティーズ・オフィス

Juminkeko Center of Carelian Culture 1999 / Kuhmo *Heikkinen-Komonen* pp.75-10
ユミンケコ・カレリア文化センター

Emergency Services College Phase IV 1998 / Kuopio *Heikkinen-Komonen* pp.75-13,14
緊急サービス・カレッジ第4期

Lappeenranta University of Technology, Phase VII
2004 / Lappeenranta *Heikkinen-Komonen* pp.74-9
ラッピーンランタ工科大学第7期

Rovaniemi Airport Terminal 1992 / Rovaniemi *Heikkinen-Komonen* pp.71-2
ロヴァニエミ空港ターミナル

House Kosketus 2000 / Tuusula *Heikkinen-Komonen* pp.75-15
コスケタス・ハウス

Heureka, Finnish Science Center 1988 / Vantaa *Heikkinen-Komonen* pp.70-1
フィンランド科学センター "ヘウレカ"

France

Michel Serres Science Center in Agen 1998 / Agen *Frederic Borel* pp.38,39-14,15,16
ミッシェル・セール・アジョン科学センター

Agen Institute for local Development 2002 / Agen *Frederic Borel* pp.34-1,2
アジョン大学オフィス

VULCANIA 2002 / Auvergne *Hans Hollein* pp.96-11,12
ヴァルカニア

Vassiviere Art Center 1991 / Bess-et-Saint-Anastasise *Aldo Rossi* pp.219-22
ヴァシヴィエール・アート・センター

Theater & Concert Hall in Blois 1991 / Blois *Frederic Borel* pp.35-4
ブロアの劇場&コンサートホール

The Maison des Arts at Michel de Montaigne University
1995 / Bordeaux *Massimiliano Fuksas* pp.54-14
ミシェル・ド・モンテーニュ大学アート・ハウス

Villa One 1995 / Britanny *Dominique Perrault* pp.200-15
ヴィラ・ワン

Tax Center at Brive 1999 / Brive *Frederic Borel* pp.37-13
ブリーブ・タックス・センター

Axe Majeur 1980 / Cergy-Pontoise *Dani Karavan* pp.108-5
大都市軸

Students Dwellings in Cergy Pontoise 1994 / Cergy Pontoise *Ricardo Porro* pp.207-19
セルジ・ポントワーズの学生寮

College de Cergy-le-Haut 1997 / Cergy-le-Haut *Ricardo Porro* pp.205-10
コレージュ・ドゥ・セルジ・ル・オ

Dreux Theater 1994 / Dreux *Frederic Borel* pp.35-3
ドゥルーの劇場

Homage to the Prisoners of the Camp Gurs 1994 / Gurs *Dani Karavan* pp.110-17
ギュル強制収容所囚人のオマージュ

SAGEP 1993 / Ivry-sur-Seine *Dominique Perrault* pp.200-17
イブリ・シュル・セーヌ浄水場

Dwellings in La Courneuve 1995 / La Courneuve *Ricardo Porro* pp.206-13,14
ラ・クルヌーヴ集合住宅

Aplix Factory 1999 / Le Cellier-sur-Loire *Dominique Perrault* pp.199-8
アプリックス工場

Maison Folie 2003 / Lille *NOX* pp.174,175-9,10,11
メゾン・フォリー

The Faculty of Law and Economics at the University of Limoges
1996 / Limoges *Massimiliano Fuksas* pp.54-13
リモージュ大学法律&経済学部

Venissieux Central Mediatheque 2001 / Lyon *Dominique Perrault* pp.199-7
ヴェニシュー・メディアテーク

Hotel du Department des Bouches du Rhone 1994 / Marseilles *William Alsop* pp.12-7
ブッシュ・デュ・ローヌ県庁舎

Institute for Neurobiologie in Marseilles   2003 / Marseilles   *Snohetta*   **pp.240-6**
マルセイユ神経生物学研究所

College Fabien   1993 / Montreuil   *Ricardo Porro*   **pp.206-15**
コレージュ・ファビアン

Espace de l'Art Concert   2003 / Mouans-Sartoux   *Gigon/Guyer*   **pp.69-23**
具象美術の空間

Ricola-Europe SA. Production and Storage Building
1993 / Mulhouse-Brunstatt   *Herzog & de Meuron*   **pp.85-14**
リコラ・ヨーロッパ社工場・倉庫

Entrance to the Cave Painting Museum   1993 / Niaux   *Massimiliano Fuksas*   **pp.54-11**
洞窟博物館エントランス

ESIEE   1987 / Paris   *Dominique Perrault*   **pp.198-6**
高等電子技術学校

Housing on Ramponeau Street   1989 / Paris   *Frederic Borel*   **pp.39-17**
ランポノー通り集合住宅

Housing on Belleville Street   1989 / Paris   *Frederic Borel*   **pp.39-19**
ベルビル通り集合住宅

Hotel Industriel Berlier   1990 / Paris   *Dominique Perrault*   **pp.200-16**
ベルリエール工業館

Barracs of the Republican Security Force in Velizy   1991 / Paris   *Ricardo Porro*   **pp.206-16**
ヴェリジィ自衛軍兵舎

Wohnanlage La Villette   1991 / Paris   *Aldo Rossi*   **pp.219-27**
ボーナンラーゲ・ラヴィレット

Canal+Headquarters   1992 / Paris   *Richard Meier*   **pp.151-10**
カナル・プラス本社

Housing on Oberkampf Street   1993 / Paris   *Frederic Borel*   **pp.37-9,10**
オーベルカンプ通り集合住宅

Sports Complex+Parking   1993 / Paris   *Massimiliano Fuksas*   **pp.54-10**
スポーツ・コンプレックス+パーキング

French National Library   1995 / Paris   *Dominique Perrault*   **pp.198-4**
フランス国立図書館

Square of Tolerance-Homage to Yitzhak Rabin   1996 / Paris   *Dani Karavan*   **pp.110-15**
寛容の庭：イツアク・ラビンへのオマージュ

Housing on Pelleport Street   1998 / Paris   *Frederic Borel*   **pp.36-7,8**
ペルポール通り集合住宅

School on Moskowa Street   2000 / Paris   *Frederic Borel*   **pp.39-20**
モスクワ通りの学校

Social Housing Units on Switzerland Street   2000 / Paris   *Herzog & de Meuron*   **pp.84-7**
スイス通りの集合住宅

Nursery School on Recollects Street   2002 / Paris   *Frederic Borel*   **pp.35-5**
レコレット通り保育所

Police Headquarter in Plaisir   2006 / Plaisir   *Ricardo Porro*   **pp.207-17**
プレジールの警察署

Reze Cultural Center & Mediatheque   1991 / Reze   *Massimiliano Fuksas*   **pp.54-8**
レゼ文化センター&メディアテーク

Restaurant & Hotel, Technical High School in Rouen
2004 / Rouen   *Ricardo Porro*   **pp.207-20**
ルーアン技術高等学校レストラン&ホテル

College Elsa Triolet   1990 / Saint-Denis   *Ricardo Porro*   **pp.206-12**
コレージュ・エルザ・トリオレ

Saint-Exupery College   1993 / Seine-Saint-Denis   *Massimiliano Fuksas*   **pp.54-12**
サンテグジュペリ・カレッジ

30 Residential Dwellings in Stains   1991 / Stains   *Ricardo Porro*   **pp.205-11**
ステン集合住宅

Toulouse Provincial Capitol Building   1999 / Toulouse   *VSBA*   **pp.291-24**
トゥールーズ県庁舎

Germany

Burda Collection Museum   2004 / Baden-Baden   *Richard Meier*   **pp.151-13**
ブルダ・コレクション・ミュージアム

House H   1993 / Bad Mergentheim   *Szyszkowitz-Kowalski*   **pp.263-2,3**
ハウスH

Berlin Cleansing Department   1978 / Berlin   *Josef Paul Kleihues*   **pp.122-13,14**
ベルリン清掃局ビル

IBA Housing at Wilhelmstrasse   1984 / Berlin   *Aldo Rossi*   **pp.219-23**
ヴィルヘルム通りのIBA集合住宅

Phosphate Elimination Plant, Berlin-Tegel   1985 / Berlin   *Gustav Peichl*   **pp.186-9**
ベルリン・テーゲル燐酸塩除去プラント

Hospital Berlin-Neukolln   1986 / Berlin   *Josef Paul Kleihues*   **pp.122-15**
ベルリン・ノイケルン病院

IBA Housing at Thomas Dehler Strasse   1986 / Berlin   *Aldo Rossi*   **pp.219-24**
トーマス・デーラー通りのIBA集合住宅

Kant Triangle   1994 / Berlin   *Josef Paul Kleihues*   **pp.120-6,7**
カント・トライアングル

Museum of Contemporary Art, Berlin   1996 / Berlin   *Josef Paul Kleihues*   **pp.118-1,2**
ベルリン現代美術館

Triangle   1996 / Berlin   *Josef Paul Kleihues*   **pp.118-3**
トライアングル

Olympic Velodrome and Swimming Pool   1997 / Berlin   *Dominique Perrault*   **pp.198-3**
オリンピック・ヴェロドローム&水泳競技場

Photonikzentrum   1998 / Berlin   *Sauerbruch Hutton*   **pp.226-4**
フォトニックツェントルム

KITA-Kindergarden   1999 / Berlin   *Gustav Peichl*   **pp.186-5**
ベルリンの幼稚園

GSW Headquarters   1999 / Berlin   *Sauerbruch Hutton*   **pp.227-5,6**
GSW管理本社

Zumzobel Staff   1999 / Berlin   *Sauerbruch Hutton*   **pp.229-11**
ツムトベル・スタッフ

The Royal Norwegian Embassy in Berlin   1999 / Berlin   *Snohetta*   **pp.241-10,11**
在独ノルウェー大使館

IBA Housing at Schutzenstrasse   1999 / Berlin   *Aldo Rossi*   **pp.219-26**
シュッツェン通りのIBA集合住宅

Sony Center   2000 / Berlin   *Helmut Jahn*   **pp.101-2,3**
ソニー・センター

Neues Kranzler Eck   2000 / Berlin   *Helmut Jahn*   **pp.105-18**
ノイエス・クランツラー・エック

The British Council in Germany   2000 / Berlin   *Sauerbruch Hutton*   **pp.229-13**
在独英国領事館

Sony Center   2000 / Berlin   *Helmut Jahn*   **pp.101-2,3**
ソニー・センター

Austrian Embassy in Berlin   2001 / Berlin   *Hans Hollein*   **pp.97-16**
在独オーストリア大使館

Federal Ministry of Labour and Social Affairs
2001 / Berlin   *Josef Paul Kleihues*   **pp.122-16,17**
ドイツ連邦労働&社会業務省

Grundgesetz 49   2002 / Berlin   *Dani Karavan*   **pp.108-7**
基本法49

Berlin Fire & Police Station for the Government District
2004 / Berlin   *Sauerbruch Hutton*   **pp.230-14,15**
ベルリン消防&警察署

Academy of Fine Arts Berlin   2005 / Berlin   *Gunther Behnisch(B&P)*   **pp.31-12**
ベルリン美術アカデミー

Hotel Maritim   2005 / Berlin   *Josef Paul Kleihues(Jan Kleihues)*   **pp.123-19**
マリティム・ホテル

Hotel Concorde   2005 / Berlin   *Josef Paul Kleihues(Jan Kleihues)*   **pp.123-21**
コンコルド・ホテル

Museum of Fantasy   2001 / Bernried   *Gunther Behnisch(B,B&P)*   **pp.32-19**
ファンタジー博物館

Pharmacological Research Laboratories in Biberach
2002 / Biberach   *Sauerbruch Hutton*   **pp.229-12**
ビバラフ薬学研究所

Plenary Complex of the German Bundestag
1992 / Bonn   *Gunther Behnisch(B&P)*   **pp.30-4**
旧ドイツ連邦議会ビル

German Art and Exhibition Hall   1992 / Bonn   *Gustav Peichl*   **pp.184-1**
ドイツ連邦美術・展示ホール

Post Tower   2003 / Bonn   *Helmut Jahn*   **pp.103-6,7**
ポスト・タワー

Kaufhof Galerria   2001 / Chemnitz   *Helmut Jahn*   **pp.105-20**
カウフホフ・ガレリア

Ma'alot   1986 / Cologne   *Dani Karavan*   **pp.108-6**
マアロット

Cologne/Bonn Airport   2000 / Cologne   *Helmut Jahn*   **pp.104-15**
ケルン・ボン空港

Cologne Media Park Office Complex   2004 / Cologne   *Herman Hertzberger*   **pp.78,79-9,10**
ケルン・メディア・パーク・オフィス・コンプレックス

Federal Agency for the Environment   2005 / Dessau   *Sauerbruch Hutton*   **pp.228,229-7,8**
ドイツ連邦環境省ビル

High-Bay Warehouse for Sedus   2003 / Dogern   *Sauerbruch Hutton*   **pp.231-18**
セダス・ハイベイ・ウェアハウス

St. Benno Gymnasium   1996 / Dresden   *Gunther Behnisch(B,B&P)*   **pp.31-10**
セントベンノ体育館

Max Planck Institute of Molecular Cell Biology and Genetics
2001 / Dresden   *Heikkinen-Komonen*   **pp.75-16**
マックス・プランク分子細胞生物学&遺伝学研究所

Mildred Scheel Haus   2002 / Dresden   *Gunther Behnisch(B&P)*   **pp.31-18**
ミルドレッド・シェール・ハウス

Dialogue   1989 / Duisburg   *Dani Karavan*   pp.110-18
対話

Garden of Memories   1999 / Duisburg   *Dani Karavan*   pp.110-16
記憶の庭

Colorium   2002 / Dusseldorf   *William Alsop*   pp.14-13
カラーリウム

Library of the Eberswalde Technical School
1999 / Eberswalde   *Herzog & de Meuron*   pp.87-18
エバースヴァルデ高等技術学校図書館

Frankfurt Museum for Applied Arts   1985 / Frankfurt   *Richard Meier*   pp.151-9
フランクフルト応用美術館

Museum of Pre- and Early History   1986 / Frankfurt   *Josef Paul Kleihues*   pp.119-4,5
先史・原始博物館

German Postal Museum   1990 / Frankfurt   *Gunther Behnisch(B&P)*   pp.31-14
ドイツ郵便博物館

Museum of Modern Art in Frankfurt   1991 / Frankfurt   *Hans Hollein*   pp.95-5
フランクフルト近代美術館

Messeturm   1991 / Frankfurt   *Helmut Jahn*   pp.105-17
メッセトゥルム

DG Bank Headquarters   1993 / Frankfurt   *KPF*   pp.127-9
DG銀行本社

Geschwister Scholl Schule   1994 / Frankfurt   *Gunther Behnisch(B&P)*   pp.31-11
ゲシュヴィスター・ショル・シューレ

Mimaamakim   1997 / Gelsenkirchen   *Dani Karavan*   pp.111-20
ミマアマキム

IBA Emscher Park Housing Estate   1997 / Gelsenkirchen   *Szyszkowitz-Kowalski*   pp.263-4
IBAエムシャー・パーク住宅団地

Erotic Arts Museum   1997 / Hamburg   *William Alsop*   pp.14-14
エロティック・アーツ・ミュージアム

Hamburg Music School   2000 / Hamburg   *Enric Miralles Benedetta Tagliabue*   pp.156-7
ハンブルク音楽学校

Alsterfleet Office Building   2002 / Hamburg   *Massimiliano Fuksas*   pp.54-16
アルスターフリート・オフィス・ビル

Hanse-Forum Offices   2002 / Hamburg   *Massimiliano Fuksas*   pp.55-19
ハンス・フォーラム・オフィス

*Hannover Expo 2000 Dutch Pavilion   2000 / Hannover   *MVRDV*   pp.162-6,7
ハノーバー博2000オランダ館

*Hannover Expo 2000 Switzerland Pavilion   2000 / Hannover   *Peter Zumthor*   pp.312-9
ハノーバー博2000スイス館

North German State Clearing Bank   2002 / Hannover   *Gunther Behnisch(B,B&P)*   pp.29-2,3
北ドイツ・クリアリング銀行

Hennigsdorf Town Hall   2003 / Hennigsdorf   *Sauerbruch Hutton*   pp.228-10
ヘンニングスドルフ・タウンホール

Kornwestheim City Gallery   1989 / Kornwestheim   *Josef Paul Kleihues*   pp.121-9
コルンヴェストハイム市立ギャラリー

Bayer AG Konzernzentrale   2001 / Leverkusen   *Helmut Jahn*   pp.104-12
バイヤー社コンツェルンツェントラーレ

LVA State Institute Agency   1997 / Lubeck   *Gunther Behnisch(B,B&P)*   pp.30-7,8
LVAステート保険会社

Experimental Factory in Magdeburg   2001 / Magdeburg   *Sauerbruch Hutton*   pp.228-9
マグデブルグ実験工場

Abteiberg Museum   1982 / Monchengladbach   *Hans Hollein*   pp.94-3
アプタイベルク美術館

Olympic Park in Munich   1972 / Munich   *Gunther Behnisch(B&P)*   pp.32-20
ミュンヘン・オリンピック・パーク

Goetz Gallery   1992 / Munich   *Herzog & de Meuron*   pp.85-13
ゲーツ・ギャラリー

Kempinski Hotel   1994 / Munich   *Helmut Jahn*   pp.104-14
ホテル・ケンピンスキー

Munich Airport Center   1999 / Munich   *Helmut Jahn*   pp.104-11
ミュンヘン空港センター

Neues Haus   2001 / Munich   *Gustav Peichl*   pp.189-17
ノイエス・ハウス

Highlight Munich Business Towers   2003 / Munich   *Helmut Jahn*   pp.105-16
ハイライト・ミュンヘン・ビジネス・タワーズ

Arianz Arena   2005 / Munich   *Herzog & de Meuron*   pp.84-5
アリアンツ・アリーナ

Way of Human Rights   1993 / Nuremberg   *Dani Karavan*   pp.111-21
人権の道

Air Control Tower Nuremberg Airport
1998 / Nuremberg   *Gunther Behnisch(B&P)*   pp.31-9
ニュルンベルク空港管制塔

Office and Health Center by the City Park
2006 / Nuremberg   *Szyszkowitz-Kowalski*   pp.266-18,19,20
市立公園脇のオフィス&ヘルス・センター

Kalkriese Archaeological Museum and Park
2002 / Osnabruck   *Gigon/Guyer*   pp.66,67-10
カルクリーゼ考古学博物館&公園

Health and Spa Facilities Bad Elster   1999 / Saxony   *Gunther Behnisch(B&P)*   pp.31-13
バッド・エルスター・ヘルス・スパ

Hysolar Institute Building   1987 / Stuttgart   *Gunther Behnisch(B&P)*   pp.32-21
ハイソーラー研究所

Feuerbach Station   1991 / Stuttgart   *Gunther Behnisch(B&P)*   pp.33-25
フォイヤーバッハ駅

Reconstruction of the Bayerishe Vereinsbank
1996 / Stuttgart   *Gunther Behnisch(B,B&P)*   pp.33-24
バイヤリッシュ・フェラインスバンク再建

State Clearing Bank   1997 / Stuttgart   *Gunther Behnisch(B,B&P)*   pp.28-1
ステート・クリアリング銀行

Mercedes-Benz Museum   2006 / Stuttgart   *UN Studio*   pp.275-5,6
メルセデス・ベンツ・ミュージアム

Ulm Exhibition and Assembly Hall   1993 / Ulm   *Richard Meier*   pp.149-3
ウルム展示・会議ホール

Aktion Poliphile   1992 / Wiesbaden   *Studio Granda*   pp.260-14,15
アクション・ポリファイル

Greenland

Culture Center   1997 / Nukk   *Schmidt Hammer Lassen*   pp.234-7,8
文化ハウス

Guinea

School for Chicken Farmers   1999 / Kindia   *Heikkinen-Komonen*   pp.73-7,8
養鶏家学校

Villa Eila   1995 / Mali   *Heikkinen-Komonen*   pp.71-3
ヴィラ・エイラ

Hungary

Baks Village Community Center   1988 / Baks   *Imre Makovecz*   pp.140-11
バクシュ・ヴィレッジ・コミュニティ・センター

Farkasret Funeral Chapel   1977 / Budapest   *Imre Makovecz*pp   pp.139-10
フォルコシュレイトの斎場

ING Bank and NN Hungary Offices   1994 / Budapest   *Erick van Egeraat*   pp.284-15,16
ING銀行&NNハンガリー・オフィス

ING Head Office   2004 / Budapest   *Erick van Egeraat*   pp.280,281-1
ING本社ビル

Deak Palace Renovation   2004 / Budapest   *Erick van Egeraat*   pp.285-22
ディーク・パレス改修

Dobogoko Ski Lodge   1979 / Dobogoko   *Imre Makovecz*   pp.141-16
ドボゴーク・スキーロッジ

Eger Swimming Pool   2000 / Eger   *Imre Makovecz*   pp.138-8
エゲル水泳プール

Mako Theater   1998 / Mako   *Imre Makovecz*   pp.136,137-4
マコー・シアター

Paks Roman Catholic Church   1991 / Paks   *Imre Makovecz*   pp.138-5,6,7
パクシュ・ローマ・カトリック教会

Large Auditorium at Peter Pazmany Catholic University
2001 / Piliscsaba   *Imre Makovecz*   pp.138-9
ペーテル・パーズマーニ・カトリック大学ホール

Sarospatak Cultural Center   1983 / Sarospatak   *Imre Makovecz*   pp.136-1
シャーロシュパタク文化センター

Siofok Lutheran Church   1990 / Siofok   *Imre Makovecz*   pp.141-15
シオーフォク・ルター派教会

Szazhalombatta Roman Catholic Church
1996 / Szazhalombatta   *Imre Makovecz*   pp.141-18
サーズハロムバッタ・ローマ・カトリック教会

Szigetvar Cultural Center   1988 / Szigetvar   *Imre Makovecz*   pp.141-12,13
シゲトヴァール文化センター

Tokaj Meeting Pavilion   1979 / Tokaj   *Imre Makovecz*   pp.141-17
トカイ集会用パビリオン

Mogyoro-hegy Restaurant   1979 / Visegrad   *Imre Makovecz*   pp.141-14
モジューローヘジのレストラン

Visegrad Forest Educational Center   1987 / Visegrad   *Imre Makovecz*   pp.136-2,3
ヴィシェグラード森林教育センター

Iceland

Skrudas Residence 2004 / Gardabaer *Studio Granda* pp.261-23
スクルサールス邸

Bifrost Business School Extension, Cafe and Quadrangle
2002 / Nordurdalur *Studio Granda* pp.261-19
ビフロスト・ビジネス・スクール増築,カフェ&クゥアドラングル

Student Accommodation & Research Wing at Bifrost Business School
2005 / Nordurdalur *Studio Granda* pp.261-20
ビフロスト・ビジネス・スクール学生宿舎&研究棟

Reykjavik City Hall 1992 / Reykjavik *Studio Granda* pp.256,257-1
レイキャヴィク市庁舎

Hofdabakka Highway Interchange 1995 / Reykjavik *Studio Granda* pp.259-10
ホフサールバッカ高速インターチェンジ

Kringlumyra Footbridge 1995 / Reykjavik *Studio Granda* pp.259-11
クリングルミラー歩道橋

Supreme Court of Iceland 1996 / Reykjavik *Studio Granda* pp.258,259-6,7,8
アイスランド最高裁判所

Skeidarvogs Highway Interchange 1999 / Reykjavik, Iceland *Studio Granda* pp.260-18
スケイサールヴォグス高速インターチェンジ

Reykjavik Art Museum 2000 / Reykjavik *Studio Granda* pp.257-4,5
レイキャヴィク美術館

Skefjar Office 2003 / Reykjavik *Studio Granda* pp.261-22
スケフィアー・オフィス

Valhalla Summer Residence 2003 / Reykjavik *Studio Granda* pp.261-24
ヴァルハラ邸夏の家

Kringlan Shopping Mall Car Park 2004 / Reykjavik *Studio Granda* pp.260-13
クリングラン・ショッピング・モール駐車場

Stekkjarbakki Highway Interchange 2004 / Reykjavik *Studio Granda* pp.260-16
ステックキャルバッキ高速インターチェンジ

Laugalaekjarskoli Secondary School Extension
2004 / Reykjavik *Studio Granda* pp.261-21
ラウガラエキャールスコリ中学校増築

Hrolfsskalavor Residence 2006 / Reykjavik *Studio Granda* pp.257-2
ロルフスカラヴォール邸

Three Footbridges over Hringbraut & Njardagata
2006 / Reykjavik *Studio Granda* pp.260-17
リングブラウト&ニャルサールガタの3歩道橋

Iran

Museum of Glass and Ceramics 1978 / Tehran *Hans Hollein* pp.95-8
ガラス&セラミック博物館

Ireland

Blackwood Golf Club 1994 / Co.Down, Nothern *O'Donnell+Tuomey* pp.178,179-1,2
ブラックウッド・ゴルフクラブ

Howth House 2003 / Co.Dublin *O'Donnell+Tuomey* pp.183-23
ハウス・ハウス

Cherry Orchard Primary School 2006 / Co.Dublin *O'Donnell+Tuomey* pp.183-15
チェリー・オーチャード小学校

Letterfrack Furniture College 2001 / Co.Galway *O'Donnell+Tuomey* pp.181-11
レターフラック家具学校

Galbally Social Housing 2002 / Co.Limerick *O'Donnell+Tuomey* pp.183-16
ガルバリィ社会住宅

Hudson House 1998 / Co.Meath *O'Donnell+Tuomey* pp.181-9
ハドソン・ハウス

Crawford Municipal Art Gallery 2000 / Cork *Erick van Egeraat* pp.282-6
クロフォード市立アート・ギャラリー

Lewis Glucksman Gallery 2004 / Cork *O'Donnell+Tuomey* pp.182-12
ルイス・グラックスマン・ギャラリー

Irish Film Center 1992 / Dublin *O'Donnell+Tuomey* pp.180,181-3,4,5
アイルランド映画センター

Irish Pavilion 1992 / Dublin *O'Donnell+Tuomey* pp.181-10
アイリッシュ・パビリオン

Photography Gallery 1996 / Dublin *O'Donnell+Tuomey* pp.181-6,7
写真ギャラリー

National Photography Archive 1996 / Dublin *O'Donnell+Tuomey* pp.181-7,8
国立写真アーカイブ

Ranelagh Multi Denominational School 1998 / Dublin *O'Donnell+Tuomey* pp.182-13,14
ラネラ多教派学校

Center for Research into Infectious Diseases at University College Dublin
2003 / Dublin *O'Donnell+Tuomey* pp.183-24
ダブリン大学伝染病研究所

Israel

Negev Monument 1968 / Beersheva *Dani Karavan* pp.107-3
ネゲヴ・モニュメント

Peres Peace Center 2007 / Jaffa *Massimiliano Fuksas* pp.57-30
ペレス平和センター

Way of Peace 1996 / Nitzana *Dani Karavan* pp.111-19
平和の道

Kikar Levana 1988 / Tel Aviv *Dani Karavan* pp.106-1
キカール・レヴァナ

Italy

Anagni Sports Center 1985 / Anagni *Massimiliano Fuksas* pp.53-6
アナーニ・スポーツ・センター

Renovation & Extension of the School in Broni 1970 / Broni *Aldo Rossi* pp.215-2
ブローニの学校増改築

Cassino Town Hall 1990 / Cassino *Massimiliano Fuksas* pp.54-7
カッシーノ・タウンホール

Civita Castellana Cemetery 1992 / Civita Castellana *Massimiliano Fuksas* pp.54-9
チヴィタ・カステラーナ墓地

Two Enviroments for Peace 1978 / Florence *Dani Karavan* pp.110-13
平和のための2つの環境造形

Carlo Felice Theater 1990 / Genova *Aldo Rossi* pp.216-7
カルロ・フェリーチェ劇場

Gallaratese Housing 1970 / Milan *Aldo Rossi* pp.218-20
ガララテーゼ集合住宅

MOdAM 1985 / Milan *Mecanoo* pp.147-21
モダム

Sandro Pertini Monument 1988 / Milan *Aldo Rossi* pp.219-25
サンドロ・ペルティーニ・モニュメント

Milan Trade Fair 2005 / Milan *Massimiliano Fuksas* pp.56-22,23
ミラノ見本市会場

San Cataldo Cemetery 1984 / Modena *Aldo Rossi* pp.215-5
サンカタルド墓地

Paliano Gymnasium 1985 / Paliano *Massimiliano Fuksas* pp.53-4
パリアーノ町営体育館

Tower Shopping Center 1985 / Parma *Aldo Rossi* pp.217-8
タワー・ショッピング・センター

Fontivegge Directional & Commercial Center 1988 / Perugia *Aldo Rossi* pp.219-28
フォンティヴェッジェ管理&商業センター

Jubilee Church 2003 / Roma *Richard Meier* pp.150-4
ジュビリー教会

Sassocorvaro Sports Hall 1973 / Sassocorvaro *Massimiliano Fuksas* pp.53-3
サソコルヴァーロ・スポーツ・ホール

Tarquinia Nursery School 1982 / Tarquinia *Massimiliano Fuksas* pp.53-5
タルクイーニア幼稚園

Casa Aurora 1987 / Turin *Aldo Rossi* pp.217-9,10
カーザ・アウロラ

Fagano Olona School 1972 / Varese *Aldo Rossi* pp.215-3
ファニャーノ・オローナの小学校

Jerusalem, City of Peace 1976 / Venice *Dani Karavan* pp.107-4
平和都市エルサレム

*Teatro del Mondo 1980 / Venice *Aldo Rossi* pp.216-6
世界劇場

*Dutch Pavilion at the 8th Venice Architecture Biennale
2002 / Venice *Herman Hertzberger* pp.81-20
第8回ヴェネツィア建築ビエンナーレ・オランダ館

Nardini Research & Multimedia Center
2004 / Vicenza *Massimiliano Fuksas* pp.55-17,18
ナルディーニ・リサーチ&マルチメディア・センター

Solimene Ceramics Factory 1953 / Vietri sul Mare *Paolo Soleri* pp.246-5
ソリメネ陶磁器工場

Japan

Hotel il Palazzo 1989 / Fukuoka *Aldo Rossi* pp.215-4
ホテル・イル・パラッツォ

Seahawk Hotel & Resort 1995 / Fukuoka *Cesar Pelli* pp.192-3
シーホーク・ホテル

Mojiko Hotel 1998 / Fukuoka *Aldo Rossi* pp.217-13,14
門司港ホテル

Kyushu University New Campus Masterplan 2005 / Fukuoka *Cesar Pelli* pp.194-18
九州大学新キャンパス・マスタープラン

Bereshit 2000 / Kagoshima *Dani Karavan* **pp.108-8**
ベレシート（初めに）

Warehouse C 1999 / Nagasaki *RoTo Architects* **pp.222-5**
ウェアハウスC

Matsudai Cultural Village Museum 2003 / Niigata *MVRDV* **pp.165-21**
まつだい雪国農耕文化村センター

Butterfly Pavilion 2006 / Niigata *Dominique Perrault* **pp.200-19**
バタフライ・パビリオン

Nakanoshima Mitsui Building 2002 / Osaka *Cesar Pelli* **pp.192-7**
中之島三井ビルディング

National Museum of Art 2004 / Osaka *Cesar Pelli* **pp.192-8**
国立国際美術館

Way of the Hidden Garden 1999 / Sapporo *Dani Karavan* **pp.109-10,11**
隠された庭への道

Ambiente Showroom 1991 / Tokyo *Aldo Rossi* **pp.217-11**
アンビエンテ・ショールーム

Asaba Design Office 1991 / Tokyo *Aldo Rossi* **pp.217-12**
浅葉克己デザイン室

NTT Shinjuku Headquarters Building 1995 / Tokyo *Cesar Pelli* **pp.192-4**
NTT新宿本社ビル

Tokyo International Forum 1996 / Tokyo *Rafael Vinoly* **pp.294-6,7**
東京国際フォーラム

Comme des Garcons Tokyo 1998 / Tokyo *Future Systems* **pp.60-11**
コム・デ・ギャルソン東京

Atago Green Hills 2001 / Tokyo *Cesar Pelli* **pp.192-6**
愛宕グリーン・ヒルズ

PRADA Tokyo 2003 / Tokyo *Herzog & de Meuron* **pp.84-4**
プラダ・東京

Roppongi Hills 2003 / Tokyo *KPF* **pp.127-5**
六本木ヒルズ

Merrill Lynch Japan Headquarters 2004 / Tokyo *KPF* **pp.127-6**
メリル・リンチ日本本社

Passenger Terminal 2, Tokyo International Airport(Haneda)
2004 / Tokyo *Cesar Pelli* **pp.194-17**
東京国際空港（羽田）第2旅客ターミナル

Kurayoshi Park Square 2001 / Tottori *Cesar Pelli* **pp.192-5**
倉吉パークスクエア

Takaoka Station Pavilion 1993 / Toyama *Enric Miralles Benedetta Tagliabue* **pp.155-4**
高岡駅パビリオン

Unazuki Meditation Pavilion
1993 / Toyama *Enric Miralles Benedetta Tagliabue* **pp.156-11**
宇奈月瞑想パビリオン

YKK Dormitory & Guesthouse 1998 / Toyama *Herman Hertzberger* **pp.81-22**
YKK寄宿舎＆ゲストハウス

Korea

Cheongyang Catholic Church 1999 / Chungcheongnam-do *Kim Young-Sub* **pp.114-7**
青陽カトリック教会

Yongmoon Youth Retreat Camp 1996 / Gyeonggi-do *Kim Young-Sub* **pp.117-21**
龍門ユース・キャンプ場

Resurrection Catholic Church 1997 / Gyeonggi-do *Kim Young-Sub* **pp.112,113-1,2**
探谷復活カトリック教会

Myunghweewon Rehabilitation Center for the Handicapped
1997 / Gyeonggi-do *Kim Young-Sub* **pp.116-10**
身体障害者リハビリテーション・センター

Korea Life Insurance, Suji Training Center & Master Plan
1998 / Gyeonggi-do *Kim Young-Sub* **pp.117-18**
大韓生命水枝研修センター

Balan Catholic Church 1999 / Gyeonggi-do *Kim Young-Sub* **pp.113-4**
撥安カトリック教会

Chungang Catholic Church 2000 / Gyeonggi-do *Kim Young-Sub* **pp.113-3**
安養中央カトリック教会

Joong-Ang Catholic Church 2003 / Gyeonggi-do *Kim Young-Sub* **pp.114-5**
中央カトリック教会

Nanam Publishing House 2003 / Gyeonggi-do *Kim Young-Sub* **pp.117-17**
ナナム出版社

Kookmin Books 2004 / Gyeonggi-do *Kim Young-Sub* **pp.117-16**
国民出版社

Chodang Catholic Church 1999 / Kangneung City *Kim Young-Sub* **pp.114-6**
チョダン・カトリック教会

J-Residence 1992 / Pusan *Kim Young-Sub* **pp.117-15**
Jレジデンス

Dong-il Women Laborer's Welfare Center and Nursery
1996 / Pusan *Kim Young-Sub* **pp.116-9**
ドンジル女性労働者福祉センター＆保育所

Way of Light 1988 / Soeul *Dani Karavan* **pp.110-14**
光の道

Catholic University Library and Lecture Hall 1995 / Seoul *Kim Young-Sub* **pp.116-11**
カトリック大学図書館＆講堂

Restaurant Bamboo House 1995 / Seoul *Kim Young-Sub* **pp.116-8**
レストラン・バンブー・ハウス

House for Kim Young-Sub 1997 / Seoul *Kim Young-Sub* **pp.117-12,13**
キム・ヨンサップ自邸

Ikchunggak & Crystal House 1997 / Seoul *Kim Young-Sub* **pp.117-14**
益清閣＆クリスタル・ハウス

Rodin Museum 1998 / Seoul *KPF* **pp.127-4**
ロダン美術館

Samsung Jong-ro Tower 1999 / Seoul *Rafael Vinoly* **pp.294-4,5**
サムスン・タワー

Galleria Hall West 2004 / Seoul *UN Studio* **pp.277-19**
ガレリア・ホール・ウエスト

Liechtenstein

Office & Art Center 1975 *Ricardo Porro* **pp.204-6**
オフィス＆アート・センター

Sculpture of Mouths *Ricardo Porro* **pp.204-5**
口の彫刻

Centrum Bank in Vaduz 2003 / Vaduz *Hans Hollein* **pp.95-9,10**
ヴァドゥズ中央銀行

Malaysia

Petronas Towers 1997 / Kuala Lumpur *Cesar Pelli* **pp.193-10,11**
ペトロナス・タワー

Malta

Hal-Farrug Church 2005 / Hal-Farrug *Richard England* **pp.48-8,9**
ハル・ファッルグ教会

St. Joseph Church 1974 / Manikata *Richard England* **pp.51-19,20**
セント・ジョセフ教会

Ir-Razzett ta-Sandrina 1993 / Mgarr *Richard England* **pp.48-6**
イル・ラゼット・タサンドリーナ

University of Malta Extension 1997 / Msida *Richard England* **pp.51-21**
マルタ大学増築

Church of St. Francis of Assisi 2000 / Qawra *Richard England* **pp.50-15**
セント・フランシス・オブ・アシシ教会

Millennium Chapel 2000 / Paceville *Richard England* **pp.50-17**
ミレニアム・チャペル

St. Andrew Chapel 1989 / Pembroke *Richard England* **pp.51-18**
セント・アンドリュー・チャペル

A Garden for Myriam 1982 / St. Julians *Richard England* **pp.50-14**
ミリアム・ガーデン

LOVE Sculpture 2003 / St. Julians *Richard England* **pp.47-5**
ラブ・スカルプチュア

Dar il-Hanin Samaritan 1996 / Santa Venera *Richard England* **pp.48-7**
ダル・イル・ハニン・サマリタン

Private Villa 1996 / Siggiewi *Richard England* **pp.51-23**
プライベート・ヴィラ

White Shadows Sculpture 2002 / Sliema *Richard England* **pp.46-2**
ホワイト・シャドウ・スカルプチュア

Central Bank of Malta 1993 / Valletta *Richard England* **pp.47-4**
マルタ中央銀行

St. James Cavalier 2000 / Valletta *Richard England* **pp.46-3**
セント・ジェイムズ・キャヴァリエ

Filfla Chapel 2006 / Wied iz-Zurrieq Cliffs *Richard England* **pp.49-10,11,12,13**
フィルフラ・チャペル

Mexico

HOUSE LE 1995 / Colonia Condesa *TEN Arquitectos* pp.273-17
ハウスLE

Televisa Mixed Use Building 1995 / Colonia Doctores *TEN Arquitectos* pp.268-2
テレビザ・ビル

Educare Sports Facilities 2001 / Jalisco *TEN Arquitectos* pp.269-5,6
エデュケア・スポーツ施設

Moda in Casa 1993 / Mexico City *TEN Arquitectos* pp.271-11
モダ・イン・カサ

HOUSE RR 1997 / Mexico City *TEN Arquitectos* pp.273-16
ハウスRR

Hotel Habita 2000 / Mexico City *TEN Arquitectos* pp.268-1
ホテル・ハビタ

Espana Park Residential Building 2001 / Mexico City *TEN Arquitectos* pp.271-13
エスパーニャ公園集合住宅

HOUSE C 2004 / Mexico City *TEN Arquitectos* pp.273-19
ハウスC

Paolo Soleri Theater 1966 / Santa Fe, New Mexico *Paolo Soleri* pp.246-6
パオロ・ソレリ劇場

National School of Theater 1994 / Tlalpan *TEN Arquitectos* pp.268-3
国立演劇学校

Norway

Arnes Street Rehabilitation 2001 / Arnes *Snohetta* pp.242-12
アーネス・ストリート・リハビリテイション

Hamar Town Hall 2001 / Hamar *Snohetta* pp.240-5
ハーマー・タウンホール

Karmoy Fishing Museum 1998 / Karmoy *Snohetta* pp.241-8
カルモイ漁業博物館

Lillehammer Olympic Art Museum 1993 / Lillehammer *Snohetta* pp.241-9
リレハンメル・オリンピック美術館

Sonja Henie Plaza 1989 / Oslo *Snohetta* pp.242-13
ソニア・ヘニー・プラザ

Toyen Culture Park 1994 / Oslo *Snohetta* pp.242-15
トイエン文化公園

Bjornson's Garden 1996 / Oslo *Snohetta* pp.242-16
ビヨルソンズ・ガーデン

Olafia Urban Plaza 1998 / Oslo *Snohetta* pp.241-7
オラフィア・アーバン・プラザ

Artesia 2002 / Oslo *Snohetta* pp.243-19
アルテジア

Morild Lighting Design 2002 / Skien *Snohetta* pp.243-20
モリルド・ライティング・デザイン

Peru

Interbank Headquarters 2001 / Lima *Hans Hollein* pp.95-7
インターバンク本社

Poland

Royal Netherlands Embassy in Poland 2004 / Warsaw *Erick van Egeraat* pp.282-7
在ポーランド王立オランダ大使館

Russia

Luxury Village 2006 / Moscow *WEST 8* pp.302-14
ラグジュアリー・ヴィレッジ

Saudi Arabia

Jeddah Airport 1982 / Jeddah *SOM* pp.255-14
ジェッダ空港

King Khalid International Airport 1983 / Riyadh *HOK* pp.91-11
キング・ハリド国際空港

King Saud University 1984 / Riyadh *HOK* pp.91-12
キング・サウド大学

Scotland

New Scottish Parliament 2004 / Edinburgh
Enric Miralles Benedetta Tagliabue pp.154,155-1,2,3
スコットランド新議事堂

Singapore

One North Park 2006 / Singapore *WEST 8* pp.299-2
ワン・ノース・パーク

Slovenia

Lendva Theater 1991 / Lendva *Imre Makovecz* pp.141-21
レンドヴァ・シアター

Spain

National Center for Rhythmic Gymnastics
1993 / Alicante *Enric Miralles Benedetta Tagliabue* pp.159-18
国立リズム体操トレーニング・センター

Olympic Archery Pavilions
1991 / Barcelona *Enric Miralles Benedetta Tagliabue* pp.157-15
オリンピック・アーチェリー・パビリオン

Igualada Cemetery 1995 / Barcelona *Enric Miralles Benedetta Tagliabue* pp.157-14
イグアラダ墓地

Barcelona Museum of Contemporary Art 1995 / Barcelona *Richard Meier* pp.151-8
バルセロナ現代美術館

Diagonal Mar Park 2002 / Barcelona *Enric Miralles Benedetta Tagliabue* pp.156-8,9,10
ダイヤゴナル・マール公園

Barcelona Forum 2004 / Barcelona *Herzog & de Meuron* pp.87-21,22
バルセロナ・フォーラム

Gas Natural New Headquarters
2005 / Barcelona *Enric Miralles Benedetta Tagliabue* pp.159-20
ガス・ナチュラル新本社

Rehabilitation of Santa Caterina Market
2005 / Barcelona *Enric Miralles Benedetta Tagliabue* pp.158,159-16,17
サンタ・カテリーナ・マーケット改修

Banco Santandal 1993 / Madrid *Hans Hollein* pp.95-6
サンタンデール銀行

Endesa Headquarters 2003 / Madrid *KPF* pp.129-21
エンデサ本社

Mirador 2004 / Madrid *MVRDV* pp.164-15
ミラドール

Passages-Homage to Walter Benjamin 1994 / Port Bou *Dani Karavan* pp.109-12
パサージュ：ヴァルター・ベンヤミンへのオマージュ

Vigo University Campus 1999 / Vigo *Enric Miralles Benedetta Tagliabue* pp.157-12,13
ヴィゴ大学キャンパス

Sweden

Halmstad Library 2006 / Halmstad *Schmidt Hammer Lassen* pp.234-12
ハルムステッド図書館

Sund Garden 2001 / Malmo *WEST 8* pp.300-6
ズンド・ガーデン

Switzerland

Liner Museum 1998 / Appenzell *Gigon/Guyer* pp.65-4,5
リナー美術館

Apartment Building along a Party Wall 1988 / Basel *Herzog & de Meuron* pp.84-8
共有壁沿いの集合住宅

Schutzenmatt Housing 1993 / Basel *Herzog & de Meuron* pp.84-9
シュッツェンマット集合住宅

Pfaffenholz Sports Center 1994 / Basel *Herzog & de Meuron* pp.84-11
パッフェンホルツ・スポーツ・センター

Signal Box 1995 / Basel *Herzog & de Meuron* pp.84-10
シグナル・ボックス

Railway Engine Depot, Auf dem Wolf 1995 / Basel *Herzog & de Meuron* pp.87-25
アウフ・デム・ヴォルフの機関車車庫

Spittelhof Housing 1996 / Basel *Peter Zumthor* pp.315-25
シュピッテルホフ集合住宅

Office and Retail Building   1998 / Basel   *Richard Meier*   pp.152-21
オフィス&商業ビル

St. Jakob Park Stadium   2002 / Basel   *Herzog & de Meuron*   pp.87-20
セント・ヤコブ公園サッカー場

Shaulager Museum   2003 / Basel   *Herzog & de Meuron*   pp.87-19
シャウラガー美術館

Connecting Corridor at Art Museum Chur   1990 / Chur   *Peter Zumthor*   pp.312-10
クール美術館の連絡ブリッジ

Kirchner Museum   1992 / Davos   *Gigon/Guyer*   pp.64,65-1,2
キルヒナー美術館

Davos Sports Center   1996 / Davos   *Gigon/Guyer*   pp.68-11
ダヴォス・スポーツ・センター

Davos Workshop Building   1999 / Davos   *Gigon/Guyer*   pp.68-14
ダヴォス・ワークショップ・ビル

Restaurant Vinikus Expansion   1992 / Davos   *Gigon/Guyer*   pp.68-15
レストラン・ヴィニクス増築

Renovation of Cafe du Mont   1970 / Graubunden   *Peter Zumthor*   pp.313-14
カフェ・デュ・モン改修

Renovation of Tower House   1970 / Graubunden   *Peter Zumthor*   pp.313-15
塔の家改修

Renovation of Casa Communala   1970 / Graubunden   *Peter Zumthor*   pp.313-16
コミュニティ・センター改修

Elementary School Churwalden   1983 / Graubunden   *Peter Zumthor*   pp.313-13
クールヴァルデンの公立小学校

Rath House   1983 / Graubunden   *Peter Zumthor*   pp.315-23
ラース・ハウス

Atelier Zumthor   1986 / Graubunden   *Peter Zumthor*   pp.312-8
アトリエ・ズントー

Shelters for the Roman Archaeological Site
1986 / Graubunden   *Peter Zumthor*   pp.313-11,12
ローマ時代遺跡のためのシェルター

Saint Benedict Chapel   1989 / Graubunden   *Peter Zumthor*   pp.314-19,20,21
聖ベネディクト教会

Residential Home for the Elderly in Masans
1993 / Graubunden   *Peter Zumthor*   pp.313-17,18
マサンス老人ホーム

Gugalun House   1994 / Graubunden   *Peter Zumthor*   pp.315-24
グガルン・ハウス

Thermal Vals   1996 / Graubunden   *Peter Zumthor*   pp.310-1,2,3,4
テルメ・ヴァルス

Historical Villa in Kastanienbaum, Remodelling and Extension
2004 / Kastanienbaum   *Gigon/Guyer*   pp.69-20
カスターニエンバウムの古いヴィラの増改築

Broelberg Residential Complex I   1996 / Kilchberg   *Gigon/Guyer*   pp.66-7
ブロエルベルク集合住宅コンプレックス-1

Residential Complex Broelberg II   2001 / Kilchcerg   *Gigon/Guyer*   pp.69-18
ブロエルベルク集合住宅コンプレックス-2

Ricola Storage Building   1987 / Laufen   *Herzog & de Meuron*   pp.87-23
リコラ社倉庫

Ricola Marketing Building   1998 / Laufen   *Herzog & de Meuron*   pp.87-24
リコラ・マーケティング・ビル

Rigihof Restaurant Pavilion, Museum of Transportation Lucerne
2000 / Luzern   *Gigon/Guyer*   pp.69-21
ルッツェルン輸送博物館リジホフ・レストラン・パビリオン

Renovation and Extension of the Appisberg Complex
2002 / Mannedorf   *Gigon/Guyer*   pp.68-16
アッピスベルク職業訓練施設の増改築

E,D,E,N, Pavilion   1987 / Rheinfelden   *Herzog & de Meuron*   pp.84-6
E,D,E,N, パビリオン

Kunst-Depot Galerie Henze & Ketterer, Wichtrach
2004 / Wichtrach   *Gigon/Guyer*   pp.69-19
ヘンツェ&ケテラーの美術品収蔵庫およびギャラリー

Winterthur Museum   1995 / Winterthur   *Gigon/Guyer*   pp.65-3
ヴィンタートゥーア美術館

Oskar Reinhart Collection Museum Renovation   1998 / Winterthur   *Gigon/Guyer*   pp.66-6
オスカー・ラインハルト・コレクション美術館改修

＊Swiss National EXPO'02   2002 / Yverdon-les-Bains   *WEST 8*   pp.301-12
スイス・ナショナル・エクスポ2002

Single-Family House   1994 / Zurich   *Gigon/Guyer*   pp.66-8
シングル・ファミリー・ハウス

Place for the Communication Center of Credit Suisse
1995 / Zurich   *Dani Karavan*   pp.109-9
クレディ・スイス情報センター広場

Switching Station   1999 / Zurich   *Gigon/Guyer*   pp.66-9
スイッチング・ステーション

Three Apartment Buildings Susenbergstrasse   2000 / Zurich   *Gigon/Guyer*   pp.69-17
スーザンベルグ通りの3つのアパート

Auditorium, University of Zurich   2002 / Zurich   *Gigon/Guyer*   pp.69-22
チューリッヒ大学オーディトリアム

Taiwan

Grand 50 Tower   1992 / Koahsing   *C.Y.Lee*   pp.132-4
グランド50タワー

Tuntex Tower   1998 / Koahsing   *C.Y.Lee*   pp.133-7
タンテックス・タワー

Chungtai Zen Temple   1998 / Puli   *C.Y.Lee*   pp.133-8
中台禅寺

Ta-An Public Housing   1987 / Taipei   *C.Y.Lee*   pp.134-12
大安國宅

Tung Wang Palace Housing   1987 / Taipei   *C.Y.Lee*   pp.135-15
東王漢宮マンション

Hung Kuo Office Headquarters   1989 / Taipei   *C.Y.Lee*   pp.135-18
宏国大樓(フン・クオ本社)

Marine Prospect Garden Housing   1994 / Taipei   *C.Y.Lee*   pp.135-16,17
マリン・プロスペクト・ガーデン集合住宅

Taipei 101   2004 / Taipei   *C.Y.Lee*   pp.130-1,2,3
台北101

Thailand

Suvarnabhumi International Airport Passenger Terminal Complex
2006 / Bangkok   *Helmut Jahn*   pp.102,103-4,5
スワンナブーム国際空港旅客ターミナル・コンプレックス

The Netherlands

Residential Buildings Growing Houses   2002 / Almere   *Herman Hertzberger*   pp.79-11
グロウィング・ハウス集合住宅

Office 'La Defense'   2004 / Almere   *UN Studio*   pp.277-17,18
オフィス"ラ・デファンス"

Urban Entertainment Center Almere   2005 / Almere   *William Alsop*   pp.12-8
アルメレ・アーバン・エンターテインメント・センター

Alphen aan den Rijn City Hall   2002 / Alphen aan den Rijn   *Erick van Egeraat*   pp.282-5
アルフェン・シティ・ホール

Canadaplein Cultural Center   2000 / Alkmaar   *Mecanoo*   pp.147-15
カナダプレイン文化センター

Karbouw Office   1992 / Amersfoort   *UN Studio*   pp.274-1
カルボウ・オフィス

REMU Electricity Substation   1993 / Amersfoort   *UN Studio*   pp.276-15
REMU変電所

Students' House in Amsterdam   1966 / Amsterdam   *Herman Hertzberger*   pp.80-16
アムステルダム学生会館

Apollo Schools   1983 / Amsterdam   *Herman Hertzberger*   pp.80-18
アポロ・スクール

KNSM Tower   1996 / Amsterdam   *Wiel Arets*   pp.26-16,17
KNSM島集合住宅タワー

100 WoZoCo   1997 / Amsterdam   *MVRDV*   pp.161-3,4
ヴォゾコ集合住宅

Piet Hein Tunnel   1997 / Amsterdam   *UN Studio*   pp.274-3
ピエトハイン・トンネル・ビル

Borneo Sporenburg   1997 / Amsterdam   *WEST 8*   pp.300,301-4,5
ボルネオ・スポーレンブルグ

IJ-Tower   1998 / Amsterdam   *Neutelings Riedijk*   pp.169-9
アイ・タワー

Borneo Sporenburg Houses   1999・2000 / Amsterdam   *MVRDV*   pp.164-16
ボルネオ・スポーレンブルグの住宅

Montessori College Oost   2000 / Amsterdam   *Herman Hertzberger*   pp.77-7
モンテソリ・カレッジ・オースト

Borneo Sporenburg Housing Complex
2000 / Amsterdam   *Enric Miralles Benedetta Tagliabue*   pp.159-19
ボルネオ・スポーレンブルク集合住宅

Silodam   2002 / Amsterdam   *MVRDV*   pp.164-13
サイロダム

"De Eilanden" Montessori Primary School
2002 / Amsterdam   *Herman Hertzberger*   pp.79-14,15
"デ・アイランデン"モンテソリ小学校

Luxury Housing Mauritskade   2002 / Amsterdam   *Erick van Egeraat*   **pp.282-8**
モーリツカーデ・アパートメント

Living Tomorrow   2003 / Amsterdam   *UN Studio*   **pp.276-13**
リビング・トゥモロウ

World Trade Center Extension   2004 / Amsterdam   *KPF*   **pp.129-17**
世界貿易センター増築

Waternet Head Office   2005 / Amsterdam   *Herman Hertzberger*   **pp.76-1**
上下水道管理部オフィス

Centraal Beheer   1972 / Apeldoorn   *Herman Hertzberger*   **pp.76-2**
セントラール・ベヒーア

Orpheus Theatre and Conference Center Renovation and Extension
2004 / Apeldoorn, The Netherlands   *Herman Hertzberger*   **pp.79-12**
オルフース劇場＆会議センター増改築

CODA   2004 / Apeldoorn   *Herman Hertzberger*   **pp.79-13**
コダ

National Heritage Museum   2000 / Arnhem   *Mecanoo*   **pp.145-9,10**
国立遺産博物館

Park and Rijn Towers   2005 / Arnhem   *UN Studio*   **pp.279-26**
パーク＆ライン・タワーズ

Extension to Vanderveen Department Store
1997 / Assen   *Herman Hertzberger*   **pp.81-21**
ファンデルフィーン・デパート増築

Water-House Torenvalkpad   1998 / Assen   *Herman Hertzberger*   **pp.81-24**
トレンフアルクバッド・ウォーター・ハウス

Police Station in Boxtel   1997 / Boxtel   *Wiel Arets*   **pp.24-9,10**
ボクステル警察署

Library Breda and Center for Art & Music
1993 / Breda   The Netherlands   *Herman Hertzberger*   **pp.81-27**
ブレダ図書館＆アート・ミュージック・センター

Chasse Theater   1995 / Breda   *Herman Hertzberger*   **pp.77-5,6**
シャッセ劇場

Lensvelt Office & Factory Building   1999 / Breda   *Wiel Arets*   **pp.24-12**
レンスフェルト・オフィス＆工場

Breda Fire Station   1999 / Breda   *Neutelings Riedijk*   **pp.170-12,13**
ブレダ消防署

Lensvelt Garden   1999 / Breda   *WEST 8*   **pp.300-8**
レンズフェルト社ガーデン

Popstage Mezz   2002 / Breda   *Erick van Egeraat*   **pp.285-19,20**
ポップステージ・メッツ

Library for the Delft University of Technology   1998 / Delft   *Mecanoo*   **pp.144-7**
デルフト工科大学図書館

D-Tower   2003 / Doetinchem   *NOX*   **pp.172-2,3**
D・タワー

Veenman Printers Building   1997 / Ede   *Neutelings Riedijk*   **pp.170-14**
フィーンマン印刷工場

Euroborg Stadium   2006 / Groningen   *Wiel Arets*   **pp.27-20**
ユーロボルグ・スタジアム

Roads and Waterworks Support Center   1998 / Harlingen   *Neutelings Riedijk*   **pp.168-7**
道路・水道サポート・センター

Moebius House   1998 / Het Gooi   *UN Studio*   **pp.274-2**
メビウス・ハウス

AZL Pension Fund Headququarters   1995 / Heerlen   *Wiel Arets*   **pp.22-4**
AZL本社ビル

Renovation for Glass Palace 'Schunck'   2003 / Heerlen   *Wiel Arets*   **pp.27-21**
ガラス・パレス "シュンク" 改修

Villa VPRO   1997 / Hilversum   *MVRDV*   **pp.161-2**
ヴィラVPRO

Lakeside Housing 'The Sphinxes'   2003 / Huizen   *Neutelings Riedijk*   **pp.166,167-1**
レイクサイド集合住宅 "スフィンクス"

Townhall and Theater Ijsselstein   2000 / Ijsselstein   *UN Studio*   **pp.276-10**
イッセルシュタイン市庁舎・劇場

Maastricht Academy of Arts and Architecture   1993 / Maastricht   *Wiel Arets*   **pp.23-5**
マーストリヒト美術・建築アカデミー

Herdenkingsplein Housing   1994 / Maastricht   *Mecanoo*   **pp.142-3**
ヘルデンキングスプレイン集合住宅

Bonnefanten Museum   1994 / Maastricht   *Aldo Rossi*   **pp.214,215-1**
ボンネファンテン美術館

Ceramic Office Building   1995 / Maastricht   *Wiel Arets*   **pp.22-3**
セラミック・オフィス・ビル

Maastricht Fire Station   1996 / Maastricht   *Neutelings Riedijk*   **pp.168-6**
マーストリヒト消防署

Office Building 'il Fiore'   2002 / Maastricht   *Herman Hertzberger*   **pp.77-8**
オフィス"イル・フィオーレ"

Stylesuite D&G fashion Store, Maastricht   2005 / Maastricht   *Wiel Arets*   **pp.27-24**
マースリヒトD&Gショップ

Courtyard Watersnihof(H) and Zwanenhof(C) for Residential Building
2004 / Middelburg   *Herman Hertzberger*   **pp.81-25**
コートヤードH&C集合住宅

＊Dutch H₂O EXPO   1997 / Neeltje Jans   *NOX*   **pp.172,173-1**
H₂Oエキスポ・オランダ

Blow Out   1997 / Neeltje Jans   *NOX*   **pp.175-13**
ブロー・アウト

Het Valkhof Museum   1999 / Nijmegen   *UN Studio*   **pp.276-11**
ヘットファルコフ美術館

Philips Business Innovation Center   2006 / Nijmegen   *Mecanoo*   **pp.146-13,14**
フィリップス・ビジネス・イノヴェーション・センター

Kruisplein Housing   1985 / Rotterdam   *Mecanoo*   **pp.142-1**
クルイスプレイン集合住宅

Rotterdam Street Residential Buildings
1996 / Rotterdam   *Herman Hertzberger*   **pp.81-26**
ロッテルダム通り集合住宅

Erasmus Bridge   1996 / Rotterdam   *UN Studio*   **pp.276-8**
エラスムス・ブリッジ

Natural History Museum Rotterdam   1996 / Rotterdam   *Erick van Egeraat*   **pp.283-12**
ロッテルダム自然史博物館

City Theater Plaza   1996 / Rotterdam   *WEST 8*   **pp.302,303-15**
シティ・シアター・プラザ

V2-mediaLab   1998 / Rotterdam   *NOX*   **pp.172-4**
V2メディア・ラボ

Nieuw Terbregge   2000 / Rotterdam   *Mecanoo*   **pp.147-19**
ニュー・デルブレッゲ

Inholland University   2000 / Rotterdam   *Erick van Egeraat*   **pp.282-4**
インホランド大学

Zalmhaven Apartments Towers   2001 / Rotterdam   *Wiel Arets*   **pp.26-18**
ザルムハーフェン高層集合住宅

St. Laurence Cemetery Chapel   2001 / Rotterdam   *Mecanoo*   **pp.144-8**
セント・ローレンス墓地チャペル

Mullerpier Apartment Block 3   2003 / Rotterdam   *Neutelings Riedijk*   **pp.169-10**
ミューラーピア3街区アパートメント

Digital Port Rotterdam   2004 / Rotterdam   *Mecanoo*   **pp.147-18**
ディジタル・ポート・ロッテルダム

Montevideo   2005 / Rotterdam   *Mecanoo*   **pp.147-17**
モンテヴィデオ

Shipping & Transport College   2005 / Rotterdam   *Neutelings Riedijk*   **pp.169-8**
シッピング＆トランスポート・カレッジ

Mullerpier Apartment Block 7   2006 / Rotterdam   *Neutelings Riedijk*   **pp.169-11**
ミューラーピア7街区アパートメント

Son-O-House   2003 / Son en Breugel   *NOX*   **pp.173-6**
ソン・O・ハウス

Ministry of Social Welfare and Employment
1990 / The Hague   *Herman Hertzberger*   **pp.80-19**
厚生省新庁舎

Benelux Merkenburo   1993 / The Hague   *Herman Hertzberger*   **pp.77-4**
ベネルックス・メルケンビューロ

The Hague City Hall and Central Library   1995 / The Hague   *Richard Meier*   **pp.151-12**
ハーグ市庁舎＆中央図書館

Officers Hotel De Citadel   2004 / The Hague   *Mecanoo*   **pp.147-22**
オフィサーズ・ホテル・デ・シタデル

Tilburg Row House   1996 / Tilburg   *Neutelings Riedijk*   **pp.171-18**
ティルブルグ・ロウハウス

Interpolis Garden   1998 / Tilburg   *WEST 8*   **pp.298,299-1**
インターポリス・ガーデン

Markant Theater   1996 / Uden   *Herman Hertzberger*   **pp.77-3**
マーカント劇場

Verdenburg Music Center   1978 / Utrecht   *Herman Hertzberger*   **pp.80-17**
フレデンブルフ音楽センター

Faculty of Management and Economics at Utrecht University
1995 / Utrecht   *Mecanoo*   **pp.147-16**
ユトレヒト大学経営・経済学部棟

Utrecht University Minnaert Building   1997 / Utrecht   *Neutelings Riedijk*   **pp.168-4,5**
ユトレヒト大学ミナエルト・ビル

School for Fashion and Graphic Industry Utrecht
1997 / Utrecht   *Erick van Egeraat*   **pp.285-21**
ユトレヒト・ファッション＆グラフィック専門学校

Utrecht City Hall   1999 / Utrecht   *Enric Miralles Benedetta Tagliabue*   **pp.156-5,6**
ユトレヒト市庁舎

NMR Facility   2000 / Utrecht   *UN Studio*   **pp.276-14**
ニュートロン磁気共振施設

Prince Claus Bridge   2003 / Utrecht   *UN Studio*   **pp.276-9**
プリンス・クラウス・ブリッジ

Utrecht University Library 2004 / Utrecht *Wiel Arets* **pp.25-14,15**
ユトレヒト大学図書館

Courtyard Garden at Utrecht University Library 2005 / Utrecht *WEST 8* **pp.300-9**
ユトレヒト大学図書館中庭

Sportcampus Leidsche Rijn 2006 / Utrecht *Wiel Arets* **pp.27-23**
スポーツキャンパス・レイツェ・ライン

Police Station in Vaals 1995 / Vaals *Wiel Arets* **pp.22-1,2**
ヴァールス警察署

Institute for Forestry and Nature Research
1998 / Wageningen *Gunther Behnisch(B,B&P)* **pp.30-6**
森林＆自然研究所

Hedge House Gallery 1995 / Wijlre *Wiel Arets* **pp.27-22**
ヘッジ・ハウス・ギャラリー

Hageneiland Housing 2001 / Ypenburg *MVRDV* **pp.164-14**
ハーゲンエイランド集合住宅

Ypenburg de Singels 2002 / Ypenburg *WEST 8* **pp.302-16,17**
イペンブルフ・シンゲルス

Hotel Castell 2004 / Zuoz *UN Studio* **pp.279-27**
カステル・ホテル

U.K

Selfridges Birmingham 2003 / Birmingham *Future Systems* **pp.58-1,2,3**
セルフリッジス・バーミンガム

Cardiff Bay Visitor's Center 1990 / Cardiff *William Alsop* **pp.11-5**
カーディフ湾ヴィジターズ・センター

L House 1991 / London *Sauerbruch Hutton* **pp.226-3**
Lハウス

National Gallery Sainsbury Wing 1991 / London *VSBA* **pp.287-3,4**
ナショナル・ギャラリー・センズベリー棟

Broadgate Development 1992 / London *SOM* **pp.255-19**
ブロードゲイト開発

Hauer King House 1994 / London *Future Systems* **pp.62-20**
ハウアー・キング邸

H House 1995 / London *Sauerbruch Hutton* **pp.226-2**
Hハウス

Floating Bridge 1996 / London *Future Systems* **pp.62-19**
フローティング・ブリッジ

North Greenwich Underground Station, Jubilee Line
1999 / London *William Alsop* **pp.15-21**
ジュビリー線ノース・グリニッチ駅

NatWest Media Center 1999 / London *Future Systems* **pp.59-4**
ナットウエスト・メディア・センター

Marni 1999 / London *Future Systems* **pp.60-8**
マルニ

N House 1999 / London *Sauerbruch Hutton* **pp.226-1**
Nハウス

Peckham Library 2000 / London *William Alsop* **pp.10,11-1,2**
ペッカム・ライブラリー

Tate Gallery of Modern Art 2000 / London *Herzog & de Meuron* **pp.87-17**
テート・モダン

Chiswick Park 2000 / London *WEST 8* **pp.301-10**
チズウィック公園

Victoria House Office Redevelopment 2003 / London *William Alsop* **pp.14-15**
ヴィクトリア・ハウス・オフィス再開発

Heron Quays DLR Station 2003 / London *William Alsop* **pp.14-18**
ヘロン・キーDLR駅

King's Library at the British Museum 2003 / London *HOK* **pp.93-22**
大英博物館キングス・ライブラリー

Goldsmiths College 2005 / London *William Alsop* **pp.13-9,10**
ゴールドスミス・カレッジ

Turner Center 2005 / Margate *Snohetta* **pp.242-14**
ターナー・センター

Fawood Children's Center 2005 / North London *William Alsop* **pp.13-11,12**
ファウッド子供センター

House in Wales 1996 / Wales *Future Systems* **pp.60-7**
ウェールズの家

U.S.A.

Dome House 1949 / Cave Creek, Arizona *Paolo Soleri* **pp.246-4**
ドーム・ハウス

Arcosanti 1970 / Cordes Junction, Arizona *Paolo Soleri* **pp.244, 245-1,2,3**
アーコサンティ

Pumpkin Apse & Barrel Vault (Cosanti)
1971 / Cordes Junction, Arizona *Paolo Soleri* **pp.247-11**
パンプキン・アプス＆バレル・ヴォールト（コサンティ財団）

Phoenix Art Museum & Little Theater
1996 / Phoenix, Arizona *Tod Williams Billie Tsien* **pp.306-6**
フェニックス美術館＆小劇場

Phoenix Municipal Courthouse 1999 / Phoenix, Arizona *HOK* **pp.91-9**
フェニックス市立裁判所

Sandra Day O'Connor United States Courthouse
2000 / Phoenix, Arizona *Richard Meier* **pp.152-22**
サンドラ・デイ・オッコナー連邦裁判所

Ceramics Studio (Cosanti) 1958 / Pradaise Valley, Arizona *Paolo Soleri* **pp.247-12,13**
セラミック・スタジオ（コサンティ財団）

Interior Design for Arizona University Cancer Center Chapel
1986 / Tucson, Arizona *Paolo Soleri* **pp.247-9**
アリゾナ大学ガン・センター・チャペルのインテリア・デザイン

Gagosian Gallery 1995 / Beverly Hills, California *Richard Meier* **pp.152-20**
ガゴージアン・ギャラリー

Museum of Television & Radio 1996 / Beverly Hills, California *Richard Meier* **pp.152-14**
テレビ＆ラジオ博物館

ABC Building 2000 / Burbank, California *Aldo Rossi* **pp.218-19**
ABCビル

Miracle Manor Retreat 1998 / Desert Hot Springs, California *RoTo Architects* **pp.224-16**
ミラクル・マナー・リトリート

San Diego Museum of Contemporary Art La Jolla Wing
1996 / La Jolla, California *VSBA* **pp.290-16**
サンディエゴ現代美術館ラホーヤ館

Neurosciences Institute 1996 / La Jolla, California *Tod Williams Billie Tsien* **pp.306-4**
ニューロサイエンス研究所

La Jolla Playhouse at UCSD 2005 / La Jolla, California *RoTo Architects* **pp.224-14,15**
UCSDラホーヤ・プレイハウス

Pacific Design Center 1975 / Los Angeles, California *Cesar Pelli* **pp.194-12,13**
パシフィック・デザイン・センター

Restaurant Nicola 1993 / Los Angeles, California *RoTo Architects* **pp.222-6**
レストラン・ニコラ

The Getty Center 1997 / Los Angeles, California *Richard Meier* **pp.151-11**
ゲッティ・センター

Carlson Reges House 1998 / Los Angeles, California *RoTo Architects* **pp.222-7**
カールソン・リージス邸

UCLA Gonda Neuroscience and Genetics Research Center
1998 / Los Angels, California *VSBA* **pp.289-14**
UCLAゴンダ神経科学＆遺伝子学研究所センター

Dominus Winery 1997 / Napa Valley, California *Herzog & de Meuron* **pp.85-15**
ドミナス・ワイナリー

George R Moscone Convention Center 1981 / San Francisco, California *HOK* **pp.89-2,3**
ジョージ R. モスコーン・コンヴェンション・センター

San Francisco International Airport 2001 / San Francisco, California *SOM* **pp.255-25**
サンフランシスコ国際空港ターミナル

de Young Museum
2005 / San Francisco, California *Herzog & de Meuron* **pp.82,83-1,2,3**
デ・ヤング美術館

Dorland Mountain Arts Colony
1994 / Temecula, California *RoTo Architects* **pp.223-11,12**
ドーランド・マウンテン・アーツ・コロニー

US Air Force Academy Chapel 1963 / Colorado Spring, Colorado *SOM* **pp.254-9,10**
米国空軍アカデミー・チャペル

Packard Hall at Colorado College 2005 / Colorado Spring, Colorado *ARO* **pp.21-15**
ロラド大学パッカード・ホール

Colorado House 1999 / Telluride, Colorado *ARO* **pp.16,17-1**
コロラドの家

Greenwich Academy Upper School 2002 / Greenwich, Connecticut *SOM* **pp.255-16**
グリニッチ・アカデミー上級スクール

Hartford Seminary 1981 / Hartford, Connecticut *Richard Meier* **pp.152-16**
ハートフォード・セミナリー

Beinecke Rare Book & Manuscript Library
1963 / New Heaven, Connecticut *SOM* **pp.254-11**
バインネック希覯本＆資料図書館

Dixwell Fire Station 1974 / New Heaven, Connecticut *VSBA* **pp.290-20**
ディクスウェル消防署

The Anlyan Center Medical for Research and Education at Yale University
2003 / New Haven, Connecticut   *VSBA*   **pp.291-21**
イエール大学医学部アンライアン・センター

Celebration Building   1995 / Orlando, Florida   *Aldo Rossi*   **pp.217-15,16**
セレブレイション・ビル

High Museum of Art   1983 / Atlanta, Georgia   *Richard Meier*   **pp.148,149-1,2**
ハイ・ミュージアム・オブ・アート

Georgia Archives Building   2004 / Morrow, Georgia   *HOK*   **pp.93-19**
ジョージア・アーカイヴス・ビル

Avante Center at William R.Harper College   2004 / Palatine, Georgia   *HOK*   **pp.93-20**
ウィリアム R. ハーパー・カレッジ・アヴァント・センター

First Hawaiian Center   1996 / Honolulu   *KPF*   **pp.129-19**
ファースト・ハワイアン・センター

John Hancock Center   1970 / Chicago, Illinois   *SOM*   **pp.252-4**
ジョン・ハンコック・センター

Sears Tower   1974 / Chicago, Illinois   *SOM*   **pp.252-3**
シアーズ・タワー

James R.Thompson Center   1985 / Chicago, Illinois   *Helmut Jahn*   **pp.104-9**
ジェイムズ R.トンプソン・センター

900 N Michigan   1989 / Chicago, Illinois   *KPF*   **pp.129-22**
900 ノース・ミシガン・アヴェニュー

333 Wacker Drive   1993 / Chicago, Illinois   *KPF*   **pp.128-12**
ワッカー・ドライブ 333

Museum of Contemporary Art, Chicago
1996 / Chicago, Illinois   *Josef Paul Kleihues*   **pp.121-10**
シカゴ現代美術館

IIT Student Housing   2003 / Chicago, Illinois   *Helmut Jahn*   **pp.100,101-1**
IIT学生宿舎

O'hare International Airport United Airlines Terminal 1 Renovation
2004 / Chicago, Illinois   *Helmut Jahn*   **pp.104-8**
オヘア空港ユナイテッド航空ターミナル1改修

University of Chicago, Graduate School of Business
2004 / Chicago, Illinois   *Rafael Vinoly*   **pp.295-16**
シカゴ大学ビジネス・スクール

Athenium   1979 / New Harmony, Indiana   *Richard Meier*   **pp.151-7**
アセニウム

The Biomedical & Biological Sciences Research Building at the University of Kentucky
2005 / Lexington, Kentucky   *VSBA*   **pp.286,287-1**
ケンタッキー大学生物医科学&生物科学研究棟

Mattin Center at Johns Hopkins University
2001 / Baltimore, Maryland   *Tod Williams Billie Tsien*   **pp.304,305-2,3**
ジョンズ・ホプキンス大学マッティン・センター

Boston Convention & Exhibition Center
2004 / Boston, Massachusetts   *Rafael Vinoly*   **pp.294-11**
ボストン・コンヴェンション&展示センター

Genzyme Center
2004 / Cambridge, Massachusetts   *Gunther Behnisch(B,B&P)*   **pp.33-22,23**
ゲンザイム・センター

Martha's Vineyard House   2005 / Martha's Vineyard, Massachusetts   *ARO*   **pp.17-2**
マーサズ・ヴィニヤード・ハウス

Palmer Drive Development at the University of Michigan
2005 / Ann Arbor, Michigan   *VSBA*   **pp.291-22**
ミシガン大学パルマー・ドライブ開発

Cranbrook Natatorium
1999 / Bloomsfield Hills, Michigan   *Tod Williams Billie Tsien*   **pp.307-10**
クランブルック・ナタトリウム

Wells Fargo Center   1989 / Minneapolis, Minnesota   *Cesar Pelli*   **pp.195-27**
ウェル・ファーゴ・センター

Aronoff Center for the Arts   1995 / Minneapolis, Minnesota   *Cesar Pelli*   **pp.194-15**
アロノフ美術センター

Expansion of the Walker Art Center
2005 / Minneapolis, Minnesota   *Herzog & de Meuron*   **pp.85-12**
ウォーカー・アート・センター

Minneapolis Central Library   2006 / Minneapolis, Minnesota   *Cesar Pelli*   **pp.195-25**
ミネアポリス中央図書館

The Conference Center of the Church of Jesus Christ of Latter-Day Saints
1993 / Independence, Missouri   *HOK*   **pp.90-6,7**
末日聖徒イエス・キリスト教会カンファレンス・センター

Priory Chapel   1962 / St. Louis, Missouri   *HOK*   **pp.88,89-1**
プライオリー・チャペル

The Rehabilitation of St.Louis Union Station   1985 / St. Louis, Missouri   *HOK*   **pp.92-16**
セントルイス・ユニオン駅再開発計画

Boeing Leadership Center   1999 / St. Louis, Missouri   *HOK*   **pp.91-10**
ボーイング制御センター

St.Louis International Airport East Terminal   1999 / St. Louis, Missouri   *HOK*   **pp.92-15**
セントルイス国際空港東ターミナル

New Jersey House   1996 / Barnerdsville, New Jersey   *RoTo Architects*   **pp.222-8,9**
ニュージャージー・ハウス

Gordon Wu Hall, Princeton University   1983 / Princeton, New Jersey   *VSBA*   **pp.288-7,8**
プリンストン大学ゴードン・ウー・ホール

Lewis Thomas Laboratory, Princeton University
1983 / Princeton, New Jersey   *VSBA*   **pp.288-9**
プリンストン大学ルイス・トーマス研究所

Feinberg Hall at Prinston University
1986 / Princeton, New Jersey   *Tod Williams Billie Tsien*   **pp.306-7**
プリンストン大学ファインバーグ・ホール

Fisher and Bendheim Hall, Princeton University
1989 / Princeton, New Jersey   *VSBA*   **pp.288-10**
プリンストン大学フィッシャー&ベンドハイム・ホール

Princeton University Stadium   1998 / Princeton, New Jersey   *Rafael Vinoly*   **pp.294-9,10**
プリンストン大学スタジアム

Princeton Parking Garage   2000 / Princeton, New Jersey   *TEN Arquitectos*   **pp.271-12**
プリンストン駐車場

Frist Campus Center, Princeton University
2000 / Princeton, New Jersey   *VSBA*   **pp.289-11**
リンストン大学フリスト・キャンパス・センター

Carl Icahn Lab of the Lewis - Sigler Institute for Integrative Genomics at Princeton University
2003 / Princeton, New Jersey   *Rafael Vinoly*   **pp.295-17**
プリンストン大学ルイス-スィグラー統合ゲノム研究所カール・アイカーン実験棟

IBM Corporate Headquarters   1997 / Armonk, New York   *KPF*   **pp.127-10,11**
IBM本社

Lehman College Physical Education Facility
1994 / Bronx, New York   *Rafael Vinoly*   **pp.294-8**
レーマン・カレッジ体育施設

Spiegel House Indoor Pool
1988 / Long Island, New York   *Tod Williams Billie Tsien*   **pp.308-15**
スピーゲル邸屋内プール

House on Long Island
1998 / Long Island, New York   *Tod Williams Billie Tsien*   **pp.308-11**
ロングアイランドの家

Lever House   1952 / New York   *SOM*   **pp.254-13**
レバー・ハウス

Chase Manhattan Bank Tower & Plaza   1960 / New York   *SOM*   **pp.255-20**
チェース・マンハッタン銀行タワー&プラザ

Former Pepsi Cola Building   1960 / New York   *SOM*   **pp.255-24**
旧ペプシコーラ・ビル

Marin Midland Bank   1967 / New York   *SOM*   **pp.255-21**
マリン・ミッドランド銀行

Richard L.Feigen Gallery   1969 / New York   *Hans Hollein*   **pp.94-2**
リチャード・フェイゲン・ギャラリー

BEA Associates Citicorp Office   1979 / New York   *Tod Williams Billie Tsien*   **pp.306-8**
BEAアソシエイツ・シティコープ社オフィス

MoMA Tower   1984 / New York   *Cesar Pelli*   **pp.194-19**
MoMAタワー

Park Avenue Tower   1987 / New York   *Helmut Jahn*   **pp.105-19**
パーク・アヴェニュー・タワー

World Financial Center   1987 / New York   *Cesar Pelli*   **pp.192-9**
ワールド・ファイナンシャル・センター

The Downtown Branch of the Whitney Museum
1988 / New York   *Tod Williams Billie Tsien*   **pp.306-9**
ホイットニー美術館ダウンタウン別館

Worldwide Plaza   1989 / New York   *SOM*   **pp.255-22**
ワールド・ワイド・プラザ

Carnegie Hall Tower   1990 / New York   *Cesar Pelli*   **pp.194-23**
カーネギー・ホール・タワー

The Quandt Rosenblat Loft   1991 / New York   *Tod Williams Billie Tsien*   **pp.308-14**
クワント・ローゼンブラット・ロフト

Art et Industrie Gallery and Sculpture Garden   1995 / New York   *ARO*   **pp.20-12**
アート+インダストリー・ギャラリー&彫刻ガーデン

54 Thompson Street Lobby   1996 / New York   *ARO*   **pp.19-11**
トンプソン通り54番地のロビー

Flatiron Loft   1996 / New York   *ARO*   **pp.21-18**
フラットアイアン・ロフト

New York City House   1996 / New York   *Tod Williams Billie Tsien*   **pp.309-17**
ニューヨーク・シティ・ハウス

Comme des Garcons New York   1998 / New York   *Future Systems*   **pp.60-9**
コム・デ・ギャルソン・ニューヨーク

US Armed Forces Recruiting Station   1999 / New York   *ARO*   **pp.18-3,4,5**
米軍リクルート・ステーション

Capital Z Office   1999 / New York   *ARO*   **pp.19-8**
キャピタルZオフィス

SoHo Loft 1999 / New York ARO pp.19-10
ソーホーのロフト

Qiora Store and Spa 2000 / New York ARO pp.18-6,7
キオラ・ストア&スパ

PRADA NY Epicenter 2001 / New York ARO pp.19-9
プラダ・ニューヨーク・エピセンター

Scholastic Building 2001 / New York Aldo Rossi pp.218-17,18
スコラスティック・ビル

American Folk Art Museum 2001 / New York Tod Williams Billie Tsien pp.304-1
アメリカ民俗美術館

Baruch College New Academic Complex 2002 / New York KPF pp.129-15
バーラック・カレッジ・ニュー・アカデミック・コンプレックス

173/ 176 Perry Street Condominium Towers
2002 / New York Richard Meier pp.152-18左2棟
ペリー通り173 / 176コンドミニアム・タワーズ

Restaurant 66 2003 / New York Richard Meier pp.152-19
レストラン66

Time Warner Center 2003 / New York SOM pp.255-23
タイム・ワーナー・センター

Skyscraper Museum 2004 / New York SOM pp.255-17
スカイスクレーパー・ミュージアム

Jazz at Lincoln Center 2004 / New York Rafael Vinoly pp.295-14
ジャズ・アット・リンカーン・センター

165 Charles Street Apartments 2005 / New York Richard Meier pp.152-18右1棟
チャールズ通り165アパートメンツ

House on Shelter Island
2003 / Shelter Island, New York Tod Williams Billie Tsien pp.308-12
シェルター島の家

Nasher Museum of Art, Duke University
2004 / Durham, North Carolina Rafael Vinoly pp.295-18
デューク大学ナッシャー美術館

EPA Campus 2001 / Reseach Triangle Park, North Carolina HOK pp.89-5
EPAキャンパス

Allen Memorial Art Museum 1976 / Oberlin, Ohio VSBA pp.290-15
アレン記念美術館

Procter & Gamble World Headquarters 1985 / Cincinnati, Ohio KPF pp.129-20
プロクター&ギャンブル世界本部

Crile Clinic Building 1984 / Cleveland, Ohio Cesar Pelli pp.195-26
クリル・クリニック・ビル

Lerner Research Institute 1999 / Cleveland, Ohio Cesar Pelli pp.194-22
ラーナー研究所

Owens Corning World Headquarters 1996 / Toledo, Ohio Cesar Pelli pp.195-24
オーエンズ・コーニング世界本部

Lehigh Valley Hospital 2005 / Bethlehem, Pennsylvania VSBA pp.291-23
リーハイ・ヴァーレイ病院

Vanna Venturi House 1964 / Chestnut Hill, Pennsylvania VSBA pp.288-5
ヴァンナ・ヴェンチューリ邸

Pocono Pine House 1989 / Mount Pocono, Pennsylvania Aldo Rossi pp.218-21
ポコノ・パイン・ハウス

Guild House 1966 / Philadelphia, Pennsylvania VSBA pp.288-6
ギルド・ハウス

Franklin Court 1976 / Philadelphia, Pennsylvania VSBA pp.290-18
フランクリン・コート

Institute for Scientific Information Corporate Headquarters
1979 / Philadelphia, Pennsylvania VSBA pp.290-17
科学情報研究所本部

One Liberty Place 1987 / Philadelphia, Pennsylvania Helmut Jahn pp.105-21
ワン・リバティ・プレイス

Clinical Research Building, Pennsylvania University
1991 / Philadelphia, Pennsylvania VSBA pp.289-12
ペンシルヴァニア大学医学部クリニカル・リサーチ・ビル

Parelman Quadrangle, Pennsylvania University
2000 / Philadelphia, Pennsylvania VSBA pp.289-13
ペンシルヴァニア大学パールマン・クアドラングル

Kimmel Center for the Performing Arts
2001 / Philadelphia, Pennsylvania Rafael Vinoly pp.292,293-1,2,3
キンメル舞台芸術センター

Philadelphia International Airport 2003 / Philadelphia, Pennsylvania KPF pp.129-14
フィラデルフィア国際空港

Cira Center 2005 / Philadelphia, Pennsylvania Cesar Pelli pp.194-14
シラ・センター

Skirkanich Hall at the University of Pennsylvania
2006 / Philadelphia, Pennsylvania Tod Williams Billie Tsien pp.309-22
ペンシルヴァニア大学スカーカニック・ホール

One Oxford Center 1983 / Pittsburgh, Pennsylvania HOK pp.93-18
ワン・オックスフォード・センター

David L. Lawrence Convention Center
2003 / Pittsburgh, Pennsylvania Rafael Vinoly pp.295-12,13
デイヴィッドL. ローレンス・コンヴェンション・センター

Penn State University, School of Information Sciences & Technology
2003 / University Park, Pennsylvania Rafael Vinoly pp.295-15
ペンシルヴァニア州立大学情報科学&技術学部

Sinte Gleska University 1999 / Antelope, South Dakota RoTo Architects pp.222-10
シント・グレスカ大学

Dallas Galleria 1983 / Dallas, Texas HOK pp.90-8
ダラス・ガレリア

Rachofsky Art Museum 1996 / Dallas, Texas Richard Meier pp.151-6
ラチョフスキー美術館

Rice University Herring Hall 1984 / Houston, Texas Cesar Pelli pp.194-20
ライス大学ヘリング・ホール

Architecture and Art Building at Prairie View A&M University
2005 / Prairie View, Texas RoTo Architects pp.220,221-1,2
プレイリー・ビューA&M大学美術・建築学部

National Air & Space Museum, Steven F.Udvar-Hazy Center
2003 / Chantilly, Virginia HOK pp.93-23
国立航空宇宙博物館スティーヴン F.ウドゥヴァール・ヘイジィ・センター

The New College at the University of Virginia
1992 / Charlottesville, Virginia Tod Williams Billie Tsien pp.306-5
ヴァージニア大学新校舎

Gannett /USA Today Headquarters 2001 / Mclean, Virginia KPF pp.127-7,8
ガンネット米国本社

Seattle Art Museum 1991 / Seattle, Washington VSBA pp.287-2
シアトル美術館

UW Physics and Astronomy Wings 1994 / Seattle, Washington Cesar Pelli pp.194-21
ワシントン大学物理・天文学部棟

Hirshhorn Museum & Sculpture Garden 1974 / Washington D.C. SOM pp.254-12
ハーシュホーン美術館&彫刻ガーデン

National Air & Space Museum 1976 / Washington D.C. HOK pp.89-4
国立航空宇宙博物館

Washington Mall 1976 / Washington D.C. SOM pp.255-15
ワシントン・モール

Freedom Plaza 1980 / Washington D.C. VSBA pp.290-19
フリーダム・プラザ

The World Bank Headquarters 1996 / Washington D.C. KPF pp.129-23
世界銀行本社

National Museum of American Indian
2004 / Washington D.C. Douglas Cardinal pp.44-13
アメリカ・インディアン博物館

WORLD ARCHITECTS 51
CONCEPTS & WORKS
世界の建築家51人：コンセプトと作品

発行	第1刷　2007年9月20日
編著	淵上正幸
ブックデザイン	福田秀之・安藤一生／Studio Fuku-De
編集協力	淵上真以子・小口ひかり／株式会社シネクティックス
発行者	久保田啓子
発行所	株式会社 ADP (Art Design Publishing) 〒169-0075 東京都新宿区高田馬場4-38-17-1003 Tel 03-5332-2099　Fax 03-5332-6940 http://www.ad-publish.com 振替 00160-2-355359
印刷・製本	Everbest Printing Co. Ltd.

©Masayuki Fuchigami 2007
©ADP Company 2007
Printed in China
ISBN978-4-903348-05-6 C0052

定価はカバーに表示してあります。
落丁本・乱丁本はご購入書店を明記の上、ADP宛にお送り下さい。送料小社
負担にてお取り替えします。
なお、本書についてのお問い合わせは、ADP宛にお願い致します。
本書の無断複写（コピー）は著作権法上での例外を除き、禁じられています。